AKAD University Edition

Herausgegeben von
R.A. Fürst, Stuttgart, Deutschland
T. Bügner, Stuttgart, Deutschland
W. Frohberg, Stuttgart, Deutschland

Seit über 55 Jahren bietet die AKAD University Berufstätigen ein flexibles, individuelles und effizientes Fernstudium neben dem Beruf. Dabei verbindet sie in vielen Studienrichtungen und Studiengängen Wissenschaft, Praxisbezug und Digitalisierung. Anwendungsorientierte Forschung und neue Praxisherausforderungen bilden die Leitlinien der **AKAD University Edition:** In der Buchreihe werden aktuelle Forschungsfragen mit Blick auf Anwendungsorientierung aufgegriffen und erörtert.

Herausgegeben von
Prof. Dr. Ronny A. Fürst
Prof. Dr. Torsten Bügner
Prof. Dr. Wolfgang Frohberg

Weitere Bände dieser Reihe finden Sie unter:
http://www.springer.com/series/15688

Katja Sombeck

Strategie gegen Schwindler in der Privathaftpflichtversicherung

Wie sich Versicherungsbetrüger mithilfe des Prämienstufenmodells stoppen lassen

Katja Sombeck
München, Deutschland

AKAD University Edition
ISBN 978-3-658-17507-8   ISBN 978-3-658-17508-5 (eBook)
DOI 10.1007/978-3-658-17508-5

Die Deutsche Nationalbibliothek verzeichnet diese Publikation in der Deutschen Nationalbibliografie; detaillierte bibliografische Daten sind im Internet über http://dnb.d-nb.de abrufbar.

© Springer Fachmedien Wiesbaden GmbH 2017
Das Werk einschließlich aller seiner Teile ist urheberrechtlich geschützt. Jede Verwertung, die nicht ausdrücklich vom Urheberrechtsgesetz zugelassen ist, bedarf der vorherigen Zustimmung des Verlags. Das gilt insbesondere für Vervielfältigungen, Bearbeitungen, Übersetzungen, Mikroverfilmungen und die Einspeicherung und Verarbeitung in elektronischen Systemen.
Die Wiedergabe von Gebrauchsnamen, Handelsnamen, Warenbezeichnungen usw. in diesem Werk berechtigt auch ohne besondere Kennzeichnung nicht zu der Annahme, dass solche Namen im Sinne der Warenzeichen- und Markenschutz-Gesetzgebung als frei zu betrachten wären und daher von jedermann benutzt werden dürften.
Der Verlag, die Autoren und die Herausgeber gehen davon aus, dass die Angaben und Informationen in diesem Werk zum Zeitpunkt der Veröffentlichung vollständig und korrekt sind. Weder der Verlag noch die Autoren oder die Herausgeber übernehmen, ausdrücklich oder implizit, Gewähr für den Inhalt des Werkes, etwaige Fehler oder Äußerungen. Der Verlag bleibt im Hinblick auf geografische Zuordnungen und Gebietsbezeichnungen in veröffentlichten Karten und Institutionsadressen neutral.

Gedruckt auf säurefreiem und chlorfrei gebleichtem Papier

Springer ist Teil von Springer Nature
Die eingetragene Gesellschaft ist Springer Fachmedien Wiesbaden GmbH
Die Anschrift der Gesellschaft ist: Abraham-Lincoln-Str. 46, 65189 Wiesbaden, Germany

Vorwort der Herausgeber

In der Antike war „Forum" die Bezeichnung für eine Platzanlage und einen Versammlungsort, an dem Meinungen ausgetauscht wurden. Heute geschieht dies zunehmend virtuell, z. B. in Internetforen. Geblieben aber ist die Idee des Austauschs, von Fragen und Antworten, von Erörterung und Diskurs.

In diesem Sinne entstand auch das AKAD Forum, das jährlich an der AKAD University ein aktuelles Thema aufgreift und den Grundstein für die AKAD Buchpublikationen legte. Seit über 55 Jahren bietet die AKAD University Berufstätigen ein flexibles, individuelles und effizientes Fernstudium neben dem Beruf. Dabei verbindet sie in vielen Studienrichtungen und Studiengängen Wissenschaft, Praxisbezug und Digitalisierung. Anwendungsorientierte Forschung und neue Praxisherausforderungen bilden die Leitlinien der *AKAD University Edition*: In der Buchreihe werden aktuelle Forschungsfragen mit Blick auf Anwendungsorientierung aufgegriffen und erörtert.

Naturgemäß treten dabei die Disziplinen der drei AKAD Schools in den Vordergrund, für die das Programm der AKAD University seit Langem steht: die AKAD School of Business Administration & Management, die AKAD School of Engineering & Technology Management und die AKAD School of International Communication & Culture. Neben der Fokussierung auf diese Disziplinen und der starken Anwendungsorientierung stellt der interdisziplinäre Ansatz, der Blick über den Tellerrand des eigenen Bereichs, ein drittes Charakteristikum der Buchreihe dar.

Zu Wort kommen hauptamtliche AKAD-Professoren ebenso wie nebenberufliche Dozenten, wissenschaftliche Mitarbeiter, herausragende Absolventen sowie weitere Wissenschaftler und Praktiker. Geplant sind mehrere Buchpublikationen pro Jahr, welche die vielfältigen Forschungsaktivitäten an der AKAD University für die „scientific community", aber auch für eine breite Öffentlichkeit zur Verfügung stellen. Sie sollen Anstoß sein für neue und innovative Ansätze, für kritisches Hinterfragen, konstruktive Diskussionen und weitergehende Forschung – ganz im Sinne des historischen Forums und der Pionierrolle, welche die AKAD University als erste private Fernhochschule in Deutschland im berufsbegleitenden Fernstudium und bei dessen Digitalisierung einnimmt.

Prof. Dr. Ronny Fürst
Prof. Dr. Torsten Bügner
Prof. Dr. Wolfgang Frohberg

Inhaltsverzeichnis

Vorwort der Herausgeber	V
Abbildungsverzeichnis	XI
Abkürzungsverzeichnis	XIII

1 Einleitung   1

2 Grundlagen und Definitionen   5
   2.1   Begriffsdefinitionen rund um das Thema Versicherung   5
       2.1.1   Versicherung   5
       2.1.2   Äquivalenzprinzip   8
       2.1.3   Solidargemeinschaft und Solidarprinzip   9
   2.2   Grundlagen zum Wesen der Privathaftpflichtversicherung   10
       2.2.1   Gegenstand der PHV   10
       2.2.2   Inhalt des Versicherungsschutzes und Prämiendifferenzierung   12
       2.2.3   Zahlen und Fakten   15
   2.3   Grundlagen zum Versicherungsbetrug   17

3 Formen, Täter und Motive für Versicherungsbetrug (in der PHV) sowie die Folgen in Deutschland   21
   3.1   Formen von Versicherungsbetrug   21
   3.2   Täterbeschreibung und Tatmotive   25
       3.2.1   Auftreten, Erscheinungsbild und typische Eigenschaften von Gelegenheitstätern   25
       3.2.2   Motive von Versicherungsbetrügern/Gelegenheitstätern   28
   3.3   Ausmaß des Versicherungsbetrugs   30
       3.3.1   Versicherungsbranche allgemein   31
       3.3.2   Privathaftpflichtversicherung   34

4 Der Versicherungsbetrüger als Nutzenmaximierer   37
   4.1   Determinanten des Versicherungsbetrugs ohne Berücksichtigung ethischer Bedenken   38
       4.1.1   Exkurs: Moral Hazard   38
       4.1.2   Annahmen bezüglich des Handelns des VN   41
       4.1.3   Annahmen für die Entwicklung von Betrugsabwehrstrategien   43
   4.2   Vorüberlegungen zur Erklärung des Auftretens von Versicherungsbetrug   43
       4.2.1   Deterministische Auswertungsstrategie   44
       4.2.2   Stochastische Auswertungsstrategie   45

4.3	Erklärungsansatz für das Auftreten von Versicherungsbetrug	46
4.4	Einfluss der Determinanten auf den Versicherungsbetrug	47
	4.4.1 Vorüberlegungen	47
	4.4.2 Erhöhung des Strafmaßes	48
	4.4.3 Senkung der Kontrollkosten durch größere Effizienz	49
	4.4.4 Erhöhung/Reduktion der Versicherungsleistung	49
4.5	Berücksichtigung der Moral	51
	4.5.1 Berücksichtigung der Moral unter dem monetären Aspekt	51
	4.5.2 Berücksichtigung der Moral als Ausschlusskriterium	53
4.6	Schlussfolgerungen für diese Arbeit	56

5 Vorkehrungen deutscher Versicherer zur Abwehr des Versicherungsbetrugs (in der PHV) — **59**

5.1	Effiziente Schadenschilderungsprüfung	60
5.2	Schulung der Mitarbeiter	61
5.3	Umfangreiche Recherche im Internet und in Onlinedatenbanken	63
5.4	„Betrugsaufdeckungseffiziente" Ablauf- und Aufbauorganisation in der Schadenabteilung – Betrugsexperten	64
5.5	Automatisierte Betrugserkennungssysteme	66
5.6	Geokodierung	67
5.7	Beauftragung von branchenfremden Fachspezialisten	68
5.8	Kooperation mit Strafverfolgungsbehörden	70
5.9	HIS – ein unternehmensübergreifendes Aufklärungssystem	71
5.10	Kooperation in unternehmensübergreifenden Institutionen	73
5.11	Fazit zum erfolgreichen Einsatz der Abwehrmethoden	73

6 Präventive Maßnahmen zur Abschreckung und Eindämmung von Versicherungsbetrug (in der PHV) in Deutschland — **77**

6.1	Konsequente Sanktionierung kriminellen Verhaltens – Strafanzeige als Abschreckungswirkung	78
6.2	Öffentlichkeitsarbeit, faire Vertragsgestaltung und Informationspolitik	79
6.3	Konsequente Risikoprüfung bei Antragstellung	82
6.4	Alternative Schadenregulierungsformen	82
6.5	Betrugsfeindliche Vertragsgestaltungen	83
6.6	Fazit zum erfolgreichen Einsatz der Präventiv- und Abwehrmethoden	85

7 Neue Maßnahme zur Verhinderung des Versicherungsbetrugs – Einführung eines Bonus-Malus-Systems in der PHV — **87**

7.1	Grundlagen, Ziele und Motive für die Einführung	88
7.2	Das Prinzip des Bonus-Malus-Systems am Beispiel der Schadenfreiheitsklassen der Kraftfahrzeughaftpflichtversicherung	93
7.3	Konzept und Beispielszenarien	101

7.4	Voraussetzungen für die Einführung des Bonus-Malus-Systems		123
7.5	Folgen der Einführung		129
	7.5.1	Mögliche wirtschaftliche Auswirkungen auf der Einnahmen- und Ausgabenseite der beteiligten Akteure in der ersten Periode	129
	7.5.2	Mögliche wirtschaftliche Auswirkungen auf der Einnahmen- und Ausgabenseite der beteiligten Akteure in den Folgeperioden	133
	7.5.3	Vor- und Nachteile für Versicherungsnehmer	135
	7.5.4	Vor- und Nachteile für Versicherer	137
7.6	Prüfung der Umsetzbarkeit und Grenzen des Modells		140

8 Nutzwertanalyse   **145**

9 Zusammenfassung   **159**

10 Anlage   **167**

Quellenverzeichnis   177
Personenregister   193
Sachregister   195

Abbildungsverzeichnis

Abbildung 1:	Zusammenhang zwischen Versicherungsleistung/Versicherungsbetrug und Prämienhöhe	8
Abbildung 2:	Schadenquoten 2002–2011 in der allgemeinen Haftpflichtversicherung	17
Abbildung 3:	Es gibt keinen typischen Versicherungsbetrüger	27
Abbildung 4:	Einschätzung des VN über Kriminalitätsgrad diverser Delikte	29
Abbildung 5:	Versicherungsbetrugsfälle der Schaden- und Unfallversicherung, bei denen polizeilich ermittelt wurde	32
Abbildung 6:	Beurteilung von VN hinsichtlich der Betrugsmöglichkeiten in den einzelnen Versicherungssparten	33
Abbildung 7:	Erscheinungsformen des moralischen Risikos	39
Abbildung 8:	Einfluss des erwarteten Nutzens aus betrügerischem Verhalten in Abhängigkeit von der moralischen Bewertung des Verhaltens	54
Abbildung 9:	Erklärungsansatz für das Begehen von Versicherungsbetrug unter Berücksichtigung moralischer Aspekte	55
Abbildung 10:	Einsatz von Betrugsspezialisten in deutschen VU	65
Abbildung 11:	Möglicher Prozess der Schadenbearbeitung inkl. Betrugsaufklärung	75
Abbildung 12:	Betrugspräventionsmethoden	85
Abbildung 13:	Tabelle zur Einteilung nach SF-Klassen und Schadenklassen mit entsprechenden Beitragssätzen	95
Abbildung 14:	Rückstufungstabelle	97
Abbildung 15:	Beispielberechnung für die Vorteilhaftigkeit einer Regulierung bzw. Selbsttragung in der Kfz-Haftpflichtversicherung	99
Abbildung 16:	Einteilung der Prämienstufen	107
Abbildung 17:	Verlauf der Beitragssätze beim gewählten Prämienstufen-System	108
Abbildung 18:	Verlauf des ersten Prämienstufen-Multiplikators in Abhängigkeit der Schadenhöhe	109
Abbildung 19:	Werte des zweiten Prämienstufen-Multiplikators in Abhängigkeit der schadenfreien Jahre	110
Abbildung 20:	Verlauf des zweiten Prämienstufen-Multiplikators in Abhängigkeit der schadenfreien Jahre	111
Abbildung 21:	Prämienstufen-Modell	112
Abbildung 22:	Berechnungsbeispiel der Vorteilhaftigkeit	116
Abbildung 23:	Beispielszenario für steigende Schadenhöhen	118

Abbildung 24: Verlauf des Gesamtgewinns aus einem Schadenfall in Abhängigkeit der Schadenhöhe — 119

Abbildung 25: Beispielszenario für abnehmende schadenfreie Zeiträume — 120

Abbildung 26: Verlauf des Gesamtgewinns aus einem Schadenfall in Abhängigkeit der schadenfreien Zeit — 121

Abbildung 27: Beispielszenarien für extreme Schadenhöhen und schadenfreie Zeiten — 122

Abbildung 28: Nutzwertanalyse: Gegenüberstellung Selbstbehalte – Prämienstufen-Modell – betrugsaufdeckungseffiziente Bearbeitung — 153

Abbildung 29: Vor- und Nachteile für VN und VR aus dem PS-Modell — 164

Abkürzungsverzeichnis

Abb.	Abbildung	i. d. R.	in der Regel
Abs.	Absatz	inkl.	inklusive
AG	Aktiengesellschaft	ISP	Intelligente Schadenprüfung
AHB	Allgemeine Versicherungsbedingungen für die Haftpflichtversicherung	Jg.	Jahrgang
		Kfz	Kraftfahrzeug
		o. g.	oben genannt(e) (en) (er) (es)
BBR	Besondere Bedingungen und Risikobeschreibungen	PHV	Privathaftpflichtversicherung
		PKV	Private Krankenversicherung
BGB	Bürgerliches Gesetzbuch	PS	Prämienstufe
bzw.	beziehungsweise	S.	Seite
ca.	circa	SB	Selbstbehalt
d. h.	das heißt	s. g.	so genannt(e) (en) (er) (es)
DM	Deutsche Mark	SF-Klasse	Schadenfreiheitsklasse
e. V.	eingetragener Verein	StGB	Strafgesetzbuch
etc.	et cetera	u. a.	unter anderem (n)
evtl.	eventuell(e) (en) (er) (es)	usw.	und so weiter
GDV	Gesamtverband der Deutschen Versicherungswirtschaft e.V.	v. a.	vor allem
		VN	der/die Versicherungsnehmer
GfK	Gesellschaft für Konsumforschung	VR	der/die Versicherer
		VU	das/die Versicherungsunternehmen
ggf.	gegebenenfalls		
HGB	Handelsgesetzbuch	VVG	Versicherungsvertragsgesetz
HIS	Hinweis- und Informationssystem der deutschen Versicherungswirtschaft	VVW	Verlag Versicherungswirtschaft e.V.
		z. B.	zum Beispiel
HUK	Haftpflicht-, Unfall-, Kraftfahrtversicherung	zzgl.	zuzüglich

1 Einleitung

„Es trifft ja keine Armen", oder „Ich habe soviel eingezahlt, jetzt will ich auch was zurückbekommen"[1]. So oder ähnlich lauten die „Rechtfertigungsgründe" vieler Gelegenheits-Versicherungsbetrüger, die dieses „Vergehen" mehr als Kavaliersdelikt denn als Straftat verurteilen. Oder wie die Sprecherin eines Kölner Versicherungskonzerns zutreffend konstatiert: „Viele Deutsche betrachten ihre Versicherung wie ein Depot. Der Einsatz soll Zinsen bringen. Wenn keine echten Schäden anfallen, wird halt versucht, Leistungsfälle vorzutäuschen."[2] Roland Wörner, Abteilungsdirektor der Zentrale Betrugsabwehr der Gerling Allgemeine Versicherungs-AG in Köln warnt zu Recht: „Setzt sich in weiten Teilen der Versicherungsnehmer der Gedanke des reinen Geldwechselgeschäftes durch, ist das Prinzip von Treu und Glauben als wichtigstes Kriterium der Versicherbarkeit eliminiert."[3]

Für immerhin jeden fünften Deutschen stellt Versicherungsbetrug mehr eine Bagatelle denn eine Straftat dar, was sich auch in der sprachlichen Verharmlosung wie „Kavaliersdelikt" oder „Volkssport" widerspiegelt.[4] Diese Verharmlosung des Themas Versicherungsbetrug ist seit Jahren ungebrochen. Laut aktueller Studie der Gesellschaft für Konsumforschung (GfK) darf bei einem Drittel der Versicherungsnehmer (im Folgenden VN) ein geringes Unrechtsbewusstsein in Bezug auf Versicherungsbetrug angenommen werden.[5] Damit einhergehend entsteht oftmals kriminelle Energie, die sich im Versicherungsbetrug konkretisiert. Versicherer (im Folgenden VR) kämpfen seit Jahren an breiter Front

---

1 Ellermann 1995, Seite 10.
2 Drengemann 2010, Seite 117.
3 Wörner 2006, Seite 253.
4 Vgl. Knoll/Lucas/Waschbusch 2010, Seite 810.
5 Vgl. John 2011, Seite 3–4.

dagegen an. Doch trotz aller Bemühungen verursachen die Schäden, die der deutschen Branche durch Versicherungsmissbrauch jährlich entstehen, einen finanziellen Verlust in Milliardenhöhe.[6] Dieses Ausmaß erweckt den Anschein, dass Versicherungsbetrug zu einer Art „Volkssport" mutiert ist. Ein Grund für die Ausweitung ist, dass redliche Bürger sich nicht als Opfer von Versicherungsbetrügern sehen, sondern das Versicherungsunternehmen (im Folgenden VU) bzw. dessen Gewinn. Sie erachten es daher auch nicht als notwendig, sich vor Betrügern zu schützen. Gesellschaftlich droht dem Versicherungsbetrüger, anders als bei anderen Straftaten wie Diebstahl oder Mord, deshalb auch keinerlei „soziale" Sanktionierung in Form eines Gemeinschaftsausschlusses, obgleich er durch den Betrug die Interessen der Versichertengemeinschaft verletzt und ehrlichen VN höhere Prämien aufbürdet. Versicherungsbetrug kann sich folglich ungehindert ausbreiten, in der Konsequenz steigt die Zahl der Täter ständig an. „Jeder neue Betrug ist Rechtfertigung früherer und Vorbild künftiger Taten."[7][8] Das vermeintlich anonyme Opfer „Versicherungsgesellschaft" wird folglich von vielen Tätern heimgesucht. Versicherungsbetrug wird daher zu Recht als Massendelikt bezeichnet.[9]

Dass VR Risiken übernehmen und, wenn es drauf ankommt, auch die finanziellen Verluste aus der Verwirklichung des Risikos tragen, gerät bei der Gruppe der Versicherungsbetrüger ebenso in Vergessenheit wie der Sachverhalt, dass diese Risikoübernahme mit Kosten verbunden ist und entsprechend mit Prämien entlohnt werden muss. Doch nicht die VR, sondern vielmehr die Versichertengemeinschaft hat die Folgen einzelner krimineller Handlungen zu tragen. Denn steigende Schadensummen (unabhängig ob gerechtfertigt oder ungerechtfertigt) und explodierende Betrugsabwehrkosten gehen in die Prämienkalkulation ein und verteuern so den Versicherungsschutz für alle Versicherten.[10][11]

Um redliche VN vor steigenden Prämien zu schützen, sind Vorkehrungen zu treffen, die den Versicherungsbetrug so weit wie möglich eindämmen. Bisher arbeiten VR verstärkt an der Abwehr von Versicherungsbetrüge(r)n. Doch die Methoden der Betrüger werden immer raffinierter und passen sich den Prüfungsmodalitäten der VR an. Deshalb wäre es vorteilhafter, dem Betrug bereits im Vorfeld den Kampf anzusagen und ihn damit schon im Keim zu ersticken. Dadurch könnten kostspielige Abwehrmaßnahmen reduziert werden. Bisherigen Maßnahmen zur Verhinderung von Versicherungsbetrug wie der Öffent-

---

6 Vgl. Roth/Stefanidis 2011, www.gdv.de/.../kavaliersdelikt/.
7 Schweizer-Rückversicherungs-Gesellschaft 1993, Seite 29.
8 Dies kann lerntheoretisch erklärt werden: Jeder erfolgreiche Betrug gibt einen Anreiz zur Wiederholung, bei dem der Täter weiteres Detailwissen über erfolgreichen Betrug erwirbt und andere durch den Erfolg auch zum Betrug motivieren kann. Dies konnte auch mittels einer Befragung bestätigt werden. (vgl. Fetchenhauer 1998, Seite 122, 338).
9 Vgl. Schweizer-Rückversicherungs-Gesellschaft 1993, Seite 29.
10 Vgl. John 2011, Seite 3.
11 Vgl. Roth/Stefanidis 2011, www.gdv.de/.../kavaliersdelikt/.

lichkeitsarbeit oder der Abschreckung ist gemein, dass sie auf die Einsicht und das Vertrauen der VN setzen und demnach eher langfristig wirken. Der bisherige Erfolg dieser Maßnahme ist jedoch umstritten bzw. kann bis zum jetzigen Zeitpunkt nicht nachgewiesen werden.[12] [13]

Es soll daher eine neue Methode entwickelt werden, die das Übel „an der Wurzel packt" und kurzfristigen, aber nachhaltigen Erfolg im Kampf gegen Versicherungsbetrug verspricht. Deshalb beschäftigt sich diese Arbeit[14] mit der Möglichkeit, den Versicherungsbetrug in der Privathaftpflichtversicherung (im Folgenden PHV) bereits im Produktkonzept durch geschickte Tarifierung zu verhindern. Gerade diese Sparte stellt aus Sicht der Versicherten die „beste Plattform" zum Versicherungsbetrug dar. Die geschätzten Betrugsquoten von ca. 40–50 % seit den 90er-Jahren sowie die aktuelle Umfrage der GfK von 2011, in der 41 % der Befragten angaben, dass sich ihres Erachtens nach in der PHV am ehesten Möglichkeiten zum Versicherungsbetrug „bieten", bestätigen und verdeutlichen die Notwendigkeit einer effizienten Gegenmaßnahme in diesem Bereich.[15] [16]

Ziel eines neuen Produktkonzeptes muss sein, dem Versicherten den höchstmöglichen Schutz vor den finanziellen Verlusten aus Haftpflichtschäden zu gewähren und ihm gleichzeitig eine „Mithaftung" zu übertragen, die vor dem Missbrauch der Versicherung als „Geldanlage" abschirmt.

Die Ausarbeitung wird in neun Kapiteln ausgehend von der Problemstellung eine mögliche Lösung des eben beschriebenen Produktkonzeptes erarbeiten und diese in Bezug auf die Erfolgsaussichten und Umsetzbarkeit würdigen.

Nach der Einleitung werden im zweiten Kapitel zunächst grundlegende Begriffe des Versicherungsprinzips definiert. Auch das Wesen der PHV wird erläutert sowie zum Durchdringungsgrad in der Bevölkerung Stellung genommen. Anschließend erfolgt die Begriffserläuterung zum Versicherungsbetrug.

Kapitel drei befasst sich mit Ausführungen über die möglichen Erscheinungsformen des Versicherungsbetrugs sowie einer Täterbeschreibung. Außerdem werden veröffentlichte statistische Daten zum Versicherungsbetrug angeführt, die das Ausmaß und die Brisanz des Themas veranschaulichen sollen.

Versicherungsbetrug kann als nutzenmaximierendes Verhalten des VN mithilfe der ökonomischen Theorie verstanden, interpretiert und analysiert werden. Kapitel vier befasst sich mit den theoretischen Erklärungsansätzen und zeigt, an welchen Stellschrauben VR ansetzen müssen, um Versicherungsbetrug

---

12 Vgl. Gas 1989, Seite 8–9.
13 Vgl. Wörner 2003, Seite 256.
14 Diese Arbeit ist die geringfügig ergänzte Fassung folgender Diplomarbeit im Studiengang Betriebswirtschaft: Sombeck, Katja: Die aktive Bekämpfung des Versicherungsbetrugs. Die Einführung eines Bonus-Malus-Systems in der Privathaftpflichtversicherung als wirksamer Schutz gegen Versicherungsbetrug. Unveröffentlichte Diplomarbeit, Stuttgart 2012.
15 Vgl. John 2011, Seite 7.
16 Vgl. o. V. 06/1999, Seite 28.

wirksam einzudämmen. Die Kapitel fünf bis sieben widmen sich im Anschluss der praktischen Umsetzung dieser Stellschrauben.

Im fünften Kapitel werden die bisherigen Schutzvorkehrungen der VU erläutert, die vor allem der Aufdeckung des Versicherungsbetrugs und damit der effizienten Betrugsabwehr dienen. Hier erfolgt neben einer kurzen Erläuterung der Methoden auch eine Würdigung des bisher erzielten bzw. erzielbaren Erfolges, sofern eine aktuelle Datenbasis Äußerungen hierzu zulässt.

Darauf folgen im Kapitel sechs Maßnahmen, die die VR bisher zur Verhinderung bzw. Abschreckung von Versicherungsbetrug umgesetzt haben. Auch hier wird, sofern möglich, zum bisherigen Erfolg bzw. zu Hinderungsgründen der Maßnahmen Stellung genommen.

Das siebte Kapitel widmet sich der Entwicklung und Analyse eines neuen PHV-Tarifs mit einem Bonus-Malus-System als Schutz vor Versicherungsbetrug. Hierfür werden neben Umsetzungsbeispielen auch notwendige Voraussetzungen sowie die Konsequenzen und Vor- und Nachteile dieses Modells erörtert. Außerdem wird das Modell auf seine Umsetzbarkeit hin untersucht und es werden mögliche Hinderungsgründe vorgestellt.

Im Anschluss folgt im Kapitel acht eine Nutzwertanalyse, die das neue Modell einer Präventivmethode (Selbstbehalt) sowie der aufdeckungseffizienten Betrugsbekämpfung gegenüberstellt und die Vorzüge der jeweiligen Methode hinsichtlich ausgewählter Kriterien herausarbeitet.

Im letzten Kapitel werden die Ergebnisse aus den vorherigen Kapiteln aufgegriffen und abschließend der optimale Maßnahmen-Mix zur Bekämpfung des Versicherungsbetrugs in der PHV begründet.

Im Anhang finden sich Auszüge aus Gesetzestexten, Beispiele und weitere Grafiken, um die Problematiken anschaulicher darzustellen.

2 Grundlagen und Definitionen

2.1 Begriffsdefinitionen rund um das Thema Versicherung

2.1.1 Versicherung

Eine einheitliche Definition für den Begriff „Versicherung" existiert weder in der Literatur noch im allgemeinen Sprachgebrauch. Der Begriff „Versicherung" wird im alltäglichen Sprachgebrauch für eine Vielzahl von Sachverhalten verwendet, also beispielsweise als Bezeichnung der Branche, eines Produktionsbetriebes (im Folgenden als VU oder VR bezeichnet), des Versicherungsvertrags oder des Produkts „Versicherung". Obwohl das Geschäftsfeld der Versicherung durch einen breiten rechtlichen Rahmen (Versicherungsvertragsgesetz, Gesetz zur Beaufsichtigung von Versicherungsunternehmen, Versicherungssteuergesetz, Handelsgesetzbuch und Bürgerliches Gesetzbuch) beschrieben wird, enthält keines der zutreffenden Gesetze eine Legaldefinition des Begriffes. Wissenschaft und Rechtspraxis waren also für die Begriffsbestimmung verantwortlich.[17][18] Die vorliegende Arbeit betrachtet die Versicherung unter betriebswirtschaftlichen Aspekten. Folgende Definition wird daher zugrunde gelegt:

> Unter einer Versicherung versteht man „das vertraglich zugesicherte Leistungsversprechen im Schadenfall gegen Zahlung einer vereinbarten Versicherungsprämie."[19]

---

17 Vgl. Knoll 2011, Seite 37–41.
18 Vgl. Schüll 2011, Seite 6.
19 Knoll 2011, Seite 37.

Der Versicherungsvertrag zielt demnach darauf ab, die „Deckung eines im einzelnen ungewissen, insgesamt geschätzten Mittelbedarfs auf der Grundlage des Risikoausgleichs[20] im Kollektiv und in der Zeit" zu gewährleisten.[21]

Es handelt sich also um einen Risikotransfer vom VN zum VR. Dieser wird dem VR dadurch ermöglicht, dass er „eine Vielzahl gleichartiger Risiken absichert, deren unterschiedliche Schadenfrequenz und -höhe sich im Kollektiv sowie im Laufe der Zeit ausgleichen."[22] Diese Annahme basiert auf dem „Gesetz der großen Zahl", nach dem sich erfahrungsgemäß nur bei einem geringen Prozentsatz einer großen Zahl von Versicherungsverträgen ein Risiko verwirklicht (Risikoausgleich im Kollektiv). Der Ausgleich in der Zeit resultiert aus der Tatsache, dass nicht jede Schadenperiode gleichermaßen schadenträchtig ist.[23] Der Risikotransfer kann auf Basis freiwilliger Vereinbarungen (Individualversicherung) oder gesetzlicher Bestimmungen (Sozialversicherung) entstehen, wobei in dieser Arbeit nur erstere Vertragsverhältnisse (Individualversicherungsverträge) zwischen Nicht-VU bzw. natürlichen Personen mit VU (= Erstversicherungen) betrachtet werden.[24]

Die Versicherung erfüllt eine Vielzahl von Funktionen:

- Sicherungsfunktion als Schutz vor finanziellen Nachteilen aufgrund eines Schadenereignisses für den Einzelnen,
- Verringerung des Kapitalbedarfs der Wirtschaft zum Zweck der Risikovorsorge,
- die i. d. R. zügigen Entschädigungsleistungen der VU ermöglichen eine schnelle Stabilisierung des Wirtschaftskreislaufs der VN,
- Wachstumsförderung: Das Risiko des Einzelnen wird kalkulierbar und fördert damit Investitionen,
- Kapitalsammelbecken: Gesammeltes Kapital der VU kann der Volkswirtschaft zu Produktionszwecken zur Verfügung gestellt werden,
- Schadenverhinderungsfunktion (z. B. VN erhält Obliegenheiten zur Schadenverhütung oder -minderung, Ursachenforschung nach Schadenfällen verhindert zukünftige Schäden).[25]

Versicherungen weisen gegenüber anderen Gütern vielzählige Besonderheiten auf, die im Folgenden kurz vorgestellt werden:

---

20 Risiko wird hier verstanden als ein Sachverhalt, welcher „ursachenbezogen aus der Unsicherheit zukünftiger Ereignisse resultiert und sich wirkungsbezogen in der negativen Abweichung von einer festgelegten Zielgröße niederschlägt." (Knoll 2011, Seite 201).
21 Farny 2011, Seite 8.
22 Kahlenberg 2005, Seite 9.
23 Vgl. Schüll 2011, Seite 6–7.
24 Vgl. Knoll 2011, Seite 41–42.
25 Vgl. Schüll 2011, Seite 22–25.

- Größenvorteile (aus dem „Gesetz der großen Zahl" resultieren sinkende Stückkosten und ein Risikoausgleich),
- Principal-Agent-Problematik (asymmetrische Informationsverteilung zwischen VN und VU, damit verbunden Moral Hazard und Adverse Selection[26]),
- Erklärungsbedürftigkeit (aufgrund Abstraktheit und komplexem Bedingungswerk),
- Versicherungen bieten keinen materiellen Gegenwert,
- Vertriebsdominanz aufgrund Immaterialität (Absatz vor oder mit Produktion),
- Erfahrungsgut (Qualitätsurteil erst nach Versicherungsfall möglich),
- unsichere Input-Output-Beziehung (Schadenfall/-höhe ungewiss für VN und VU),
- s. g. Low-Interest-Produkt (Kunden scheuen Auseinandersetzung mit möglichen Versicherungsfällen wie Tod, Krankheit vor Vertragsschluss und vermeiden i. d. R. möglichst auch die Inanspruchnahme der Leistung, also den Versicherungsfall),
- abstraktes, bedingtes Leistungsversprechen.[27] [28] [29]

Die wesentlichen am Versicherungsvertrag beteiligten Personen sind:

- der VR (gleichbedeutend mit VU): Er gewährt den Versicherungsschutz und schuldet die vereinbarte Entschädigung bei Eintritt des Versicherungsfalls, im Gegenzug erhält er die Prämie vom VN.
- der VN: Es handelt sich um die Person, in deren Namen der Versicherungsvertrag mit dem VR abgeschlossen wird, sämtliche Rechte und Pflichten aus dem Versicherungsvertrag sind dem VN zuzuordnen.
- Versicherungsvermittler: am Zustandekommen des Versicherungsvertrags beteiligte Personen wie Versicherungsvertreter oder Versicherungsmakler, sie stellen ein s. g. Bindeglied zwischen VN und VR dar. (Auf die Besonderheiten und rechtlichen Abgrenzungen soll hier nicht weiter eingegangen werden.)
- Drittbeteiligte (beispielsweise Versicherte, mitversicherte Personen oder Geschädigte in der Schadenversicherung). Eine nähere Erläuterung ist hier nicht zweckdienlich und erfolgt aus Platzgründen nicht.[30]

---

26 Unter Moral Hazard versteht man den Sachverhalt, dass VN weniger Sorgfalt bei der Vermeidung bzw. Begrenzung von Schäden aufwenden, als dies eine nicht versicherte Person tun würde. Der Begriff Adverse Selection bezeichnet den „Prozess, bei dem Akteure mit wünschenswerten Eigenschaften aus dem Marktprozess ausscheiden", weil sie die Versicherung im Hinblick auf ihren voraussichtlich niedrigen Leistungsbedarf für zu teuer halten, und vorrangig solche Teilnehmer verbleiben, deren Eigenschaften als negativ zu bewerten sind, deren Risiko also höher ist. Der Versicherungsbestand eines VU kann unter „schlechten" Risiken leiden, welche nicht ausgeglichen werden können. (vgl. Erlei, wirtschaftslexikon... /adverse-selection-v3.html; Erlei, wirtschaftslexikon..moral-hazard-v3.html; Bach 1999, Seite 1).
27 Vgl. Knoll 2011, Seite 44–52.
28 Vgl. Kahlenberg 2005, Seite 15.
29 Vgl. Ebner 2010, S. 26.
30 Vgl. Schüll 2011, Seite 9–18.

2.1.2 Äquivalenzprinzip

Unter Äquivalenzprinzip versteht man das versicherungstechnische Prinzip, welches das Verhältnis zwischen den Prämienzahlungen der VN und den Ausgaben der VR angesichts eintretender Versicherungsfälle regelt. Das Äquivalenzprinzip ist also für die Bestimmung der (Risiko-)Prämie erheblich von Bedeutung.[31] Es fordert in der Individualversicherung die Übereinstimmung und damit den Ausgleich von (Risiko-) Prämie und erwartetem Schaden. Wenn die Kosten für die Leistungsfälle (und auch für Betrugsfälle) steigen, steigt auch die Prämie für den Versicherungsschutz.[32] Nachfolgende Abbildung veranschaulicht den eben geschilderten Prozess bzw. den Einfluss der gerechtfertigten und auch betrügerischen Schadenzahlungen bzw. deren Abwehr auf die Höhe der Prämie.

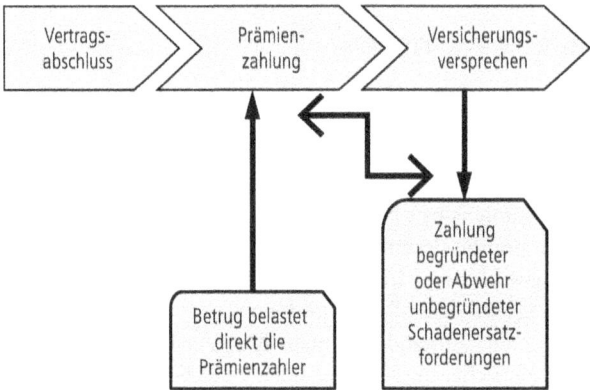

Abbildung 1: Zusammenhang zwischen Versicherungsleistung/Versicherungsbetrug und Prämienhöhe[33]

Es gibt zwei verschiedene Ausprägungen des versicherungstechnischen Äquivalenzprinzips:

- Das kollektive Äquivalenzprinzip, welches sich auf Versicherungsbestände (mit homogenen oder heterogenen Risiken) bezieht, stellt sicher, dass die Summe aller Risikoprämien eines bestimmten Versicherungsbestands mindestens so hoch wie der kollektive Erwartungswert der Schäden in diesem Versicherungsbestand ist. Es sichert so das wirtschaftliche Überleben eines VR.

---
31 Vgl. o. V., www.versicherungsnetz.de/.../Aequivalenzprinzip.html.
32 Vgl. Kahlenberg 2005, Seite 20.
33 Eigene Abbildung entnommen aus Burgartz 2008, Seite 9.

Dieses Prinzip fordert keine individuelle Prämiendifferenzierung, sondern nur, dass alle Prämien für alle Schäden ausreichen.
- Das individuelle Äquivalenzprinzip bezieht sich auf das einzelne versicherte Risiko. Hierdurch wird eine verursachungsgerechte Zurechnung des kollektiven Erwartungswertes der Schäden auf die einzelnen versicherten Risiken des Bestands gewährleistet (Kostenzuordnungsprinzip). Ein einzelnes Risiko zahlt eine Prämie in Höhe seines individuellen Schadenerwartungswertes (Prämiendifferenzierung). Wenn für jedes einzelne Risiko Prämienäquivalenz gilt, ist automatisch das kollektive Äquivalenzprinzip gesichert (andersherum jedoch nicht).[34] [35]

2.1.3 Solidargemeinschaft und Solidarprinzip

Das Solidaritätsprinzip basiert auf der Festlegung eines Verhältnisses von Einzelwesen und der Gemeinschaft. Vereinfacht bedeutet Solidarität:

„*Einer für alle, alle für einen.*"[36]

Für die Versichertengemeinschaft (Solidargemeinschaft) bedeutet das: Alle VN zahlen in einen großen „Topf" ein, damit einzelne, teils auch große Schäden gedeckt sind. Dies ermöglicht, dass im Schadenfall sehr hohe Summen trotz einer vergleichsweise geringen Prämie des Einzelnen zur Verfügung stehen und ergänzt und beschreibt so das oben beschriebene Äquivalenzprinzip.[37]

Dieses Prinzip wird durch Versicherungsbetrüger ausgehebelt, da sie auf Kosten der Solidargemeinschaft Leistungen beziehen. Die Tendenz zur Untergrabung des Solidarprinzips lässt sich damit erklären, „daß sich die Individuen in modernen Gesellschaften immer mehr an ihrem eigenen Nutzen orientieren und von daher immer weniger bereit sind, die Eigentumsrechte anderer Personen oder Institutionen zu akzeptieren."[38]

---

34 Vgl. Richter 2010, Seite 43–44.
35 Vgl. Farny 2011, Seite 67–68.
36 o. V., Solidarität, www.versicherungsnetz.de/02-01/00001256.htm.
37 Vgl. Wiese 2006, Seite 8.
38 Fetchenhauer 1998, Seite 120.

2.2 Grundlagen zum Wesen der Privathaftpflichtversicherung

2.2.1 Gegenstand der PHV

Bei der PHV handelt es sich um eine Vermögenswertversicherung: Sie sichert das Vermögen des Versicherten vor den finanziellen Nachteilen aus seiner gesetzlichen Haftpflicht gegenüber Dritten.[39]

Sie gehört damit in die Klasse der (Vermögens-)Schadenversicherung, die wie folgt definiert wird:

„Unter dem Begriff Schadenversicherung sind die Versicherungsformen aufgeführt, die Leistungen aufgrund eines tatsächlich entstandenen Schadens, der in der Summe konkret nachweisbar ist, abdecken.

Darunter fallen folgende Schäden:
- *Personenschäden*
- *Sachschäden*
- *Vermögensschäden*

Die Versicherungsleistungen der Schadenversicherungen sind auf die tatsächliche Schadenhöhe (Bereicherungsverbot) sowie auf die maximale vertraglich vereinbarte Höchstentschädigung begrenzt."[40]

Man spricht auch von konkreter Bedarfsdeckung. Ersetzt wird also der tatsächlich entstandene Schaden (Zeitwert[41]) des geschädigten Dritten. (Bei der Summenversicherung wird demgegenüber die fest vereinbarte Versicherungssumme ohne Nachweis eines konkreten Schadens ausgezahlt, man spricht dann von abstrakter Bedarfsdeckung.[42])

In den Allgemeinen Versicherungsbedingungen für die Haftpflichtversicherung (AHB) wird ausführlich beschrieben, worauf sich der Gegenstand der Versicherung erstreckt: Dem VN wird während der Vertragslaufzeit Versicherungsschutz für Personenschäden oder Sachschäden oder sich daraus ergebende Vermögensschäden (unechte Vermögensschäden) gewährt, die infolge von durch ihn schuldhaft verursachte Schadenereignisse eintreten und von Dritten aufgrund gesetzlicher Haftpflichtbestimmungen privatrechtlichen In-

---

39 Vgl. Greiner 2004, Seite 6.
40 O. V., Versicherung – Definition und Erklärung Schadenversicherung, www.top-versicherungslexikon.de/
   .../Schadenversicherung/.
41 Die Höhe der Versicherungsleistung nimmt mit zunehmenden Alter (aufgrund des Wertnachlasses durch Gebrauch) der beschädigten Sache ab, in der Konsequenz reicht dem VN oft die Entschädigungsleistung nicht, um eine vergleichbare neue Sache zu erwerben (vgl. Fetchenhauer 1998, Seite 188–189).
42 Vgl. Kahlenberg 2005, Seite 37.

halts in Form von Schadenersatz in Anspruch genommen werden. Unter Personenschäden versteht man hier den Tod, die Verletzung oder die Gesundheitsschädigung von Menschen. Sachschäden beinhalten die Beschädigung oder Vernichtung von Sachen.[43][44]

Kurz gesagt: Eine Haftpflichtversicherung schützt den VN vor den finanziellen Nachteilen als Folge seiner gesetzlichen Haftpflicht gegenüber geschädigten Dritten. Ihre Bedeutung ist damit immens, da sich Schadenersatzansprüche in existenzgefährdende Höhen aufsummieren können. Denn der Gesetzgeber sieht nach § 249 Absatz 1 Bürgerliches Gesetzbuch (BGB) keine Begrenzung für Schadenersatzverpflichtungen vor[45]:

„*Wer zum Schadensersatz verpflichtet ist, hat den Zustand herzustellen, der bestehen würde, wenn der zum Ersatz verpflichtende Umstand nicht eingetreten wäre.*"[46]

Unter Haftpflicht versteht man die sich aus den gesetzlichen Haftpflichtbestimmungen privatrechtlichen Inhalts ergebende Verpflichtung zum Ersatz eines einem Dritten zugefügten Schadens.[47] Eine gesetzliche Definition des Begriffs Haftpflicht existiert nicht, stattdessen sind die für die Haftpflicht relevanten Bestimmungen in vielen Gesetzen geregelt, u. a. im Bürgerlichen Gesetzbuch, im Straßenverkehrsgesetz, im Produkt- und im Umwelthaftungsgesetz.[48] Es handelt sich dabei überwiegend um Vorschriften der unerlaubten Handlung, Bestimmungen über die Gefährdungshaftung und auch Regelungen der positiven Vertragsverletzung (wie beispielsweise Verletzung vertraglicher Nebenpflichten).[49]

Die wohl wichtigste Anspruchsgrundlage für die PHV ist in § 823 Absatz 1 BGB geregelt. Es handelt sich um die zentrale Grundbestimmung der Verschuldenshaftung:

„*Wer vorsätzlich oder fahrlässig das Leben, den Körper, die Gesundheit, die Freiheit, das Eigentum oder ein sonstiges Recht eines anderen widerrechtlich verletzt, ist dem anderen zum Ersatz des daraus entstehenden Schadens verpflichtet.*"[50]

Weitere, für die PHV bedeutende gesetzlichen Haftpflichtbestimmungen privatrechtlichen Inhalts sind in den §§ 828 und 832 BGB geregelt, welche im Anhang abgedruckt sind.

Die Leistung des VR bzw. der Umfang des Versicherungsschutzes umfasst bei jedem Schadenereignis die Prüfung der Haftpflichtfrage, die Abwehr unberech-

---

43 Vgl. Berufsbildungswerk der Deutschen Versicherungswirtschaft (BWV) e.V. (Hrsg.) 2001, S. 285.
44 Vgl. o. V. 2012, Seite 1, www.gdv.de /...die-haftpflichtversicherung-ahb/.
45 Vgl. Erdbrügger/Kuwert 1990, Seite 32.
46 O. V., BGB, § 249 Absatz 1 2012, www.gesetze-im-internet.de/bgb/__249.html.
47 Vgl. Kahlenberg 2005, Seite 35.
48 Vgl. Kahlenberg 2005, Seite 39.
49 Vgl. Erdbrügger/Kuwert 1990, Seite 37–38.
50 O. V., BGB, § 823 Absatz 1, www.gesetze-im-internet.de/bgb/__823.html.

tigter Ansprüche bzw. die Befriedigung berechtigter Haftpflichtansprüche aus dem Vertrag.[51]

Was alles unter den Versicherungsschutz des vereinbarten PHV-Vertrags fällt, ist detailliert und abschließend in den AHB und den Besonderen Bedingungen und Risikobeschreibungen (kurz BBR) für die Haftpflichtversicherung geregelt. Außerdem werden in den AHB auch konkrete Tatbestände genannt, bei dessen Vorliegen der Versicherungsschutz verwehrt wird. Einige wichtige Ausschlüsse sind:

– Haftpflichtansprüche, soweit sie aufgrund Vertrags oder besonderer Zusagen über den Umfang der gesetzlichen Haftpflicht des VN hinausgehen,
– Haftpflichtansprüche aus Schäden infolge Teilnahme an Pferde-, Rad- oder Kraftfahrzeug-Rennen, Box- oder Ringkämpfen sowie den Vorbereitungen hierzu (Training),
– Haftpflichtansprüche wegen Schäden an fremden Sachen, die der VN gemietet, gepachtet, geleast, geliehen oder durch verbotene Eigenmacht erlangt hat oder die Gegenstand eines besonderen Verwahrungsvertrages sind, und alle sich daraus ergebenden Vermögensschäden,
– Haftpflichtansprüche aller mitversicherter Personen einschließlich des VN oder mit dem VN in häuslicher Gemeinschaft lebender Personen gegen eine mitversicherte Person (s. g. Eigenschäden),
– Versicherungsansprüche aller Personen, die den Schaden vorsätzlich herbeigeführt haben.[52][53]

Im Anschluss folgt eine Beschreibung, auf welche konkreten Ereignisse sich der jeweils gewährte Versicherungsschutz bezieht.

2.2.2 Inhalt des Versicherungsschutzes und Prämiendifferenzierung

Die AHB legen die Rahmenbedingungen und den rechtlichen Inhalt für den Versicherungsschutz für alle Risiken der allgemeinen Haftpflicht fest. Daneben regeln, ergänzen und (teilweise) ändern die Besonderen Bedingungen und Risikobeschreibungen (kurz BBR) für die Haftpflichtversicherung den konkreten Versicherungsschutz für die einzelnen Haftpflichtbereiche.[54] Eine Auswahl der wichtigsten rechtlichen Bestimmungen für den Vertragsinhalt der PHV wird nun kurz vorgestellt:

---

51 Vgl. o. V. 2012, Seite 3, www.gdv.de /...die-haftpflichtversicherung-ahb/.
52 Vgl. o. V. 2012, Seite 3, www.gdv.de /...die-haftpflichtversicherung-ahb/.
53 Vgl. Greiner 2004, Seite 22–23.
54 Vgl. Erdbrügger/Kuwert 1990, Seite 7.

Versichert ist: die gesetzliche Haftpflicht des VN aus den Gefahren des täglichen Lebens als Privatperson, insbesondere

- als Familien- und Haushaltsvorstand (beispielsweise aus Aufsichtspflichtverletzungen),
- als Dienstherr der in seinem Haushalt tätigen Personen,
- als Inhaber eines im Inland gelegenen Einfamilienhauses, Wochenend- oder Ferienhauses sowie einer oder mehrerer Wohnungen,
- als Radfahrer,
- aus der Ausübung von Sport mit Ausnahme von Jagd- und Rennsportarten,
- aus dem erlaubten Besitz von Waffen,
- als Halter und Hüter von zahmen Haustieren.[55]

Die Regelung „… Gefahren des täglichen Lebens als Privatperson" dient vor allem der Abgrenzung des Versicherungsschutzes zu den anderen Gefahren, die beispielsweise von einem Betrieb oder aus der Ausübung eines Berufes, (Ehren-) Amtes, Dienstes usw. ausgehen.[56] Die PHV soll ausschließlich die Risiken aus der Privatsphäre des VN decken, nicht die Risiken der beruflichen Sphäre.[57]

Mitversichert ist: u. a. die gleichartige gesetzliche Haftpflicht

- des Ehegatten und eingetragenen Lebenspartners des VN,
- des namentlich genannten, mit dem VN in häuslicher Gemeinschaft lebenden Partners in nichtehelichen Lebensgemeinschaften,
- unverheirateter und nicht in eingetragener Lebenspartnerschaft lebender, nicht berufstätiger Kinder bis zum Abschluss der Schul- oder der sich unmittelbar anschließenden Berufsausbildung,
- im Haushalt des VN beschäftigter Personen aus dieser Tätigkeit.[58]

In den BBR für die PHV werden reine Vermögensschäden, die in den AHB ausgeschlossen wurden, wieder in den Versicherungsumfang aufgenommen. Reine Vermögensschäden sind Schäden, die weder durch einen Personen- noch durch einen Sachschaden entstanden sind.

Der Versicherte kann gegen Prämienzuschläge den Versicherungsumfang durch s. g. Einschlüsse erweitern, beispielsweise durch den „Einschluss von Schäden durch deliktsunfähige Kinder" oder den „Einschluss von Mietsachschäden".[59]

---

55 Vgl. o. V. 2011, Seite 1–2, www.gdv.de/…/12_Muster-Bedingungs-struktur_IX_Privathaftpflicht_110413_Homepagefassung1.pdf.
56 Vgl. Erdbrügger/Kuwert 1990, Seite 41.
57 Vgl. Kahlenberg 2005, Seite 41.
58 Vgl. o. V. 2011, Seite 2–3, www.gdv.de/…/12_Muster-Bedingungs-struktur_IX_Privathaftpflicht_110413_Homepagefassung1.pdf.
59 Vgl. BWV e.V. (Hrsg.) 2001, S. 296.

Die Leistungsgrenze des VR pro Schadenfall kann im Antrag über die Auswahl s. g. Deckungssummen erfolgen. Diese begrenzen die maximale Leistung des VR bei Eintritt eines Schadenereignisses. Außerdem begrenzen die Bedingungen oftmals zusätzlich die Gesamtleistung pro Versicherungsjahr auf ein Vielfaches der Deckungssumme. Die angebotenen minimalen Deckungssummen sind meist 3 000 000 Euro für Personen- und Sachschäden und 100 000 Euro für Vermögensschäden. Eine Erhöhung auf z. B. 10 000 000 Euro pauschal für alle Schäden zum Schutz des VN ist zu empfehlen, da seine gesetzliche Haftung der Höhe nach unbegrenzt ist und beispielsweise Personenschäden hohe und (lebens-)lange Verpflichtungen nach sich ziehen können.[60] Sämtliche Bestimmungen können in den Musterbedingungen, die der GDV auf seiner Homepage zur Verfügung stellt, nachgelesen werden.

Prämiendifferenzierung: Das versicherungstechnische individuelle Äquivalenzprinzip fordert die Einführung individuell differenzierter, risikogerechter Prämien, um eine negative Risikoauslese (Adverse Selection) zu vermeiden. Dafür eignet sich zum einen die primäre Prämiendifferenzierung, dabei werden bei Vertragsabschluss bereits Prämiendifferenzierungen anhand von Risikomerkmalen vorgenommen. Nicht alle objektiven, noch weniger die subjektiven Risikomerkmale können aber bereits vor Vertragsschluss abschließend bewertet werden. Hier bietet die sekundäre Prämiendifferenzierung, auch als Erfahrungstarifierung bezeichnet, die Möglichkeit, diese Risikomerkmale nachträglich in die Prämienkalkulation einzubeziehen. Dabei kann die Prämie in Abhängigkeit des individuellen Schadenverlaufs entweder rückwirkend (Prämienrückerstattungen) oder vorwirkend (Bonus-Malus-System) angepasst werden.[61] [62]

Voraussetzung für die Einführung primärdifferenzierter Prämien ist, dass es hinreichend genaue Schätzungen der Schadenerwartungswerte in Abhängigkeit bestimmter Risikomerkmale gibt. So sind beispielsweise das Alter und der Gesundheitszustand risikorelevante Merkmale in der Krankenversicherung, die Einfluss auf die Schadenerwartung haben und daher bei der Prämienkalkulation mit berücksichtigt werden.

In der PHV gibt es wenige dieser risikobeeinflussenden Faktoren, da es kaum objektive Merkmale gibt, die die Schadenwahrscheinlichkeit „voraussagen" können.[63] (Gefahrerheblich bei Neuabschlüssen sind vor allem Fragen nach Vorschäden und Vorversicherungen.[64]) Dennoch wird bisher ausschließlich die

---

60 Vgl. o. V., Die richtige Deckungssumme bei der privaten Haftpflichtversicherung, www.haftpflichtversicherung.net/.../..haftpflichtversicherung.html.
61 Vgl. Farny 2011, Seite 69–72.
62 Vgl. Höddinghaus 1979, im Vorwort.
63 Gesetzliche Anhaltspunkte, die auf den Zwang zur Prämiendifferenzierung hindeuten, sind auch nicht auffindbar. (vgl. Richter 2010, Seite 61).
64 Vgl. Lücke 1996, Seite 787.

primäre Prämiendifferenzierung, und auch diese nur in sehr geringem Umfang, angewandt:[65] [66]

Einige Privathaftpflicht-VR tarifieren nach der Berufsgruppe. Hier wird zwischen Beamten, der Berufsgruppe der Mediziner, Innendienst- oder Versicherungsangestellten und den sonstigen Berufen differenziert. Außerdem gibt es „familienstandabhängige" Prämienfestsetzungen für Singles und Familien (mit oder ohne Kind), da bei Familien ja mehrere Personen einen Schadenersatzanspruch verursachen können. Vereinzelt werden auch Prämiendifferenzierungen aufgrund einer Behinderung (v. a. bei Blinden) vorgenommen.[67] Neben den bisher erwähnten personenbezogenen Differenzierungsmerkmalen bieten einzelne VR auch Selbstbehalte an, die die Prämie jedoch nur marginal reduzieren und deshalb oft nicht vereinbart werden.[68]

2.2.3 Zahlen und Fakten

Trotz der Namensführung ist die PHV in Deutschland für die Bürger nicht verpflichtend, obgleich schon seit geraumer Zeit immer wieder politische Diskussionen um dieses Thema rangen.[69] Trotzdem kann man von einer recht hohen Versicherungsdichte ausgehen, die seit 2003 von rund zwei Dritteln auf 70 % der deutschen Haushalte im Jahr 2009 kontinuierlich angestiegen ist.[70] Sie ist damit in Deutschland neben der Hausrat- und Kraftfahrzeughaftpflichtversicherung eine der am weitesten verbreiteten Versicherungsarten.[71] Dennoch: Etwa „jeder dritte deutsche Haushalt besitzt keine private Haftpflichtversicherung – und riskiert damit den (finanziellen) Ruin".[72]

Die folgenden Angaben beziehen sich auf die allgemeine Haftpflichtversicherung, spezielle statistische Daten für die PHV sind nicht verfügbar: In 2010 existierten 43,753 Millionen Versicherungsverträge in der allgemeinen Haftpflichtversicherung, aus denen insgesamt Prämieneinnahmen in Höhe von 6,782 Milliarden Euro erzielt wurden. Daraus resultiert eine durchschnittliche Jahresprämie von ca. 155 Euro, welche im Durchschnitt für alle Haftpflichtbereiche (also auch Jagdhaftpflicht, Umwelthaftpflicht, ...) aufgebracht werden muss.[73] (Es darf angenommen werden, dass die durchschnittliche Jahresprämie

---

65 eigene Recherchen und Berechnungen in den Anbieterprogrammen (vgl. o. V., Kostenloser Tarifvergleich Private Haftpflichtversicherung, dynamisch.vergleich.de/...|defaultCache:ohneInfo.
66 Vgl. Richter 2010, Seite 61.
67 Vgl. Richter 2010, Seite 33–34.
68 Eigene Recherchen und Berechnungen in den Anbieterprogrammen (vgl. o. V., Kostenloser Tarifvergleich Private Haftpflichtversicherung, dynamisch.vergleich.de /...|defaultCache:ohneInfo.
69 Vgl. GDV (Hrsg.) November 2011, Seite 33.
70 Vgl. GDV (Hrsg.) November 2003 und 2009, je Seite 63.
71 Vgl. Kahlenberg 2005, Seite 39.
72 Gesellensetter/Hutterer, www.focus.de/.../haftpflichtversicherung_aid_11175.html.
73 Vgl. GDV (Hrsg.) Juli 2011, Seite 59–62,72.

für die PHV unter diesen 155 Euro liegt, da das Risiko in anderen Bereichen (Umwelthaftpflicht, Produkthaftpflicht, Betriebshaftpflicht, ...) als wesentlich höher eingestuft wird (da die Eintrittswahrscheinlichkeit in diesen Bereichen höher ist und Schäden in diesen Bereichen höhere Ersatzansprüche nach sich ziehen) und entsprechend eine höhere Prämie kalkuliert werden muss.)[74]

Es wurden 2,967 Millionen Schäden in 2010 von den Haftpflichtversicherern reguliert, dabei wurde eine Schadensumme von 4,71 Milliarden Euro ausgezahlt. (Davon belaufen sich die Leistungen aus der PHV auf ca. 800 Millionen Euro.[75]) Die durchschnittliche Schadenhöhe beträgt demnach ca. 1.588 Euro. Auch hier darf angenommen werden, dass der Durchschnittsschaden in der PHV unter diesem Betrag liegt (siehe Ausführungen zur durchschnittlichen Prämienhöhe), zumal die typischen Schadenobjekte in der PHV (siehe 3.3.2) ebenfalls eher im Bereich von ca. 500 Euro anzusiedeln sind.[76]

Dennoch: Die durchschnittliche Leistung, die die PHV den einzelnen schadenträchtigen VN rechtmäßig oder unrechtmäßig zur Verfügung stellt, ist im Vergleich zu der vergleichsweise geringen Prämie für den Versicherungsschutz nicht zu verachten. Setzt man die jährlichen Schadenzahlungen ins Verhältnis zu den Prämieneinnahmen, ergibt sich die Schadenquote von 69,4 %, d. h., über zwei Drittel der vereinnahmten Prämien werden für die Schadenregulierung aufgewendet. Die kontinuierlich hohe Schadenquote wird auch nochmals in Abbildung 2 veranschaulicht. Berücksichtigt man zusätzlich die Kosten, ergibt sich eine Schaden-Kosten-Quote von 91,1 %, was bedeutet, dass die VR über 90 % ihrer vereinnahmten Prämien für Schäden und Kosten verbrauchen.[77] Prämiensenkungspotenziale würden sich also allein daraus ergeben, wenn man ungerechtfertigte Versicherungsleistungen sowie Kontrollkosten zur Abwehr von Versicherungsbetrug einsparen könnte.

---

74 Eigene Recherche in Vergleichsportalen und unter Stiftung Warentest (vgl. o. V., www.test.de/ ...Neue-Vertraege-bringen-Vorteile-1851885-1853541/, o. V.,www.check24.de/...= CLLeroaCkLE CFYHwzAoda1Ku0g, o. V., www.betriebshaftpflichtversicherungvergleich.com/ ...vergleich.html.
75 Vgl. o. V., Serie Versicherungsbetrug-Teil 3: Private Haftpflichtversicherung, www.versicherungsnetz.de/...Meldung=546.
76 Vgl. GDV (Hrsg.) Juli 2011, Seite 59–62, 72.
77 Vgl. GDV (Hrsg.) Juli 2011, Seite 59–62, 81–82.

Grundlagen und Definitionen 17

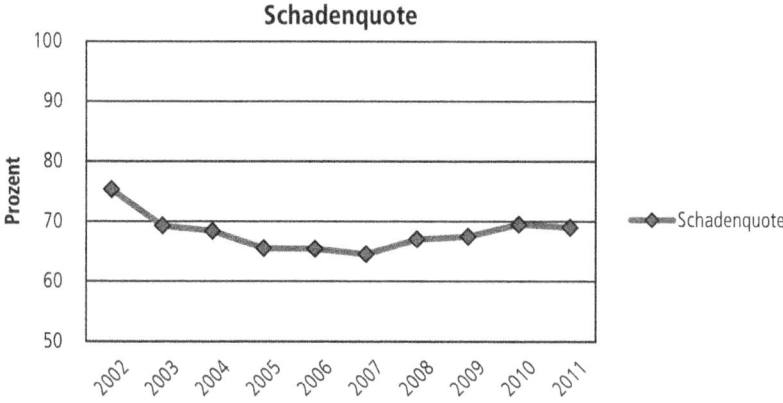

Abbildung 2: Schadenquoten 2002–2011 in der allgemeinen Haftpflichtversicherung[78]

2.3 Grundlagen zum Versicherungsbetrug

„*Versicherungsmissbrauch ist Missbrauch des Solidaritätsprinzips, auf das jede Versicherung aufbaut.*"[79] *Er ist wie eine Seuche – wird er einmal geduldet, breitet er sich immer weiter aus*".[80]

Gesetzliche Grundlagen

Beim Versicherungsbetrug handelt es sich um ein strafrechtliches Vergehen, welches im Strafgesetzbuch (StGB) geregelt ist. Zunächst folgen die wesentlichen Rechtsgrundlagen zum Betrug und Versicherungsmissbrauch, die gleichzeitig Legaldefinitionen darstellen.[81]

Definition Betrug nach § 263 Absatz 1 StGB:

(1) Wer in der Absicht, sich oder einem Dritten einen rechtswidrigen Vermögensvorteil zu verschaffen, das Vermögen eines anderen dadurch beschädigt, daß er durch Vorspiegelung falscher oder durch Entstellung oder Unterdrückung wahrer Tatsachen einen Irrtum erregt oder unterhält, wird mit Freiheitsstrafe bis zu fünf Jahren oder mit Geldstrafe bestraft.[82]

---

78 Eigene Darstellung mit Daten aus GDV (Hrsg.) November 2011, Seite 10.
79 Jutzi 1993, Seite 4.
80 Schweizer-Rückversicherungs-Gesellschaft 1993, Seite 8.
81 Vgl. Knoll 2011, Seite 105–106.
82 O. V., StGB, § 263 Absatz 1 2012, www.gesetze-im-internet.de/stgb/__263.html.

In den weiteren Absätzen des §263 StGB finden sich Regelbeispiele und Strafmaßregelungen für besonders schwere Fälle des Betrugs, der komplette Paragraf ist im Anhang abgedruckt. Bedeutend ist, dass nach §263 Absatz 2 StGB auch der Versuch einer solchen Handlung strafbar ist.[83]

Versicherungsmissbrauch stellt nach §265 StGB ein Sonderdelikt des Betrugs dar und ist ebenso wie der (Versicherungs-)Betrug strafbar.

(1) Wer eine gegen Untergang, Beschädigung, Beeinträchtigung der Brauchbarkeit, Verlust oder Diebstahl versicherte Sache beschädigt, zerstört, in ihrer Brauchbarkeit beeinträchtigt, beiseite schafft oder einem anderen überläßt, um sich oder einem Dritten Leistungen aus der Versicherung zu verschaffen, wird mit Freiheitsstrafe bis zu drei Jahren oder mit Geldstrafe bestraft, wenn die Tat nicht in §263 mit Strafe bedroht ist.

(2) Der Versuch ist strafbar.[84]

Diese Regelung soll insbesondere die missbräuchliche Inanspruchnahme von Leistungen aus den Sachversicherungen verhindern. Eine betrügerische Absicht ist hier nicht Voraussetzung für die Strafbarkeit.[85] Die Relevanz des Paragrafen ist jedoch in der Praxis von äußerst geringer Bedeutung, da nur wenige Fälle in der Sachversicherung von den Bestimmungen erfasst werden.[86]

Weiterhin ist §267 StGB, welcher sich mit der Strafbarkeit wegen Urkundenfälschung auseinander setzt, vor allem in Bezug auf die betrügerische Schadenliquidation (z. B. Abänderung der Rechnungssummen oder des Kauf-/Reparaturdatums) von Bedeutung.[87] Der Wortlaut des Gesetzestextes kann im Anhang nachgelesen werden.

Für weitere vom VN verwirklichte Straftatbestände zum Nachteil von VU, wie beispielsweise die Brandstiftung (§306 StGB) oder Mord (§211 StGB), existieren eine Reihe weiterer Strafbarkeitsregelungen im Strafgesetzbuch. Für diese Arbeit über die Abwehr von Betrugsfällen in der PHV sind nur der Versicherungsbetrug nach §263 StGB sowie die Urkundenfälschung nach §267 StGB bedeutend, denn die PHV wird nicht vom Schutz des §265 StGB erfasst, da es sich nicht um eine Sach-, sondern um eine Vermögensschadenversicherung handelt.[88]

---

83 Vgl. o. V., StGB, §263 Absatz 1 2012, www.gesetze-im-internet.de/stgb/__263.html.
84 O. V., StGB, §265 2012, www.gesetze-im-internet.de/stgb/__265.html.
85 Vgl. Knoll 2011, Seite 105–106.
86 §265 StGB ist als eine Vorverlagerung der Strafbarkeit des Versicherungsbetrugs nach §263 StGB anzusehen, es werden Handlungen bestraft, die regelmäßig eine Vorbereitungshandlung zum Betrug darstellen. (vgl. Schüll 2011, Seite 107, 217).
87 Vgl. Schüll 2011, Seite 129.
88 Vgl. Schüll 2011, Seite 101.

Begriffsabgrenzung (für die weiteren Ausführungen in dieser Arbeit)

Um Versicherungsbetrug handelt es sich gemäß obigen Ausführungen, wenn Versicherungskunden und/oder unternehmensinterne Personen und/oder Dritte sich bewusst vertragswidrig verhalten und so beim VR einen Vermögensschaden hervorrufen bzw. eine falsche Leistung beanspruchen. Hierunter fallen alle Sachverhalte, bei denen VN, Versicherungsvermittler und/oder (geschädigte) Dritte unrechtmäßige Leistungen vom VR aus dem Vertragsverhältnis fordern. Zur Quantifizierung des Versicherungsbetrugs werden alle Aufwendungen berücksichtigt, die während des Vertragsverhältnisses fälschlicherweise zur Auszahlung kommen, also unrechtmäßige Schadenzahlungen, aber auch Kosten für die Abwehr von Versicherungsbetrug.[89]

Nach dieser Definition fallen kriminelle Aktivitäten zum Nachteil von VU vor/bei Vertragsschluss bzw. sogenannte „betrügerische Vertragsgestaltungen" nicht unter den Begriff des hier beschriebenen Versicherungsbetrugs. Beispiele solcher betrügerischen (vor-)vertraglichen Gestaltungstatbestände sind die Verletzung der vorvertraglichen Anzeigepflicht, der Abschluss betrügerischer Über- oder Mehrfachversicherungen[90], ein verschwiegener Schaden vor Vertragsschluss, der dann „nachreguliert" werden soll oder das Hinwegtäuschen über bestehende Gefahrerhöhungen.[91] Versicherungsbetrug im vorvertraglichen Bereich sowie im vertragsgestaltenden Bereich wird im Folgenden nicht weiter berücksichtigt, da er dem Zweck der Arbeit nicht dienlich ist.

Unter Versicherungsbetrug versteht man, wie bereits erwähnt, ebenso betrügerische Aktivitäten von unternehmensinternen Mitarbeitern bzw. Versicherungsvermittlern[92], diese werden im Folgenden jedoch nicht näher betrachtet.

Zusammengefasst wird in dieser Arbeit unter Versicherungsbetrug ein Betrug zum Nachteil von VU durch VN oder Dritte verstanden, der sich während des laufenden Vertragsverhältnisses aufgrund einer falschen Leistungsinanspruchnahme des VR ereignet. Diese betrügerischen Schadenabwicklungen haben in der Praxis auch die größere Relevanz hinsichtlich des Auftretens und des Ausmaßes des Versicherungsbetrugs.[93]

---

89 Vgl. Rösler 2004, Seite 6.
90 Überversicherung: Versicherte Deckungssumme übersteigt den Wert der versicherten Sache erheblich (vgl. Knoll 2011, Seite 152); Mehrfachversicherung: Gleiche Sache wird bei mehreren VU gegen dieselbe Gefahr versichert und der Gesamtbetrag der einzelnen Versicherungssummen übersteigt den Wert der Sache, betrügerisch nach § 74 Abs. 2 und 3 VVG, wenn Absicht des VN, sich daraus einen rechtswidrigen Vermögensvorteil zu verschaffen (vgl. Knoll 2011, Seite 153).
91 Vgl. Knoll 2011, Seite 149–150.
92 Vgl. Wagner, www.wirtschaftslexikon.gabler.de/.../versicherungsbetrug-v6.html.
93 Vgl. Schüll 2011, Seite 168.

Die Konsequenzen, die sich aus einem überführten Versicherungsbetrug für den VN ergeben können, sind:

– Zahlungsverweigerung bzw. Rückforderung bereits gezahlter Leistungen,
– zivilrechtliche Schadenersatzforderung für entstandene Kosten (Gutachter, Detektive, Anwälte, ...),
– Verlust des Versicherungsschutzes, Kündigung des Versicherungsvertrags,
– Strafanzeige, bei Verurteilung Geld- oder Haftstrafe.[94]

---

94 Vgl. o.V., Serie Versicherungsbetrug – Teil 1: Versicherungsbetrug ist kein Kavaliersdelikt!, www.versicherungsnetz.de/...Meldung=536, www.versicherungsnetz.de/...Meldung=536.

3 Formen, Täter und Motive für Versicherungsbetrug (in der PHV) sowie die Folgen in Deutschland

In den weiteren Abschnitten folgen nun ausführliche Informationen zum Auftreten und Ausmaß des Versicherungsbetrugs sowie zur Motivation und zu Eigenheiten typischer Täter.[95]

3.1 Formen von Versicherungsbetrug

In der Praxis der Betrugsbekämpfung haben sich drei Formen des Versicherungsbetrugs „herauskristallisiert":

Herbeigeführte Schäden

a) Vorsätzlich herbeigeführte Schäden

Bei dieser Form werden Schadenfälle vom VN allein oder in Zusammenarbeit mit Dritten absichtlich herbeigeführt und dann als Versicherungsfälle „deklariert", zumeist um große Schadenersatzsummen geltend zu machen, die höher als der subjektive Verlust aus der Zerstörung der Schadensache bewertet wer-

---

95 Die Ausarbeitungen in einigen Unterkapiteln weisen kontextuelle Übereinstimmungen mit Inhalten auf, die der GDV am 16.4.2013 auf seiner Homepage unter dem Themenschwerpunkt „Versicherungsbetrug" veröffentlicht hat. Die dieser Arbeit zugrunde liegende Diplomarbeit ist bereits 2012 abgeschlossen worden. Der GDV konnte der Autorin in einem mehrfachen Mailwechsel vom Juli 2013 keine überprüfbare Erklärung für die inhaltlichen und strukturellen Übereinstimmungen mit dieser Arbeit liefern.

den. Hier wenden die Täter oft eine hohe kriminelle Energie auf, die Taten werden im Vorfeld zumeist detailliert geplant. Beispielsweise kommt es hier zu Selbstverstümmelungen, um große Invaliditätssummen von der Unfallversicherung zu fordern.[96] [97] [98]

b) Provozierte Schäden

Der Täter provoziert hier absichtlich Schäden, indem er das ihm bekannte (Fehl)Verhalten dritter Personen ausnutzt, um einen versicherten Schadenfall zu verursachen. Typisches Beispiel sind die s. g. Auto-Bummser: Auffahrunfälle unschuldiger Verkehrsteilnehmer werden provoziert.[99]

Fingierte Schäden

Mitunter kommt es vor, dass VN oder/und auch angeblich geschädigte Dritte einen fiktiven Schaden anzeigen, ihn also „frei erfinden", allein um in den Genuss von finanziellen Mitteln zu kommen. Tatsächlich gibt es aber weder das geschilderte Schadenereignis noch einen ersatzpflichtigen Personen-/Sach-/Vermögensschaden.[100] Diese Form des Versicherungsbetrugs findet sich seltener in der PHV.[101]

Die Formen des Herbeiführens und Fingierens von Schadenfällen machen ca. 6 % aller Betrugsfälle aus, die durchschnittlichen Betrugssummen aus diesen Fällen sind jedoch wesentlich höher als bei „frisierten" Schadenfällen.[102]

„Frisierte" Schäden[103]

a) Falschangaben zu den Schadenumständen

Hier wird aus einem nicht vom Versicherungsschutz umfassten tatsächlich sich ereigneten Schadenereignis ein versichertes Schadenereignis „konstruiert", um so in den Genuss eines Ausgleichs für den erlittenen Schaden zu kommen. Beispielsweise werden bei der Angabe des Schadenhergangs falsche Ursachen oder Abläufe geschildert.[104]

Typisches Beispiel in der PHV ist der s. g. Deckungsausschluss für Leihe: Die PHV leistet nicht, wenn ein Gegenstand vom VN beschädigt oder zerstört wird, während dieser ihn geliehen hatte. Demnach wird der Schadenfall derart

---

96 Vgl. Schiller 2004, Seite 836.
97 Vgl. Mattke 1989, Seite 18.
98 Vgl. Fetchenhauer 1998, Seite 182, 305.
99 Vgl. Roth/Stefanidis 2011, www.gdv.de/...kavaliersdelikt/.
100 Vgl. Schiller 2004, Seite 836.
101 Vgl. Münchener Rückversicherungs-Gesellschaft (Hrsg.) 1987, Seite 54.
102 Vgl. Nell 1998, Seite 20.
103 Knoll 2011, Seite 162.
104 Vgl. Schiller 2004, Seite 836.

umgewandelt, dass der Gegenstand eben beim Bekannten selbst zerstört wurde und nicht während einer Leihe. Oft wird auch der Schadenhergang „umgeschrieben", um die Schadenfreiheitsrabatte in der Kraftfahrzeughaftpflichtversicherung nicht zu „strapazieren": Da wird aus einer Kollision des Autos mit dem Gartenzaun ein Zusammenstoß mit der Schubkarre erdacht.[105]

Weitere Formen der „frisierten" Schadenfälle:

b) Falschangaben zum Schädiger

Auch hier geht es darum, aus einem nicht versicherten realen Schadenereignis einen erstattungsfähigen Versicherungsfall zu „erschaffen", in dem statt dem tatsächlichen (nicht versicherten) Schädiger ein Dritter mit entsprechendem Versicherungsschutz in der PHV als Verursacher in der Schadenanzeige angegeben wird. Oftmals handelt es sich um die „Umwandlung" eines nicht versicherten Eigenschadens in einen fremdverursachten Haftpflichtschaden.[106]

c) Falschangaben zur Schadenhöhe (betrügerische Schadenliquidation)

Es handelt sich ebenfalls um Versicherungsbetrug, wenn bei einem Versicherungsfall überzogene Angaben zum erlittenen Schaden durch den Geschädigten/VN gemacht werden. Dies ist beispielsweise durch (selbst-)gefälschte Belege möglich, aber auch durch falsche/übertriebene Schadenlisten, wenn z. B. nach einem Brand keine Belege mehr nachweisbar sind. Auch das Verschweigen eines Mitverschuldens des Geschädigten fällt unter diese Kategorie.[107] Die Möglichkeit des Betrugs besteht nur in der Schadenversicherung, Summenversicherungen sind aufgrund der abstrakten Bedarfsdeckung nicht betroffen.[108]

Ein Sachverhalt, dem VR immer wieder gegenüberstehen, ist der Versicherungsbetrug mithilfe von Internet-Auktionen. Hier werden erfolgreich leere Verpackungen mit Quittungen oder überzogenen Zertifikaten gehandelt, die vom VN quasi als „Einladung" zum Versicherungsbetrug genutzt werden. Ein Beispiel: Ein Internet-Auktionär verkauft einen Ring für 300 Euro und liefert zusätzlich ein überzogenes Zertifikat über den Wert des Ringes, welcher sich demzufolge auf 2.600 Euro beläuft. Nach dem Kauf meldet der VN den Diebstahl des Ringes und reicht das Zertifikat über 2.600 Euro in Erwartung eines entsprechenden Schadenersatzes ein.[109]

Ein ähnliches Beispiel lässt sich für die PHV konstruieren: (Hier wird neben einer falschen Höhe auch ein erfundener Versicherungsfall geltend gemacht.)

---
105 Vgl. Ricard 2012, Seite 36.
106 Vgl. Münchener Rückversicherungs-Gesellschaft (Hrsg.) 1987, Seite 52.
107 Vgl. Münchener Rückversicherungs-Gesellschaft (Hrsg.) 1987, Seite 53.
108 Vgl. Schiller 2004, Seite 838.
109 Vgl. Kirchgeßner, www.gdv.de/.../betruegerischer-mausklick/.de.

Der Verkauf eines defekten Fernsehers inklusive der Originalquittung (über 4.000 Euro) für 300 Euro. Der Käufer bzw. ein Dritter konstruiert einen Haftpflichtschaden, um die Versicherungsleistung zu kassieren, und verkauft das Gerät dann anschließend selbst weiter.[110]

Eine besondere Form der betrügerischen Schadenliquidation ist das absichtliche Unterlassen schadenmindernder Maßnahmen, wenn dem VN z. B. eine Zerstörung lukrativer erscheint als eine Beschädigung, und er deshalb Schadenminderungsmaßnahmen unterlässt.[111]

Aber auch die Umgehung von Selbstbehalten oder die Kompensation von Zeitwertentschädigungen dienen den Versicherungsbetrügern als moralische „Legitimation", um die Schadenhöhe nach oben zu korrigieren.[112]

All diesen „frisierten" Schadenanzeigen ist gemein, dass bei den Tätern ein geringes Unrechtsbewusstsein vermutet werden darf. Der tatsächlich eingetretene Schaden „beruhigt" das eigene Gewissen, Manipulationen werden als „großzügige Interpretationen der Versicherungsbedingungen" beurteilt.[113] Fetchenhauer konnte in seiner Studie 1998 nachweisen, dass gerade das Umdefinieren, aber auch die betrügerische Schadenliquidation moralisch relativ milde beurteilt werden, „da aus Sicht der Kunden mit diesem Delikt keine unmittelbare Vorteilsnahme verbunden ist (...) und das Ausmaß, in dem die Unwahrheit gesagt werden muß, relativ gering ist"[114], während „das Fingieren bzw. Herbeiführen eines Schadens von den meisten Befragten kategorisch verurteilt" wird.[115] Es ist daher nicht verwunderlich, dass die Betrugsform des „Frisierens" den erheblicheren Teil (ca. 94 %) aller Betrugsfälle ausmacht.[116]

Kombination

Denkbar sind natürlich auch Kombinationen der oben genannten Formen, beispielsweise Angaben eines falschen Schädigers und gleichzeitig die Geltendmachung überhöhter Forderungen.

Sämtliche mögliche Formen des Betrugs können neben dem VN auch von einer (mit-)versicherten Person oder einen Dritten (mit oder ohne Absprache) begangen werden.[117]

Formenunspezifisch ist der Zweck des Versicherungsbetrugs: „Der Täter ... bringt sein Opfer durch geschickte Manipulation dazu, ihm das Geld sogar freiwillig zur Verfügung zu stellen ...".[118]

---

110 Vgl. o. V. 2007, Kriminalität im Internet: Deutsche Versicherer zeigen Gefahren auf.
111 Vgl. Schweizer-Rückversicherungs-Gesellschaft 1993, Seite 16.
112 Vgl. Fetchenhauer 1998, Seite 188–189.
113 Vgl. Schüll 2011, Seite 2.
114 Fetchenhauer 1998, Seite 309.
115 Fetchenhauer 1998, Seite 303.
116 Vgl. Nell/Schiller 2002, Seite 2.
117 Vgl. Münchener Rückversicherungs-Gesellschaft (Hrsg.) 1987, Seite 11.
118 Schweizer-Rückversicherungs-Gesellschaft 1993, Seite 12.

(Anmerkung: Der Versicherungsbetrug zum Zweck der Geldwäsche bzw. der Versicherungsbetrug als Vortat zur Geldwäsche bleibt in dieser Arbeit außer Betracht, da es sich hier zumeist um bandenmäßige bzw. gewerbliche Betrügereien im Bereich des Prämieninkassos in Versicherungszweigen mit Sparkomponenten handelt und die Arbeit vorwiegend auf die Bekämpfung von Gelegenheitsdelikten in der Schadenabwicklung der PHV (ohne Sparkomponente in der Prämie) abzielt.[119] [120])

3.2 Täterbeschreibung und Tatmotive

3.2.1 Auftreten, Erscheinungsbild und typische Eigenschaften von Gelegenheitstätern

„Als Durchschnittstäter ist der Durchschnittsbürger anzusehen."[121]

Es gibt sowohl den bandenmäßigen Betrug – professionelle Täter mit hoher krimineller Energie inszenieren kapitale Versicherungsfälle. Vermutlich gehen aber über 50 % aller Betrugssummen und ca. 94 % aller Betrugsfälle auf das Konto von Gelegenheitstätern, die in ihren Schadenanzeigen falsche Angaben („frisierte" Schadenanzeigen) machen. Letztere sind die Zielgruppe des in dieser Arbeit zu entwickelnden Konzepts und werden daher im Folgenden näher beschrieben.[122] [123]

In einer Veröffentlichung der Münchener Rückversicherungs-Gesellschaft aus dem Jahr 1987 werden einer überwiegenden Mehrheit von Tätern folgende Merkmale zugeschrieben:

- Geschlecht: männlich
- Bildung: hohe Schulbildung
- Kenntnis über Schadenregulierungspraktiken einzelner VR
- Bevölkerungsschicht: kaufmännische Ausbildung
- Soziale Herkunft: aus gutem Elternhaus[124]

---

119 Vgl. Imfeld 2004, Seite 47.
120 Vgl. Knoll 2011, Seite 130.
121 Kammer/Wittkämper/Wulf-Nienhüser 1990, Seite 217.
122 Vgl. Rösler 2004, Seite 2.
123 Vgl. Nell 1998, Seite 20.
124 Vgl. Münchener Rückversicherungs-Gesellschaft (Hrsg.) 1987, Seite 12.

Dagegen beschreibt Hermann Jürgen Stamm von der Allianz Versicherung AG und der Leiter des HUK-Arbeitskreises[125] Köln den „typischen Einzeltäter" 1989 wie folgt:

- Geschlecht: 80 % männlich, 20 % weiblich
- Bildung: vom Hilfsschüler bis zum Akademiker alle Bildungsstufen vorhanden
- Alter: zwischen 15 und 70 Jahre, jedoch ca. 55–60 % der Straftäter zwischen 22 bis 50 Jahre
- Bevölkerungsschicht: grundsätzlich alle Schichten vertreten vom Versicherungsdirektor bis zum Süchtigen

Sein Fazit: Den einen Tätertypen des Versicherungsbetrügers gibt es nicht.[126]

In einer Veröffentlichung der Schweizer Rückversicherungsgesellschaft von 1993 wird der Gelegenheitstäter wie folgt charakterisiert:
Er „lebt in wohlgeordneten Verhältnissen, erzielt ein eher überdurchschnittliches Einkommen und ist weder vorbestraft noch sonst je mit dem Gesetz in Konflikt gekommen. Er achtet Recht und Ordnung ..."[127]. Gleichzeitig wird aber konstatiert, dass Versicherungsbetrug in allen Gesellschaftsschichten und Milieus auftritt. Eine gewisse intellektuelle Fähigkeit wird jedem Täter jedoch zugesprochen, die es dem Täter ermöglicht, dem VR eine überzeugende Schadenmeldung zukommen zu lassen. Fazit: *Typische* Versicherungsbetrüger entsprechen dem *typischen* Versicherungsnehmer, sie sind vorwiegend männlich und zwischen 20 bis 60 Jahren alt (denn man darf davon ausgehen, dass Neuabschlüsse vor allem in diesem Altersbereich getätigt werden).[128]

1996 veröffentlicht die Psychonomics AG, dass der überwiegende Anteil der Betrügereien von VN bis Alter 50 begangen wird, ab 51 Jahren nimmt der Anteil ab. Bei der Bildung dominieren Realschüler dicht gefolgt von Abiturienten, aber bei immerhin einem Fünftel der Betrüger handelt es sich um Hauptschüler. Also auch aus dieser Veröffentlichung resultieren keine klaren Abgrenzungen, die vom VR nutzenbringend verwertet werden könnten.[129]

Detlef Fetchenhauer konstatierte als Ergebnis seiner Umfrage 1998, dass „sich bei allen Indikatoren der Betrugsneigung keinerlei Zusammenhänge mit dem Geschlecht ergaben" und „die Tendenz zum Versicherungsbetrug bei den verschiedenen Bildungsschichten in gleichem Maße vertreten ist".[130] Einkommensstarke Bevölkerungsschichten begehen öfter Versicherungsbetrug schlicht

---

125 HUK steht für die Sparten der Haftpflicht-, Unfall- und Kraftfahrtversicherung (vgl. Fürstenwerth/Weiß 2001, Seite 560).
126 Vgl. Stamm 1989, Seite 131–134.
127 Schweizer-Rückversicherungs-Gesellschaft 1993, Seite 19.
128 Vgl. Schweizer-Rückversicherungs-Gesellschaft 1993, Seite 19–20.
129 Vgl. o. V. 09/1996, Seite 24.
130 Fetchenhauer 1998, Seite 246–247, 343.

aus dem Grund, da sie mehr Versicherungsverträge abschließen und folglich mehr Tatgelegenheiten haben. Eine Abgrenzung der Tatbereitschaft über Einkommensverhältnisse des VN ist aber nicht möglich.[131]

In der Studie der GfK Finanzmarktforschung von 2011 konnten die eben beschriebenen Ergebnisse von Fetchenhauer wiederum bestätigt werden. Demnach verurteilten in etwa gleichviel Männer und Frauen den Versicherungsbetrug als Kavaliersdelikt, altersbedingte Differenzierungen zur Betrugsneigung konnten ebenfalls nicht festgestellt werden.[132] Zutreffend nimmt Thomas Leicht, Vorstandsvorsitzender der Gothaer Allgemeine Versicherung und Vorsitzender der GDV-Kommission in einem Interview Stellung zu den Ergebnissen: „Leider kommen Versicherungsbetrüger aus allen Bevölkerungsschichten und Altersklassen. Es gibt den Millionär, der seine Jacht versenkt hat, den Polizisten, den Arzt. Der typische Versicherungsbetrüger existiert nicht. Auch Kategorien wie Geschlecht, Alter, Einkommen oder regionale Herkunft eines Versicherungsnehmers liefern keine Anhaltspunkte."[133] Die folgende Abbildung veranschaulicht nochmals die Aussage, dass Versicherungsbetrüger sich nicht typisieren lassen.

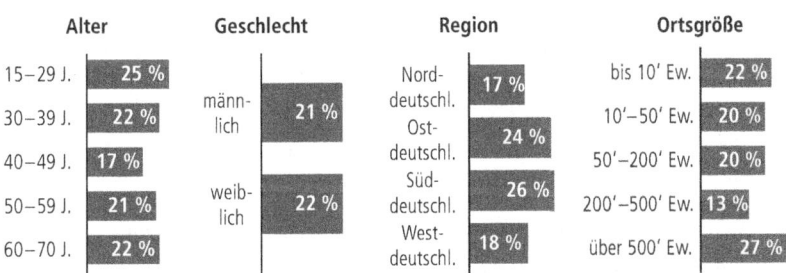

Abbildung 3: Es gibt keinen typischen Versicherungsbetrüger[134]

---

131 Vgl. Fetchenhauer 1998, Seite 251.
132 Vgl. John 2011, Seite 5.
133 Roth/Stefanidis 2011, www.gdv.de/...kavaliersdelikt/.
134 Abbildung entnommen aus John 2011, Seite 5.

Fazit für die Arbeit: Täter finden sich ausnahmslos in allen sozialen Schichten und Einkommensgruppen der Bevölkerung, den „typischen Versicherungsbetrüger" gibt es nicht.[135] [136] Gemein ist jedoch allen, dass sie Versicherungsschutz mit dem vereinbarten Inhalt erlangt haben. Gleichsam verfügen alle über eine gewisse Intelligenz, die ihnen ermöglicht, die betrügerische Schadenmeldung (mehr oder weniger) erfolgreich bedingungskonform zu verfassen. Aufgrund der unmöglichen Abgrenzung des typischen Versicherungsbetrügers ist eine Tarifierung nach typischen Gefährdungsmerkmalen für den VR nicht zu bewerkstelligen. Eine personenindividuelle differenzierte primäre Prämiengestaltung zur Bekämpfung von Versicherungsbetrügern ist für die VR folglich nicht möglich.[137] [138]

3.2.2 Motive von Versicherungsbetrügern/ Gelegenheitstätern

Hintergründe und Motivation von Versicherungsbetrügern sind vielfältiger Natur, auch ihr Vorgehen ist variantenreich. Es bietet sich ihnen die Möglichkeit zum Versicherungsbetrug aus dem Umstand heraus, dass der VN (und damit auch der potenzielle Betrüger) gegenüber dem VR einen Informationsvorsprung bezüglich Schadeneintritt und -höhe besitzt und so in die Lage versetzt wird, auch betrügerische Ansprüche geltend machen zu können.[139]

Versicherungsbetrüger handeln meist aus eigennützigen Motiven und unterscheiden sich dahingehend mitnichten von „gewöhnlichen" anderen Betrügern. Selbstverstümmelungen geschehen oft in Erwartung hoher Schadensummen einer abgeschlossenen Unfallversicherung, sie stellen sich oft als „Akt der Verzweiflung" hochverschuldeter Menschen dar. Dagegen wird „Versicherungsbetrug im großen Stil" (beispielsweise Diebstähle innerhalb der Transportversicherung) vor allem von organisierten Banden oder Einzeltätern mit hoher krimineller Energie begangen, ihre Motive sind oftmals Gier, Habsucht, Verschuldung oder/und wirtschaftliche Notlagen.[140]

Bei Gelegenheitstätern ist oft ein geringes Unrechtsbewusstsein gegenüber der Straftat Versicherungsbetrug anzutreffen, welches sich damit erklären lässt, dass potenzielle Versicherungsbetrüger nach Gründen suchen, das betrügerische Verhalten zu

---

135 Vgl. o. V., Serie Versicherungsbetrug – Teil 1: Versicherungsbetrug ist kein Kavaliersdelikt!, www.versicherungsnetz.de/...Meldung=536.
136 Vgl. Stamm 1989, Seite 134.
137 Vgl. Werker 1989, Seite 67.
138 Vgl. Stamm 1989, Seite 132.
139 Vgl. Knoll 2011, Seite 32.
140 Vgl. Schweizer-Rückversicherungs-Gesellschaft 1993, Seite 24.

Formen, Täter und Motive für Versicherungsbetrug (in der PHV) 29

– entschuldigen (finanzielle Notlage),
– rechtfertigen („ich habe so viel eingezahlt", oder „das macht doch jeder") oder
– konventionalisieren (verwerfliches Verhaltens wird in moralisch unbedenklichen Sachverhalt umkonstruiert, wie z. B. „Ich habe mir das Geld nur geliehen").[141]

Versicherungsbetrug wird so als „Volkssport" bagatellisiert, Standard-Ausreden wie obige gibt es in großer Vielfalt. Abbildung 4 zeigt, welchen Kriminalitätsgrad VN der Straftat Versicherungsbetrug im Vergleich zu anderen Straftaten beimessen. Tatsächlich ergab eine empirische Studie von Jessica Knoll, dass 40,39 % der Befragten einen Versicherungsbetrug eher als Kavaliersdelikt verurteilen.[142]

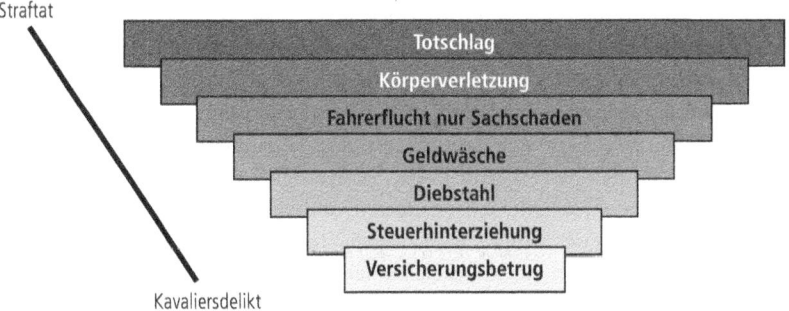

Abbildung 4: Einschätzung des VN über Kriminalitätsgrad diverser Delikte[143]

Dies lässt sich auch damit begründen, dass Täter ein unzureichendes Verständnis über das Produkt „Versicherung" besitzen und falsche Annahmen bezüglich des tatsächlichen Opfers ihres Betrugs (nämlich dem Versichertenkollektiv statt dem vermuteten Vermögen des VR) treffen. Außerdem unterstellen sie ein geringes Entdeckungsrisiko des Betrugs seitens des VR.[144] Die Verharmlosung des Versicherungsbetrugs resultiert also auch aus dem Irrglauben des Täters, dass „es ja keine Armen trifft" und „sich die Versicherungen an ihren Kunden dumm und dämlich verdienen".[145] Es mangelt zudem meist am Verständnis für das Solidaritätsprinzip – dem Grundpfeiler des Versicherungsbetriebs.[146] [147]

---
141 Vgl. Fetchenhauer 1998, Seite 147–148.
142 Vgl. Knoll 2011, Seite 348.
143 Abbildung entnommen aus Knoll 2011, Seite 348.
144 Vgl. Knoll 2011, Seite 170–172.
145 Fetchenhauer 1998, Seite 99.
146 Vgl. Fetchenhauer 1998, Seite 100.
147 Vgl. o. V., Serie Versicherungsbetrug – Teil 1: Versicherungsbetrug ist kein Kavaliersdelikt!, www.versicherungsnetz.de/...Meldung=536.

Es ist anzunehmen, dass bei vorherrschend mangelndem Unrechtsbewusstsein die Hemmschwelle sehr gering sein dürfte, die redliche Bürger vom Begehen eines Versicherungsbetrugs abhält.[148]

Die o. g. Gründe wie Habsucht und Gier, aber auch Angst vor dem Verlust des Sozialstatus, Rachegefühle (beispielsweise aus dem Gefühl heraus, bei einer vorherigen Schadenregulierung „zu kurz gekommen" zu sein), finanzielle Engpässe sowie irrationale Erwartungshaltungen gegenüber dem VR (beispielsweise wird auch der Ersatz immaterieller Schäden erwartet) stellen bei Gelegenheitstätern die Motivation zum Versicherungsbetrug dar.[149] [150]

Der Großteil der Täter, so der GDV, geht beim Versicherungsbetrug nach dem Minimax-Prinzip vor: Mit einem möglichst geringen Einsatz („frisierter" Schaden) und geringen Risiko (unauffällige und nachvollziehbare Schadenschilderung) wollen sie den maximalen Gewinn (höchst mögliche Entschädigung) erzielen. Dabei wägen sie im Vorfeld den erzielbaren Gewinn mit den möglichen Risiken/drohenden Kosten genau ab und begehen die Straftat nur, wenn der Nutzen überwiegt. (Nähere Ausführungen hierzu erfolgen im Kapitel 4.)[151]

Versicherungsbetrug in der PHV wird überwiegend von Gelegenheitstätern begangen. Sie „zeichnen" sich dadurch aus, dass sie zumeist nur vereinzelt kleinere Betrugssummen vorwiegend in der Sachversicherung geltend machen, indem sie günstige Gelegenheiten ausnutzen und Schadenereignisse „umfrisieren". Gewohnheitstäter hingegen „schlagen" tendenziell öfter bis regelmäßig und betragsmäßig höher zu, wobei sie zumeist geplant und vorsätzlich Betrugsfälle konstruieren.[152] [153] Die Unterscheidung beider Straftäter ist nochmals im Anhang unter Anlage 10 grafisch abgebildet. Das Konzept des in dieser Arbeit zu entwickelnden Bonus-Malus-Systems zielt vor allem auf die Bekämpfung von Gelegenheitstätern in der PHV ab. Das Modell soll aber auch, wenn möglich, Gewohnheitstätern wirksam begegnen.

3.3 Ausmaß des Versicherungsbetrugs

„Tugend ist nur ein Mangel an Gelegenheiten."[154]

Dieses Zitat beschreibt zutreffend, warum Versicherungsbetrug so viel häufiger anzutreffen ist als beispielsweise Bankbetrug. Das Produkt Versicherung bietet aufgrund der Informationsasymmetrie zwischen VN und VR im Gegensatz zu

---
148 Vgl. Gas 1989, Seite 5.
149 Vgl. Schweizer-Rückversicherungs-Gesellschaft 1993, Seite 24.
150 Vgl. Fetchenhauer 1998, Seite 101.
151 Vgl. Knoll 2011, Seite 185.
152 Vgl. Knoll 2011, Seite 145.
153 Vgl. Fetchenhauer 1998, Seite 101.
154 Fetchenhauer 1998, Seite 344.

anderen Produkten eine Fülle an Gelegenheiten zum Missbrauch, die regelrecht zum Betrug „einladen".[155]

Die oft zitierten Zahlen zum Ausmaß beruhen letztlich nur auf Schätzungen, die auf (potenziellen) Täterbefragungen basieren und damit eher zur Unterschätzung tendieren. Das konkrete Ausmaß von Versicherungsbetrug lässt sich nicht konkret beziffern. Grund dafür ist die Eigenheit des Versicherungsbetrugs, bei erfolgreicher Ausführung unerkannt zu bleiben (im Gegensatz dazu kann ein erfolgreicher Diebstahl sehr wohl im Nachhinein festgestellt werden).[156] Die Angaben in den folgenden Kapiteln sind daher vorsichtig zu interpretieren.

3.3.1 Versicherungsbranche allgemein

In den 90er-Jahren waren es noch drei bis fünf Milliarden Deutsche Mark, aber bereits ab 2002 wurde der Versicherungsbetrug in Deutschland von der Branche auf rund vier Milliarden Euro jährlich geschätzt. Auch in 2012 steht nach wie vor diese Summe im Raum. Dies entspricht etwa 10 % aller insgesamt ausgezahlten Versicherungsleistungen. Und dies sind nur die offiziellen Schätzungen, die Dunkelziffer wird von der Branche als wesentlich höher bewertet.[157] [158] [159] Grund für die vage Schätzung ist, dass die Tat „Versicherungsbetrug" nicht ohne Weiteres erkennbar ist, da sich die Versicherungsleistungen an Betrüger in nichts von denen an redliche Kunden unterscheiden.[160] Es werden eben nicht alle Betrugsfälle aufgedeckt, viele Taten bleiben straflos. Die Schätzwerte basieren außerdem auf subjektiven und vermutlich nicht immer wahrheitsgetreuen Befragungen, zumal die Teilnehmer sicherlich im Bereich der redlichen VN bis hin zu Gelegenheitstätern zu finden sind, bandenmäßig organisierte Täter sich aber vermutlich an keiner Befragung beteiligen.[161]

Aber auch folgendes Ergebnis einer aktuellen Befragung von Jessica Knoll bestätigt die Annahme einer weitaus höheren Dunkelziffer: Demnach gaben 39,90 % der 406 Befragten an, dass sie der Ansicht sind, dass fast jeder VN schon einmal einen Versicherungsbetrugsversuch unternommen hat. Außerdem haben 38,18 % von ihnen bestätigt, dass sie mindestens einmal einen Versicherungsbetrug im näheren persönlichen Umfeld wahrgenommen haben.[162] Die Zahlen übersteigen bei Weitem die Daten aus der Studie der GfK Finanz-

---

155 Vgl. Fetchenhauer 1998, Seite 32.
156 Vgl. Fetchenhauer 1998, Seite 96.
157 Vgl. Fetchenhauer 1998, Seite 95–96.
158 Vgl. Rösler 2004, Seite 2.
159 Vgl. Roth/Stefanidis 2011, www.gdv.de/...kavaliersdelikt/.
160 Vgl. Schweizer-Rückversicherungs-Gesellschaft 1993, Seite 6.
161 Vgl. Knoll 2011, Seite 95–96.
162 Vgl. Knoll 2011, Seite 347–349.

markforschung von 2011: Hier gaben 11 % der Haushalte zu, einen Versicherungsbetrug begangen zu haben bzw. davon erfahren zu haben. Weitere 11 % wollten sich nicht äußern.[163] Die Unterschiede lassen sich möglicherweise mit der unterschiedlichen Fragestellung erklären. In der GfK Studie erfolgte eine persönlichere Ansprache zum eigenen Verhalten bzw. Verhalten im näheren Umfeld. Das Entdeckungsrisiko war hier womöglich größer, sodass die Befragten verhaltener reagiert haben als in der Studie von Frau Knoll, die weniger konkrete Fragen enthielt und so eventuell ehrlichere Ergebnisse erzielte. Eine abschließende sichere Einschätzung bzw. Begründung der Abweichungen kann jedoch nicht erfolgen.

Abbildung 5 soll das Phänomen der vagen Schätzwerte nochmals verdeutlichen: Die jährlich registrierten Betrugsfälle (knapp 4.500) reichen bei Weitem nicht aus, um die Betrugssumme von geschätzten vier Milliarden Euro zu erreichen:[164] Im Jahr 2009 wurden ca. 22,906 Millionen Versicherungsfälle (in der Schaden- und Unfallversicherung) reguliert. Bei einer angenommenen Betrugsquote von ca. 10 % ergäben sich 22.906 Betrugsfälle. Bei den Strafverfolgungsbehörden wurden jedoch nur knapp 4.500 Verdachtsfälle aufgenommen und lediglich 1.432 als versuchte Versicherungsbetrüge entlarvt und angezeigt, was einer Betrugsquote von weniger als 1 % entspricht. Es wird ersichtlich, dass der gesicherte statistische Datenbestand weit hinter den Schätzwerten zurückliegt.[165]

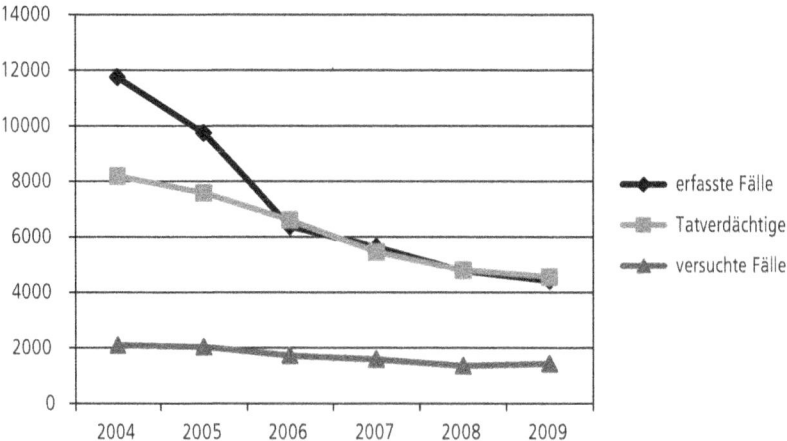

Abbildung 5: Versicherungsbetrugsfälle der Schaden- und Unfallversicherung, bei denen polizeilich ermittelt wurde[166]

---

163 Vgl. John 2011, Seite 10.
164 Vgl. Knoll 2011, Seite 95–96.
165 Vgl. Knoll 2011, Seite 96 und eigene Anmerkungen.
166 Abb. abgewandelt entnommen aus Knoll 2011, Seite 96.

Nach Angaben der Münchner Rückversicherung handelt es sich bei der überwiegenden Zahl der Betrugsfälle um Gelegenheitsdelikte mit relativ geringen Betrugssummen, die sich in der Mehrzahl jedoch zu einem erheblichen Verlust aufsummieren.[167] Die meisten Betrügereien werden folglich eher von „spontanen Amateurschwindlern"[168] begangen. Bereits in 2002 gab der GDV in einer Pressekonferenz bekannt, dass 90 % der erschwindelten Versicherungssummen unter 500 Euro liegen.[169] Obwohl Versicherungsbetrug in allen Versicherungssparten ein Thema ist, gibt es eine klare Verteilung: Versicherungsbetrug in der Personenversicherung spielt tendenziell eher eine untergeordnete Rolle. Die Schadenversicherung ist von diesem Problem weitaus stärker betroffen – die Betrugsquoten betragen nach offiziellen Schätzungen in der Kraftfahrzeugversicherung 7–10 % und in der PHV 25 %.[170]

Abbildung 6 zeigt nochmals auf, welche Sparten besonders vom Risiko des Versicherungsbetrugs betroffen sind. Sie zeigt, in welchen Sparten die befragten VN der Studie von Frau Knoll zufolge am ehesten die Möglichkeiten zum Versicherungsbetrug „wittern". Demnach „schätzen" die meisten VN vor allem die PHV und die Hausratversicherung als Plattform zum Versicherungsbetrug. Diese Einschätzung bestätigt sich auch in der Studie der GfK Finanzmarktforschung von 2011. Sowohl die Hausrat- als auch die Private Haftpflichtversicherung wird von ca. 40 % aller Befragten als „betrugsempfindlich" eingestuft.[171] [172]

	schwer	unentschieden	einfach
Einbruch-Diebstahl	41,62 %	36,95 %	21,43 %
Hausrat	21,18 %	41,13 %	37,96 %
Kfz	53,20 %	30,05 %	16,75 %
Leben	72,90 %	22,91 %	4,19 %
PKV	61,33 %	29,56 %	9,11 %
private Haftpflicht	**22,41 %**	**31,77 %**	**45,82 %**
Reisegepäck	23,40 %	42,86 %	33,74 %
Unfall	63,30 %	29,06 %	7,64 %

Abbildung 6: Beurteilung von VN hinsichtlich der Betrugsmöglichkeiten in den einzelnen Versicherungssparten[173]

---

167 Vgl. Rösler 2004, Seite 2.
168 Vgl. Ellermann 1995, Seite 9.
169 Vgl. o. V., Serie Versicherungsbetrug – Teil 2: Versicherungsbetrug in den Sparten, www.versicherungsnetz.de/...Meldung=540.
170 Vgl. Knoll 2011, Seite 354.
171 Vgl. John 2011, Seite 8.
172 Vgl. Knoll 2011, Seite 355.
173 Eigene Tabelle entnommen aus Knoll 2011, Seite 355.

Die hohe Anzahl der unerkannten Betrugsfälle erhöht die Schadenquote (= Summe aller Schadenaufwendungen/Summe aller eingezahlten Prämien) und geht so in die schadenverlaufsorientierte Prämienkalkulation ein.[174] Folge aller kriminellen Aktivitäten ist, dass die VR die durch Betrug entstehenden Kosten an die Versichertengemeinschaft in Form von höheren Prämien weitergeben. Diese Konsequenz ergibt sich aus dem unter Abschnitt 2.1.2 erläuterten kollektiven Äquivalenzprinzip: Sämtliche ausgezahlten Versicherungsleistungen werden von allen Versicherten gemeinsam über die Prämie finanziert. Dabei ist es unerheblich, ob die Schadenzahlung recht- oder unrechtmäßig erfolgte.[175]

3.3.2 Privathaftpflichtversicherung

Im Jahr 1999 schätzte der GDV den finanziellen Schaden, der der PHV jährlich durch Versicherungsbetrug entstand, auf 320 bis 380 Millionen DM. Man ging davon aus, dass sich hinter jeder fünften Schadenmeldung ein Betrugsfall verbarg.[176] Diese Zahlen konnten auch in 2003 in einer anonymen Befragung der GfK bestätigt werden: 19 % der Befragten gaben zu, schon einmal einen Haftpflichtschaden vorgetäuscht zu haben, 59 % davon durch eine übertriebene und damit betrügerische Schadenhöhe. Bereits seit den 90er-Jahren also bis 2004, stand die PHV an der wenig ehrenwerten Spitze des Versicherungsbetrugs, laut neueren Schätzungen standen sogar hinter einem Viertel aller Schadenanzeigen Betrugsfälle.[177] [178] Und dies sind nur die offiziellen Schätzwerte, bei einigen VU sollen nahezu 50 % aller Schadenfälle dubios sein.[179] Auch laut den aktuellen Umfrageergebnissen ist die PHV nach wie vor eine der betrugsanfälligsten Sparten (siehe auch Abbildung 6).[180] Grund hierfür ist, dass sich Schadenfälle speziell im Bereich der PHV naturgemäß oft im Bekannten- oder Verwandtenkreis des VN ereignen und diese „Konstellation" Nährboden für „frisierte" Schadenmeldungen bietet.[181] Geht etwas kaputt, ist es heute bereits an der Tagesordnung, einen haftpflichtversicherten Bekannten um „Mithilfe" zu bitten.[182] Die betrügerische Schadenhöhe beläuft sich durchschnittlich auf ca. 500 Euro.[183] Auffällig hoch ist der Anteil betrügerischer Schadenmeldungen an Brillen, Unterhaltungsmedien und Kommunikationsmitteln

---

174 Vgl. Wörner 2003, Seite 252.
175 Vgl. o. V., Serie Versicherungsbetrug – Teil 1: Versicherungsbetrug ist kein Kavaliersdelikt!, www.versicherungsnetz.de/...Meldung=536.
176 Vgl. Lawrenz 1999.
177 Vgl. Rösler 2004, Seite 2.
178 Vgl. o. V. 06/1999, Seite 28.
179 Vgl. Ellermann 1995, Seite 32.
180 Vgl. John 2011, Seite 7–8.
181 Vgl. Reisinger 2004, Seite 43.
182 Vgl. Schweizer-Rückversicherungs-Gesellschaft 1993, Seite 14.
183 Vgl. Münchner Rückversicherungsgesellschaft 1987, Seite 52.

(Mobiltelefone und Smartphones, Notebooks, Kameras, Fernsehgeräten etc.). Experten gehen von einer Betrugsquote von 40–80 % aller entsprechenden Schadenmeldungen aus.[184] Die Gründe der Täter hierfür sind neben den allgemeinen Motiven für Versicherungsbetrug insbesondere:

- Austausch veralteter Modelle aus Mode- oder Prestigegründen,
- Schnelllebigkeit der Produkte und dem damit verbundenen Preisverfall alter Modelle durch kontinuierliche technische Weiterentwicklung entgegenwirken,
- Qualitätsverbesserungen neuer Modelle erhalten,
- Verschleißerscheinungen des vorhandenen Modells entgehen,
- hohe Reparaturkosten vermeiden,
- steigende Anschaffungskosten an VR überwälzen,
- fehlendes Wissen über Zeitwertentschädigungen.[185]

Folgendes Ergebnis verdeutlicht das Ausmaß des Versicherungsbetrugs bei technischen Geräten im Bereich der PHV: Demnach konnten in einer Sonderuntersuchung von mehr als 1.000 Laptops 36 % aller eingereichten Laptopschäden als Betrugsfälle entlarvt werden, weitere 9 % wurden nach Ankündigung der Begutachtung zurückgezogen.[186]

Ein noch erschreckenderes Ergebnis liefert ein Betrugsspezialist eines Haftpflichtversicherers. Demnach führt allein die Ankündigung einer Begutachtung „bei fast 40 % der Geräte zu Spontanheilung – sie funktionieren plötzlich wieder."[187]

Eine Verbandsschätzung aus den 90er-Jahren ergab, dass die Prämien für die PHV ohne Betrügereien circa 30–40 % niedriger sein könnten.[188] Genau dieses Phänomen wird von Versicherungsbetrügern zumeist verkannt, sie betrügen in der Absicht, den Gewinn des VR zu schmälern, nicht die Versichertengemeinschaft und damit auch sich selbst mit höheren Prämien zu belasten.[189]

Das nächste Kapitel widmet sich der theoretischen Erklärung des nutzenmaximierenden Verhaltens des Versicherungsbetrügers, aus der Abwehrstrategien zur Betrugsbekämpfung abgeleitet werden können. In den Kapiteln fünf und sechs folgen dann die praktischen Maßnahmen, die von deutschen VR bisher unternommen werden, um Versicherungsbetrügern die Stirn zu bieten. Ein tatenloses Hinsehen und Hinnehmen kann sich kein VR mehr leisten, denn:

- Der redliche VN hat einen Anspruch, vor den wirtschaftlichen Fehlverhalten Einzelner geschützt zu werden, also auch auf Bekämpfung des Versicherungsbetrugs und auf „ehrliche" Prämien,

---
184 Vgl. GDV (Hrsg.) 2011, www.gdv.de/...bekaempfen-betrug-mehr-denn-je-2/.
185 Vgl. Knoll 2011, Seite 303–314.
186 Vgl. Halm 2011, Seite 6.
187 Vgl. o. V. 2010, www.gdv.de/2010/07/gegenpositionen-kein-kavaliersdelikt/.
188 Vgl. Nell 1998, Seite 13.
189 Vgl. Knoll 2011, Seite 94.

- betrugsbedingte Prämienanteile lassen sich (aus Wettbewerbs- und Finanzierbarkeitsgründen) nicht beliebig steigern,
- aufsichtsrechtliche Bestimmungen erfordern ein konsequentes Risikomanagement, dies impliziert auch eine konsequente Betrugsabwehr,
- Untätigkeit lockt „Nachahmer" und macht den Anschein des „Duldens" von Versicherungsbetrug, was zur weiteren Ausbreitung des Versicherungsbetrugs und zu steigenden Prämien führt,[190] [191]
- die Hemmschwelle eines Versicherungsbetrügers sinkt nach einem nicht aufgedeckten Betrugsfall signifikant ab mit der Konsequenz einer wahrscheinlichen Wiederholungstat, Untätigkeit führt auch deshalb zur Ausweitung des Massenphänomens Versicherungsbetrug.[192]

---

190 Vgl. Münchener Rückversicherungs-Gesellschaft (Hrsg.) 1987, Seite 6.
191 Vgl. Rösler 2004, Seite 2.
192 Vgl. Warmuth 2007, Seite 200.

4 Der Versicherungsbetrüger als Nutzenmaximierer

Mit den im Folgenden beschriebenen theoretischen Erklärungsansätzen soll Versicherungsbetrug als nutzenmaximierendes Verhalten des VN erklärt werden. Ein Versicherungsbetrüger handelt demnach im Sinne eines homo oeconomicus: „Er wählt die Alternative, für die er im Vergleich zu anderen Handlungsoptionen den höchsten (Eigen-)Nutzen und die geringsten Kosten erwartet."[193] Er versucht folglich, seinen persönlichen Nutzen aus dem Informationsvorsprung zu optimieren.[194] [195] In den Ausführungen zum Solidaritätsprinzip unter Abschnitt 2.1.3 wurde erläutert, dass dem Eigeninteresse und damit dem eigenen Nutzen Vorrang vor daraus resultierenden kollektiven Nachteilen zugesprochen wird und der Solidaritätsgedanke eine immer untergeordnetere Rolle spielt. Insofern ist die Nutzentheorie als Erklärungsansatz für Versicherungsbetrug durchaus berechtigt.[196]

Für die weiteren Ausführungen gilt dieselbe Begriffseinschränkung des Versicherungsbetrugs, die der ganzen Arbeit zugrunde liegt: Unter Versicherungsbetrug wird vertragswidriges Verhalten des VN nach Vertragsschluss, also im Schadenfall, verstanden. Die Möglichkeit zum Versicherungsbetrug bietet sich hier durch den vom VN ausgenutzten Informationsvorsprung über den Eintritt eines Schadens. Versicherungsbetrug umfasst also alle Konstellationen, bei denen VN und/oder externe Dritte bewusst vertragswidrige Leistungen aus dem Ver-

---
193 Fetchenhauer 1998, Seite 28.
194 Vgl. Hürzeler 2010, Seite 142.
195 Vgl. Nell 2004, Seite 6.
196 Vgl. Fetchenhauer 1998, Seite 120–121.

sicherungsvertrag beanspruchen. Er stellt folglich ein vertragstheoretisches Problem (nämlich die Informationsasymmetrie) zwischen VN und VR dar,[197] welches mithilfe von Erklärungsansätzen aus Sicht der ökonomischen Spieltheorie beschrieben werden kann, die ihrerseits wiederum Ansatzpunkte für die Bekämpfung des Versicherungsbetrugs liefern kann.[198]

Voraussetzung und gleichzeitig Bestandteil dieser Theorie ist, dass dem VN eine Gelegenheit geboten wird, einen Versicherungsbetrug zu begehen. Dies wird immer dann möglich sein, wenn der VN über den entsprechenden Versicherungsschutz verfügt, also eine wirksame Police abgeschlossen hat. Für die Fälle des „Umfrisierens" eines Schadenfalls (welche am häufigsten von Gelegenheitstätern begangen werden und vorwiegend in dieser Arbeit berücksichtigt werden) ist eine weitere Voraussetzung, dass tatsächlich ein Schadenfall eingetreten ist, der gemäß dem Motto „Gelegenheit macht Diebe" gegenüber dem VR unrichtig dargestellt wird.[199]

Exkurs: Die Spieltheorie befasst sich mit der Auswahl von Handlungsalternativen von zwei oder mehr Vertragspartnern, die sich darüber bewusst sind, dass ihre Handlungen Auswirkungen auf die Handlungen anderer Wirtschaftssubjekte haben. Gegenstand dieses Erklärungsansatzes sind nicht-kooperative Spiele, in denen die Entscheidungsträger im Gegensatz zu den kooperativen Spielen keine Möglichkeit haben, zu kommunizieren oder verbindliche Absprachen zu treffen, sondern allein aus rationalem Eigeninteresse handeln und entscheiden. Mithilfe der Spieltheorie soll das Verhalten der Vertragspartner eindeutig vorhergesagt werden können.[200]

4.1 Determinanten des Versicherungsbetrugs ohne Berücksichtigung ethischer Bedenken

4.1.1 Exkurs: Moral Hazard

Es soll an dieser Stelle auf das Phänomen Moral Hazard eigegangen werden und aufgezeigt werden, inwiefern sich das nutzenmaximierende Verhalten des Versicherungsbetrügers aufgrund der asymmetrischen Informationsverteilung nach Vertragsschluss erklären lässt.

Moral Hazard bezeichnet ein moralisches Risiko, welches aus dem Wissen um den gewährten Versicherungsschutz die Verhaltensweisen des VN beeinflusst und damit die kalkulatorischen Wahrscheinlichkeiten für den VR ändert. Zum

---
197 Vgl. Nell 2004, Seite 6.
198 Vgl. Nell/Schiller 2002, Seite 1.
199 Vgl. Fetchenhauer 1998, Seite 133, 197.
200 Vgl. Bannier 2005, Seite 19.

Zeitpunkt des Vertragsschlusses verfügen beide Parteien noch über die gleichen Informationen, nach Vertragsschluss besitzt der VN einen Informationsvorsprung bezüglich seiner veränderten Risikobereitschaft:[201] Für den Versicherten besteht durch den gewährten Versicherungsschutz kein Anreiz mehr, einem möglichen Schadenereignis vorzubeugen,[202] „was dazu führen kann, dass der Versicherungsnehmer seine Anstrengungen zur Vermeidung des Schadenfalls oder zur Eindämmung seiner Folgen zurücknimmt".[203] Dabei gilt folgender Grundsatz: Je höher die Versicherungsdeckung ausgestaltet ist, desto höher ist die Risikobereitschaft des VN.[204]

Abbildung 7 zeigt, in welchen Erscheinungsformen das moralische Risiko auftritt und verdeutlicht damit, dass der Versicherungsbetrug eine Ausprägungsform des Moral Hazard darstellt. Er unterscheidet sich von den übrigen Erscheinungsformen „nur" hinsichtlich der Legalität. Im Gegensatz zu den anderen Formen des Moral Hazard, die im Folgenden kurz vorgestellt werden, verhält sich der VN beim Versicherungsbetrug vertragswidrig, wohingegen sich die anderen Ausprägungen im Rahmen geltenden Rechts bzw. des vertraglich Zulässigen bewegen.[205]

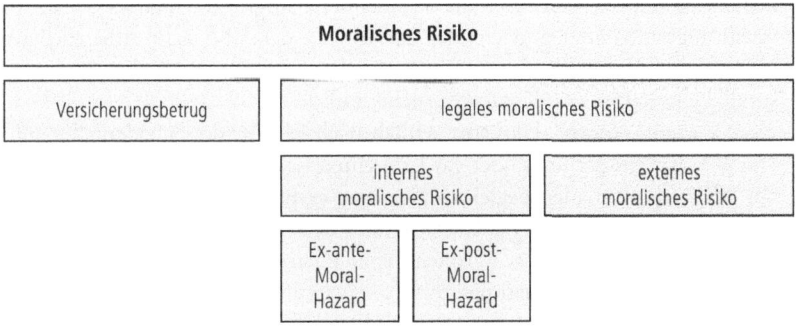

Abbildung 7: Erscheinungsformen des moralischen Risikos[206]

---

201 Vgl. Bannier 2005, Eine Einführung, Seite 7.
202 Vgl. Bach 1999, Seite 4.
203 Richter 2010, Seite 48.
204 Vgl. Richter 2010, Seite 48.
205 Vgl. Nell 1998, Seite 11.
206 Abbildung entnommen und leicht abgeändert aus Nell 1998, Seite 10.

Ursachengemäß tritt das legale moralische Risiko in zwei unterschiedlichen Formen auf:

Internes moralisches Risiko in Form von

- *Hidden-Action:* Darunter versteht man das veränderte Risikoverhalten des VN nach Vertragsschluss, welches für den VR nicht beobachtbar ist (beispielsweise rasantere Fahrweise).
- *Hidden-Information:* Der VN erlangt Informationen über gefahrerhebliche Umstände nach Vertragsschluss, gibt sie aber nicht an den VR weiter (beispielsweise Einkommensverluste nach Abschluss einer hohen Berufsunfähigkeitsrente).[207]

Je nach dem Zeitpunkt unterscheidet man beim internen moralische Risiko zwischen:

- *Ex-ante-Moral-Hazard:* Darunter versteht man den leichtfertigen Umgang mit Risiken aufgrund des Vertrauens des VN in den vollständigen Ersatz eines möglichen Schadens durch den VR. Die Verhaltensänderung liegt zeitlich vor dem Schadenereignis. Sie bewirkt, dass sich die Schadeneintrittswahrscheinlichkeit erhöht oder aber dass die Schadenhöhe aufgrund fehlender Schadenverhütungsaktivitäten gravierender ausfällt, da der VN mehr (finanziellen) Nutzen als Schaden durch sein Risikoverhalten erwartet (beispielsweise ungesunde Lebensweise von Krankenversicherten).
- *Ex-post-Moral-Hazard:* Dies tritt zeitlich nach Eintritt des Schadenfalles auf. Der VN hat ein geringes oder gar kein Interesse zur Schadenminderung, da der VR ja den Schaden begleicht. Aus dem ex-post moralischen Risiko tendiert eine Haltung zur Schadenausweitung bzw. zum Verzicht auf Schadenminderungsmaßnahmen (z. B. zunehmende Prozessfreudigkeit nach Abschluss einer Rechtsschutzversicherung).[208] [209]

Externes moralisches Risiko

Das externe moralische Risiko tritt immer dann auf, wenn der VR nicht direkt an den VN leistet, sondern ihm lediglich seine Ausgaben an einen Dritten, die infolge eines Versicherungsfalls eingetreten sind, erstattet (beispielsweise Reparaturkosten an eine Werkstatt oder Behandlungskosten für medizinische Maßnahmen an einen Arzt). Da der VN die Kosten nicht bzw. nicht vollständig allein trägt, kommt es zu einer „versicherungsinduzierten Verringerung der Preiselastizität der Nachfrage" mit der Konsequenz, dass die Anbieter ihre Preise ohne Verluste erhöhen können. Das Preisniveau steigt auf solchen Märkten

---

207 Vgl. Bannier 2005, Seite 70.
208 Vgl. Peter 2010, Seite 103–104.
209 Vgl. Nell 1998, Seite 10.

mit versicherten Nachfragern gegenüber nicht versicherten Nachfragern an. „Diese versicherungsinduzierten Preiserhöhungen sind der Kern des externen moralischen Risikos."[210]

Es kann festgehalten werden, dass Moral Hazard die Schadenvor- und/oder -nachsorge seitens des VN durch die Gewissheit des Versicherungsschutzes beeinträchtigt. Diese Adaption ist jedoch für den VR weder beobachtbar (Informationsasymmetrie) noch kalkulierbar. VR sind deshalb zur Abwehr des Moral Hazard angehalten, indem sie Versicherungsverträge so gestalten, „daß es im Eigeninteresse des Versicherten liegt, sein Schadenrisiko so weit wie möglich durch Präventivmaßnahmen zu reduzieren".[211] Eine Möglichkeit wären Selbstbehalte, diese werden jedoch oftmals durch betrügerische Schadenliquidationen kompensiert.[212] [213]

Wie gezeigt wurde, ist Versicherungsbetrug eine Ausprägungsform des Moral Hazard. Das Verhalten im Rahmen des legalen moralischen Risikos stellt ebenso nutzenmaximierendes Verhalten des VN dar[214] und steht somit im Einklang mit den nun folgenden theoretischen Erklärungsansätzen des Versicherungsbetrugs. Moral Hazard kann also eine Erklärung zum nachteiligen Verhalten des VN und damit auch für Versicherungsbetrug liefern. VN haben immer dann einen Anreiz zum Versicherungsbetrug bzw. zu veränderten Verhaltensweisen, wenn die Versicherungsleistung den VN vor finanziellen Verpflichtungen bewahrt, sie keine Nachteile aus einem Verhalten zu befürchten haben und/ oder darüber hinaus noch einen finanziellen Nutzen erwarten können.[215]

4.1.2 Annahmen bezüglich des Handelns des VN

Versicherungsbetrug wird als menschliches Handeln zur Nutzenmaximierung verstanden. Die moralischen Bedenken hinsichtlich des kriminellen Ereignisses beim potenziellen Betrüger bleiben (zunächst) außer Betracht, sämtliches Entscheidungsverhalten wird als vernunftgesteuert betrachtet (= rationales Verhalten eines homo oeconomicus).[216]

Es gilt für alle VN:

– sie sind homogen und risikoneutral,
– sie können entweder betrügen (B) oder nicht (NB),

---

210 Nell 1998, Seite 12.
211 Knaus 2002, Seite 34.
212 Vgl. Bach 1999, Seite 1–5, 20.
213 Vgl. Knaus 2002, Seite 34.
214 In obigen Ausführungen wurde gezeigt, dass die eigenen Interessen und damit der eigene Nutzen vorwiegend die Entscheidungen und das Verhalten des VN beeinflussen.
215 Vgl. Erklärungen zu den Formen des Moral Hazard.
216 Vgl. Nell/Schiller 2002, Seite 3.

- der Gewinn bei einem unentdeckten Betrug sei y,
- der Verlust/die Strafe bei einem entdeckten Betrug sei f.

Der subjektive Erwartungswert des Nutzen $E[U(B)]$ aus einem Betrug B ergibt sich demnach aus:

$$E[U(B)] = (1-p)\,y + p\,(-f)$$

Der VN betrügt immer dann, wenn der Erwartungswert positiv ist, wenn also gilt

$$(1-p)\,y > pf$$

mit p als Entdeckungswahrscheinlichkeit des Betrugs[217][218]

Fazit: Aus den Formeln kann man ableiten, dass sich für den VN Versicherungsbetrug immer dann lohnt, wenn der erwartete Nutzen aus dem Versicherungsbetrug positiv ist und über dem Nutzen der besten legalen Verhaltensweise liegt.[219] Er lohnt umso mehr, je höher die erzielbare Versicherungsleistung und je geringer das Entdeckungsrisiko und das Strafmaß im Entdeckungsfall sind und umgekehrt. Sinkende Versicherungsleistungen und ein steigendes Entdeckungsrisiko und/oder steigende Strafzahlungen mindern die Attraktivität des Versicherungsbetrugs.[220]

Zu beachten ist, dass es sich bei allen Variablen um subjektive, individuelle Größen handelt. So wird die Höhe der Entdeckungswahrscheinlichkeit individuell unterschiedlich beurteilt und auch die Bewertung von Straf- und Gewinnsumme hängt von individuellen Gegebenheiten (z. B. vom verfügbaren Einkommen) ab.[221]

Zusammenfassend kann festgehalten werden:

Die Attraktivität des Versicherungsbetrugs hängt davon ab, wie hoch

- der Gewinn bei einem erfolgreichen Versicherungsbetrug ist,
- die Strafe im Entdeckungsfall ist,
- die Entdeckungswahrscheinlichkeit des Betrugs ist.

Um Versicherungsbetrug zu bekämpfen, muss man an mindestens einer dieser drei Stellgrößen drehen. Die gewonnenen Informationen sollen zur Ableitung von Maßnahmen zur Bekämpfung des Versicherungsbetrugs genutzt werden.[222][223][224]

---

217 Vgl. Nell/Schiller 2002, Seite 4–5.
218 Vgl. Nell 2004, Seite 6.
219 Vgl. Fetchenhauer 1998, Seite 30.
220 Vgl. Nell 2004, Seite 6.
221 Vgl. Fetchenhauer 1998, Seite 28.
222 Vgl. Nell/Schiller 2002, Seite 5–6.
223 Vgl. Nell 2004, Seite 6.
224 Vgl. Fetchenhauer 1998, Seite 29.

4.1.3 Annahmen für die Entwicklung von Betrugsabwehrstrategien

Auch der VR handelt unter Kosten-Nutzen-Aspekten. Er wägt also zwischen den Kosten für die Überprüfung einer Schadenmeldung und dem daraus resultierenden Nutzen (Einsparen von ungerechtfertigten Versicherungsleistungen) ab. Erst wenn der erwartete Nutzen höher ist als die Kosten, lohnt sich eine Überprüfung für ihn.[225]

Es gilt für alle VR:

- sie sind homogen und risikoneutral,
- sie können entweder eine Schadenmeldung auswerten (A) oder nicht (NA),
- die Auswertung eines Schadenfalls verursacht Kosten c,
- die Abwehr unberechtigter Ansprüche reduziert die ausgezahlten Versicherungsleistungen y,
- bei Auswertung eines Schadenfalls wird stets ein vorliegender Betrug entdeckt.[226]

Für den VR lohnen sich Auswertungen nur, wenn die Auswertungskosten kleiner sind als die Kosten aus einem Auswertungsverzicht, wenn also gilt:

$$E[K(A)] = (1 - q)(-y - c) + q(-c) < -y = E[K(NA)]$$

mit $E[K(...)]$ als erwartete Kosten des VR

q als Wahrscheinlichkeit einer betrügerischen Schadenmeldung

Fazit: Für den VR lohnen sich Kontrollen nur, wenn die dafür entstehenden Kosten kleiner sind als das Einsparpotenzial aus der Abwehr unberechtigter Ansprüche.[227] [228]

4.2 Vorüberlegungen zur Erklärung des Auftretens von Versicherungsbetrug

Die Abwehr von Versicherungsbetrug stellt ökonomisch betrachtet ein Problem der Spieltheorie dar. Mithilfe der Spieltheorie können Entscheidungssituationen analysiert werden, in denen der Nutzen der Akteure auch vom Vorgehen der anderen Akteure (Spieler) abhängt. Der Nutzen des VN ist abhängig von

---
225 Vgl. Nell 2004, Seite 6.
226 Vgl. Nell/Schiller 2002, Seite 6–7.
227 Vgl. Nell 2004, Seite 7.
228 Vgl. Nell/Schiller 2002, Seite 6–7.

der Kontrollintensität und damit der Entdeckungswahrscheinlichkeit p des VR. Gleichzeitig ist die Betrugswahrscheinlichkeit q des VN eine Variable, die die Kosten des VR beeinflusst und damit auf die Entscheidung des VR Einfluss nimmt. Es herrscht folglich eine „strategische Interdependenz".[229] [230]

Die getroffenen Annahmen unter 4.1 für die VN und VR werden für die nun folgenden Erklärungen zum Auftreten von Versicherungsbetrug um folgende Prämisse erweitert:

- Allen Akteuren (VN und VR) sind die Parameter Versicherungsleistung, Kosten pro Kontrolle und Höhe des Strafmaßes bekannt, gleichzeitig haben alle Akteure Kenntnis über das Wissen der anderen.[231]

4.2.1 Deterministische Auswertungsstrategie

Zusätzlich gelten für die Erklärung des Vorkommens von Versicherungsbetrug bei Festlegung einer deterministischen Auswertungsstrategie der VR zunächst folgende Prämissen:

- VR legen vorab verbindlich und kostenlos Kontrollstrategien fest.
- Die Auswertung erfolgt deterministisch, d. h. es werden sämtliche Schadenmeldungen mit den vorgegebenen Kriterien kontrolliert, alle anderen Schadenmeldungen werden nicht kontrolliert, Ausnahmen von dieser Regelung existieren nicht.

Unter diesen Annahmen ergibt sich das

- *Optimum des VR:* Er kontrolliert alle Schäden ab einer gewissen Schadenhöhe mit einer Wahrscheinlichkeit $p > y / (y + f)$. Von ihm werden nur Verträge mit Integralfranchise (Selbstbehalt) in Höhe der ermittelten kritischen Schadenhöhe angeboten.
- *Optimum des VN:* Für den VN lohnt sich Versicherungsbetrug nicht mehr. Schäden bis zum Selbstbehalt sind nicht versichert, und Schäden darüber hinaus werden kontrolliert. Für den VN ergibt sich daraus, dass er im Betrugsfall entweder einen finanziellen Verlust durch den vereinbarten Selbstbehalt erleidet oder aber sein Betrugsversuch mit einer Entdeckungswahrscheinlichkeit von 100 % entlarvt wird und damit ebenfalls ein finanzieller Verlust in Höhe des Strafmaßes entsteht. Es findet folglich kein Betrug mehr statt.

Aus den eben beschriebenen Anpassungsstrategien des VR und des VN resultiert, dass kein Versicherungsbetrug mehr stattfindet. Damit werden aber die

---

229 Nell 2004, Seite 7.
230 Vgl. Nell/Schiller 2002, Seite 7.
231 Vgl. Nell/Schiller 2002, Seite 7.

Kontrollkosten des VR unrentabel. Unter Kosten-Nutzen-Aspekten müssten deshalb sämtliche Kontrollen vom VR eingestellt werden. Gleichwohl besteht die Betrugsbereitschaft der VN aber fort, was bedeutet, dass der Kontrollverzicht dazu führen würde, dass wieder alle Versicherungsbetrüger aktiv werden. Dieses unbefriedigende Ergebnis resultiert aus zwei inhaltlich kaum nachvollziehbaren Annahmen, auf die nun näher eingegangen wird.[232] [233]

4.2.2 Stochastische Auswertungsstrategie

Erste inhaltlich problematische Annahme:

☐ deterministische Überprüfung der Schadenmeldungen durch den VR

Diese Strategie verhindert zwar Versicherungsbetrug, verursacht aber gleichzeitig unnötig hohe Kontrollkosten (siehe oben)

wird ersetzt durch

☐ VR kontrollieren stochastisch (stichprobenartig) Schadenmeldungen

Es gelten also zusätzliche Prämissen zu 4.1:

– VR legen vorab verbindlich und kostenlos eine Kontrollstrategie fest.
– Die Auswertung erfolgt stochastisch.

Der VN reagiert auf die Ankündigung des VR. Er betrügt nur, wenn die kritische Entdeckungswahrscheinlichkeit p_k maximal so hoch ist, dass er sich unschlüssig ist, ob er betrügen soll oder nicht. Mathematisch ergibt sich die für den VN kritische Entdeckungswahrscheinlichkeit p_k als Quotient aus seiner individuellen Einschätzung von Gewinn und der Summe aus Gewinn und Sanktion:

$p_k = y / (y + f)$

Wenn aber die tatsächliche Entdeckungswahrscheinlichkeit größer ist als die kritische Entdeckungswahrscheinlichkeit, wird Betrug verhindert, also wenn gilt:

$p > y / (y + f)$

---

[232] Vgl. Nell 2004, Seite 7.
[233] Vgl. Nell/Schiller 2002, Seite 7–8.

Unter diesen Annahmen ergibt sich das

- *Optimum des VR:* VR überprüfen alle Schäden ab einer gewissen Schadenhöhe mit einer Wahrscheinlichkeit von $p > p_k$ und vereinbaren nur Versicherungsverträge mit Selbstbehalten bis zu dieser Schadenhöhe.
- *Optimum des VN:* Versicherungsbetrug lohnt sich für den VN nicht mehr. Auch mit dieser Strategie erleidet der Betrüger bei jeder Handlungsalternative einen Verlust. Betrügereien bis zum Selbstbehalt gehen zulasten des VN, Schäden darüber hinaus werden vom VR mit zu hoher Wahrscheinlichkeit kontrolliert und Betrugsversuche entdeckt. Folglich findet auch hier kein Betrug mehr statt.

Die Kontrollkosten der VR sind bei einer stochastischen Kontrollstrategie geringer als bei der deterministischen Schadenauswertungsstrategie, da nicht mehr jeder Schaden kontrolliert werden muss. Versicherungsbetrug wird aber auch hier vollständig verhindert, was nach wie vor die Kontrollkosten unrentabel erscheinen lässt. Gleichwohl besteht die Betrugsbereitschaft der VN aber fort, was bedeutet, dass der rentablere Kontrollverzicht dazu führen würde, dass wieder alle Versicherungsbetrüger aktiv werden. Auch dieses Ergebnis ist unbefriedigend, weil für keinen der beiden Vertragspartner eine optimale Strategie erreichbar ist.[234][235]

4.3 Erklärungsansatz für das Auftreten von Versicherungsbetrug

Um das Phänomen Versicherungsbetrug zu erklären, sind die vorherigen Erklärungsansätze wenig hilfreich. Sie scheitern an der zweiten kritischen Annahme:

Zweite inhaltlich problematische Annahme:

☐ VR legen sich ex ante verbindlich und kostenlos auf eine Auswertungsstrategie fest

Unabhängig von der gewählten Auswertungsstrategie (deterministisch oder stochastisch), führen die ex ante verbindlich festgelegten Strategien nicht zu einem Gleichgewicht[236] und damit nicht zu einem Handlungsoptimum beider Akteure: Der VR antizipiert mit seiner Auswertungsstrategie eine Null-Betrugs-Strategie des VN. Da er aber jeglichen Betrug verhindert, sind die Auswertungskosten für ihn unrentabel und damit nicht optimal. Die beste Antwort des VR wäre also,

---
234 Vgl. Nell/Schiller 2002, Seite 8–9.
235 Vgl. Nell 2004, Seite 7.
236 Das Gleichgewicht eines Spiels ist hier definiert als das Aktionsprofil, in dem jeder Spieler/Vertragspartner die beste Strategie „fährt". (vgl. Bannier 2005, Seite 20).

komplett auf Auswertungen und folglich auf Kontrollkosten zu verzichten. Für den VN wäre es aber dann wieder lohnender, zu betrügen. Er würde nun wieder jede Gelegenheit zum Betrug nutzen. Für den VR wäre dann ein Auswertungsverzicht aber nicht mehr optimal ...

Da die Akteure mit dieser Annahme kein Gleichgewicht erreichen können, wird die Annahme durch folgende Prämisse ersetzt:

☐ VR verzichten ex ante auf eine verbindliche Auswertungsstrategie

Mit diesem Verzicht kann Versicherungsbetrug nicht mehr verhindert werden. Daraus ergibt sich, dass VR mit positiver Wahrscheinlichkeit p stichprobenartig Schadenmeldungen kontrollieren werden. VN nutzen nicht jede Betrugsmöglichkeit aufgrund der Stichprobenkontrolle, sie betrügen mit positiver Wahrscheinlichkeit q.[237] [238]

4.4 Einfluss der Determinanten auf den Versicherungsbetrug

Es soll nun der mögliche Einfluss von den drei unter 4.1 ermittelten Stellgrößen (Gewinn, Strafmaß und Entdeckungswahrscheinlichkeit) auf das Ausmaß von Versicherungsbetrug aufgezeigt werden. Daraus werden Ansatzpunkte für den VR abgeleitet, die ihm ermöglichen sollen, erfolgreich gegen Versicherungsbetrüger vorzugehen.

4.4.1 Vorüberlegungen

Um den Einfluss der einzelnen Determinanten auf den Versicherungsbetrug erklären zu können, wird zunächst das Gleichgewicht zwischen Betrugswahrscheinlichkeit und Auswertungswahrscheinlichkeit ermittelt.

Neben den Annahmen unter 4.1 gelten folgende Prämissen:

– VR kontrollieren stichprobenartig ohne vorab festgelegte Auswertungsstrategie,
– VN nutzen nicht jede Betrugsmöglichkeit aufgrund der Stichprobenkontrolle.

Verhaltensanpassungen von VN und VR unter diesen Annahmen:

Der VN betrügt nur, wenn die Entdeckungswahrscheinlichkeit des VR maximal so hoch ist, dass er sich unschlüssig ist, ob er betrügen soll oder nicht.

---
237 Vgl. Nell 2004, Seite 7.
238 Vgl. Nell/Schiller 2002, Seite 10.

Der VR kontrolliert mit entsprechenden Kosten nur solange, bis die Betrugswahrscheinlichkeit des VN gerade so hoch ist, dass der VR bezüglich der Kosten indifferent ist, ob er eine Schadenmeldung kontrolliert oder nicht.

Aus diesen Anpassungsstrategien ergibt sich ein Gleichgewicht. Im Gleichgewicht ist die Entdeckungswahrscheinlichkeit gerade so hoch, dass der VN sich unschlüssig ist, ob er betrügt oder nicht. Gleichzeitig ist auch die Betrugswahrscheinlichkeit gerade so hoch, dass der VR indifferent bezüglich einer Kontrolle ist.[239] [240]

4.4.2 Erhöhung des Strafmaßes

Für das oben beschriebene Gleichgewicht gilt folgende weitere Annahme:

☐ Das Strafmaß f, das seitens der Gesetzgebung vorgeben wird, steigt an.

Verhaltensanpassungen von VN und VR unter diesen Annahmen:

– *Folgen für VR:* Der VR ist über das Nutzenkalkül des VN informiert und weiß, dass seine Betrugswahrscheinlichkeit abnimmt. Auf diese Verhaltensanpassung des VN reagiert er mit abnehmender Kontrollintensität, da die Kontrollkosten bei sinkender Betrugswahrscheinlichkeit unrentabel erscheinen. Das höhere Strafmaß verringert so (aus Wirtschaftlichkeitsaspekten) die Kontrollwahrscheinlichkeit und entsprechend die Kontrollkosten des VR.

– *Folgen für VN:* Die Betrugsneigung verringert sich aufgrund der Tatsache, dass der erwartete Nutzen aufgrund des höheren Strafmaßes abnimmt. Gleichzeitig erhöht sich die Betrugswahrscheinlichkeit aber aufgrund der sinkenden Entdeckungswahrscheinlichkeit, die aus der adaptierten sinkenden Kontrollintensität seitens des VR resultiert.

Fazit: Die Kontrollwahrscheinlichkeit des VR wird solange reduziert, bis das geringere Entdeckungsrisiko das höhere Strafmaß wieder kompensiert und das Gleichgewicht wieder hergestellt ist. Die Betrugswahrscheinlichkeit bleibt konstant, aber die Kontrollkosten sinken.

Mögliche Strategie des VR: Das Strafmaß richtet sich überwiegend nach der Gesetzgebung, die vom VR nicht beeinflussbar ist. VR können jedoch durch ein konsequentes Anzeigeverhalten ihre Kontrollkosten erheblich senken und damit langfristig Wettbewerbsvorteile durch günstigere Prämien erzielen.[241] [242]

---

239 Vgl. Nell 2004, Seite 7.
240 Vgl. Nell/Schiller 2002, Seite 11.
241 Vgl. Nell 2004, Seite 9.
242 Vgl. Nell/Schiller 2002, Seite 13–14.

4.4.3 Senkung der Kontrollkosten durch größere Effizienz

Für das oben beschriebene Gleichgewicht gilt folgende weitere Annahme:

- Die Entdeckungswahrscheinlichkeit kann (beispielsweise durch eine zuverlässige automatische Vorauswahl) erhöht werden.

Verhaltensanpassungen von VN und VR unter diesen Annahmen:

- *Folgen für VR:* Aus einer effizienteren Kontrolle ergeben sich sinkende Kontrollkosten. Beispielsweise durch automatische Betrugserkennungssysteme erfolgt eine Vorabauswahl der zu prüfenden Schadenmeldungen. Dadurch wird die untersuchte Menge der Schäden kleiner als ohne Vorabauswahl (Gesamtheit aller Schadenmeldungen) und die Wahrscheinlichkeit einer Entdeckung größer.
- *Folgen für VN:* Auf die höhere Entdeckungswahrscheinlichkeit reagiert der VN mit sinkender Betrugsneigung, die Betrugswahrscheinlichkeit sinkt folglich.

Fazit: Die VN senken die Betrugswahrscheinlichkeit solange, bis die geringeren Auswertungskosten gerade durch die niedrigere Betrugswahrscheinlichkeit kompensiert werden und sich wieder ein Gleichgewicht auf niedrigerem Niveau einstellt. Folglich entstehen niedrigere Kosten der Betrugsabwehr aus der abnehmenden Betrugswahrscheinlichkeit und Versicherungsbetrug kann hiermit erfolgreich eingedämmt werden.

Mögliche Strategie des VR: Zur Einführung effizienter Schadenprüfungsmechanismen (beispielsweise automatischer Betrugserkennungssysteme) muss im Vorfeld immer abgewogen werden, ob die erwarteten Einsparungen (aus reduzierten manuellen Auswertungskosten und eingesparten Versicherungsleistungen) oder die Kosten der Ein- und Durchführung sowie der Aktualisierung überwiegen.[243][244]

4.4.4 Erhöhung/Reduktion der Versicherungsleistung

Für das oben beschriebene Gleichgewicht gilt folgende weitere Annahme:

- Die in Aussicht gestellte Versicherungsleistung wird erhöht.

Verhaltensanpassungen von VN und VR unter diesen Annahmen:

- *Folgen für VR:* Die höhere Leistung erhöht den Nutzen des VN aus einem erfolgreichen Betrug. Der Betrug wird also für den VN lohnender und seine

---
243 Vgl. Nell 2004, Seite 8.
244 Vgl. Nell/Schiller 2002, Seite 15–17.

Betrugswahrscheinlichkeit steigt. Der VR antizipiert dieses Verhalten und entgegnet ihm mit erhöhten Kontrollanstrengungen, sodass seine Auswertungskosten steigen. Steigende Versicherungsleistungen rechtfertigen vermehrte Auswertungen, da sie bei höheren daraus resultierenden Einsparungen (bei erfolgreicher Kontrolle) rentabler werden.
– *Folgen für VN:* Der Gewinn eines erfolgreichen Betrugs steigt. Für den VN wird ein Betrug deshalb lohnender. Gleichzeitig steigt aber auch die Entdeckungswahrscheinlichkeit durch die erhöhte Kontrolltätigkeit des VR, wobei der zweite Effekt bei Vollversicherungen mit marginaler Leistungserhöhung überwiegt.

Fazit: Bei Vollversicherung führt die marginale Erhöhung der Versicherungsleistung zur Verringerung der Betrugswahrscheinlichkeit. Hier überwiegt also der Effekt der vermehrten Kontrollen, der den Versicherungsbetrug eindämmen kann.[245]

Umgekehrte Prämisse:

☐ Der in Aussicht gestellte Gewinn sinkt.

Verhaltensanpassungen von VN und VR unter diesen Annahmen:

– *Folgen für VR:* Durch die niedrigeren Leistungen erscheint Betrug für den VN weniger lohnenswert, infolgedessen sinkt seine Betrugsbereitschaft. Der VR antizipiert dieses Verhalten und reagiert mit abnehmender Kontrolltätigkeit, wodurch seine Auswertungskosten sinken.
– *Folgen für VN:* Der Gewinn eines erfolgreichen Betrugs sinkt, aber auch die Entdeckungswahrscheinlichkeit sinkt durch die zurückgefahrenen Kontrollen des VR.

Fazit: Durch den sinkenden Gewinn reduziert sich der Nutzen eines Betrugs für den VN, die Betrugswahrscheinlichkeit sinkt entsprechend. Gleichzeitig führen sinkende Versicherungsleistungen aber zur Verminderung der Kontrollen und so zu einer geringeren Entdeckungswahrscheinlichkeit, was wiederum die Betrugsbereitschaft des VN erhöht. Es kommt auf die subjektive Beurteilung des möglichen Gewinns und der möglichen Entdeckungswahrscheinlichkeit an, welcher Effekt überwiegt.[246]

---

245 Vgl. Schiller 2004, Seite 844.
246 Vgl. Schiller 2004, Seite 844.

4.5 Berücksichtigung der Moral

Die bisherigen Erklärungsansätze haben die wenig realistische Annahme unterstellt, das VN lediglich unter Kosten-Nutzen-Aspekten Versicherungsbetrug begehen oder eben nicht begehen. Man darf (glücklicherweise) davon ausgehen, dass die Mehrheit der VN redliche Kunden sind und die kriminellen Handlungen, die ein Versicherungsbetrug in sich birgt, grundsätzlich ablehnen. Moralische Überlegungen haben also einen Einfluss auf das Verhalten der VN. Deshalb wird das Grundmodell unter 4.4.1 um den Einfluss der Moral erweitert.[247] [248]

4.5.1 Berücksichtigung der Moral unter dem monetären Aspekt

Unter diesem Aspekt wird Versicherungsbetrug bzw. eine kriminelle, verwerfliche Handlung nicht gänzlich ausgeschlossen, sondern in Form von *Kosten für das ethische Unbehagen* k (für das unangenehme Gefühl, aber auch für mögliche gesellschaftliche Sanktionen daraus) in die Nutzenerwägung des VN mit einbezogen, es gilt also:

$$E[U(B)] = (1 - p) \, y + p \, (-f) - k$$

Der VN betrügt nur, wenn die kritische Entdeckungswahrscheinlichkeit maximal so hoch ist, dass er sich unschlüssig ist, ob er betrügen soll oder nicht. Die kritische Entdeckungswahrscheinlichkeit sinkt durch die Berücksichtigung der ethischen Kosten unter das Niveau der kritischen Entdeckungswahrscheinlichkeit ohne Berücksichtigung ethischer Kosten. Mathematisch gilt:

$$p_k = y - k \, / \, (y + f)$$

Anmerkungen:

Betrug ist für den VN gemäß den obigen Ausführungen nur dann lohnenswert, wenn der in Abhängigkeit der Entdeckungswahrscheinlichkeit zu erwartende Gewinn das Strafmaß und die ethischen Kosten überkompensiert. Demnach erhöht sich die Betrugswahrscheinlichkeit mit zunehmender Versicherungsleistung.

Unter Punkt 3.3 wurde festgestellt, dass sich jedoch die meisten Betrügereien im Kleinbetragssegment abspielen. Diese Befunde wecken zunächst den Eindruck, das Ergebnis zu bezweifeln, da kleine Gewinne ja schwerlich die zusätzlichen ethischen Kosten kompensieren können. Gleichsam darf jedoch Gelegen-

---
247 Vgl. Nell 2004, Seite 9.
248 Vgl. Fetchenhauer 1998, Seite 70.

heitstätern, die eben diese kleinen Betrugssummen erbeuten, ein geringes Unrechtsbewusstsein unterstellt werden. Diese Betrügereien werden als ethisch unbedenklich bewertet (siehe Ausführungen unter 3.3.2). Auch Sanktionen seitens der Gesellschaft sind nicht zu erwarten, da das Umfeld sich nicht als geschädigtes Opfer fühlt, entsprechend sind auch die daraus möglicherweise entstehenden ethischen Kosten nicht relevant (siehe Einleitung). Ein Betrug im Kleinschadenbereich verursacht demnach sehr geringe ethische Kosten bei den potenziellen Versicherungsbetrügern. Diese können also auch durch geringe Gewinnerwartungen kompensiert werden. Das oben aufgeführte Ergebnis kann also auch für Betrügereien im Kleinschadenbereich bestätigt werden.[249]

Das Ergebnis erweckt gleichsam aber den Anschein, „daß auch schwerste moralische Bedenken gegenüber einer Straftat weggewischt würden, wenn nur der zu erwartende Nutzen (...) groß genug ist".[250] Für schwere Formen des Versicherungsbetrugs steigen die ethischen Kosten tatsächlich. Diese Betrugsarten werden daher nur in sehr geringem Umfang begangen (siehe Abschnitt 3.1) und wohl vorwiegend von skrupellosen Personen verübt, bei denen keine ethischen Bedenken vorherrschend sind.[251]

Verhaltensanpassungen von VN und VR unter diesen Annahmen:

– *Folgen für VR:* Die niedrigere vom VN tolerierte kritische Entdeckungswahrscheinlichkeit veranlasst den VR aus Wirtschaftlichkeitsüberlegungen, die Kontrollwahrscheinlichkeit und damit die Kontrollkosten zu senken, da die Betrugsbereitschaft abgenommen hat und Überprüfungen damit unrentabler werden. Die Entdeckungswahrscheinlichkeit sinkt in der Folge.
– *Folgen für VN:* Die Betrugsneigung verringert sich aufgrund der Tatsache, dass der erwartete Nutzen aufgrund der höheren ethischen Kosten sinkt, sie erhöht sich aber aufgrund der sinkenden Entdeckungswahrscheinlichkeit, sodass sie letztendlich konstant bleibt.

Fazit: Die Kontrollwahrscheinlichkeit des VR wird solange reduziert, bis das geringere Entdeckungsrisiko die ethischen Kosten wieder kompensiert und das Gleichgewicht wieder hergestellt ist. Die Betrugswahrscheinlichkeit bleibt daher konstant, die Kontrollkosten sinken jedoch.[252]

---

249 Vgl. Nell/Schiller 2002, Seite 17–19.
250 Fetchenhauer 1998, Seite 142.
251 Vgl. Nell/Schiller 2002, Seite 17–19.
252 Vgl. Nell/Schiller 2002, Seite 17–19.

4.5.2 Berücksichtigung der Moral als Ausschlusskriterium

In diesen Überlegungen wird Versicherungsbetrug bzw. eine kriminelle, verwerfliche Handlung von redlichen VN unabhängig von der Höhe des erwarteten Gewinns gänzlich ausgeschlossen. Eine Begründung hierfür ist, dass mit „zunehmender moralischer Verurteilung" des Versicherungsbetrugs die Höhe des subjektiv empfundenen Nutzens aus der kriminellen Handlung absinkt und das wahrgenommene subjektive Entdeckungsrisiko steigt.[253] Es gibt daher annahmegemäß zwei Gruppen von VN:

- redliche VN, die aus ethischen Gründen keinen Versicherungsbetrug begehen und
- nutzenmaximierende VN, die Versicherungsbetrug dann begehen, wenn es für sie vorteilhaft ist.

Für das oben beschriebene Gleichgewicht gelten folgende weitere Annahmen:

- steigende Anzahl von VN, die aus ethischen Gründen keinen Versicherungsbetrug begehen.

Verhaltensanpassungen unter diesen Annahmen:

Anmerkung: Die Betrugswahrscheinlichkeit im Kollektiv hängt nur von der Schadenwahrscheinlichkeit, den Kontrollkosten sowie dem zu erwartenden Gewinn ab. Diese Variablen ändern sich jedoch nicht, wenn sich die Anteile von redlichen und unredlichen VN im Kollektiv ändern.

Folgen für unredliche VN: alle unredlichen VN passen ihre Betrugswahrscheinlichkeit nach oben an, so dass die Betrugswahrscheinlichkeit im Kollektiv konstant bleibt.

Fazit: Die Betrugswahrscheinlichkeit und damit die Betrugskosten bleiben zunächst konstant. Positive Wirkungen aus einem steigenden Anteil redlicher VN lassen sich erst dann erzielen, wenn die Betrugswahrscheinlichkeit der unredlichen VN 100 % entspricht und eine weitere Steigerung nicht mehr möglich ist. Erst wenn dann der Anteil der redlichen VN im Kollektiv gesteigert wird, lassen sich die Betrugskosten senken.

Positive Wirkungen unter Berücksichtigung der Moral lassen sich also durchaus erzielen, wenn es dem VR gelingt, einen sehr großen Teil der Versichertengemeinschaft davon zu überzeugen, dass Versicherungsbetrug eben kein Kavaliersdelikt ist.[254] [255] [256]

---

253 Fetchenhauer 1998, Seite 51.
254 Vgl. Nell 2004, Seite 9.
255 Vgl. Nell/Schiller 2002, Seite 19–21.
256 Vgl. Knoll 2011, Seite 185.

Die beiden Annahmen, also die Berücksichtigung der Moral als ethische Kosten oder als Ausschlusskriterium, konkurrieren nicht miteinander, sondern die Erklärungsansätze ergänzen sich: In empirischen Studien konnte gezeigt werden, dass moralische Bedenken oft der Verhinderungsgrund von betrügerischem Verhalten sind. Nur wenn (Versicherungs-)Betrug nicht grundsätzlich moralisch inakzeptabel erscheint, wird sich der potenzielle Betrüger von Nutzenabwägungen leiten lassen.[257] Dieser Sachverhalt der Nutzenabwägung soll nochmals in Abbildung 8 veranschaulicht werden: Der VN wird umso mehr von Nutzenmaximierungsüberlegungen geleitet, je geringer er die Tat moralisch verurteilt, und andersherum. Nutzenüberlegungen spielen nur eine geringe oder gar keine Rolle, je mehr Versicherungsbetrug moralisch verurteilt wird.[258]

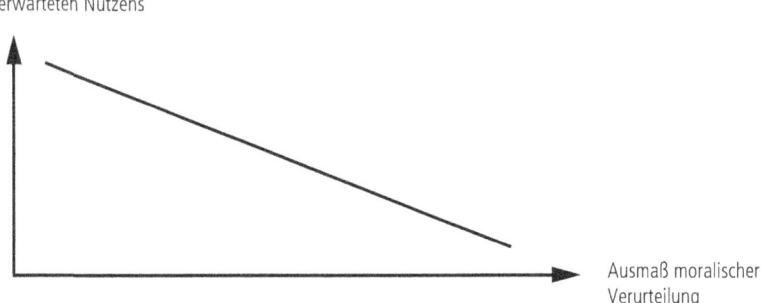

Abbildung 8: Einfluss des erwarteten Nutzens aus betrügerischem Verhalten in Abhängigkeit von der moralischen Bewertung des Verhaltens[259]

Abbildung 9 visualisiert nochmals zusammenfassend, wie sich Versicherungsbetrug im Kontext moralischer Verurteilung erklären lässt. Zunächst muss sich dem Versicherungsbetrüger eine Tatgelegenheit bieten. Grundvoraussetzung hierfür ist das Vorhandensein eines entsprechenden Versicherungsvertrags. Für die üblicheren Formen des Versicherungsbetrugs ist darüber hinaus ein tatsächlich eingetretener Schaden die „Gelegenheit" für den Täter. Die moralische Bewertung eines Versicherungsbetrugs aus dieser Tatgelegenheit „fungiert ... als Filter"[260] zur Ausübung eines Betrugs unter Nutzenaspekten. Nur wenn sich Versicherungsbetrug in Bezug auf die konkrete Tatgelegenheit vorab moralisch rechtfertigen lässt, werden Nutzenüberlegungen vom potenziellen Betrüger in

---

257 Vgl. Fetchenhauer 1998, Seite 146.
258 Vgl. Fetchenhauer 1998, Seite 153.
259 Eigene Abbildung entnommen aus Fetchenhauer 1998, Seite 153.
260 Fetchenhauer 1998, Seite 365.

Erwägung gezogen. Andernfalls, also wenn dem potenziellen Betrüger keine moralische Rechtfertigung gelingt, wird auf die Tat verzichtet. Diese Filtereigenschaft der Moral wird anhand des Pfeils visualisiert. Dieser zeigt, dass mit zunehmender moralischer Verurteilung der Tat Nutzenüberlegungen an Bedeutung verlieren. Der Rückkopplungspfeil soll veranschaulichen, dass „ein hoher zu erwartender Nutzen aus dem betrügerischen Verhalten die Suche nach moralischen Rechtfertigungen für den Betrug intensiviert".[261] [262]

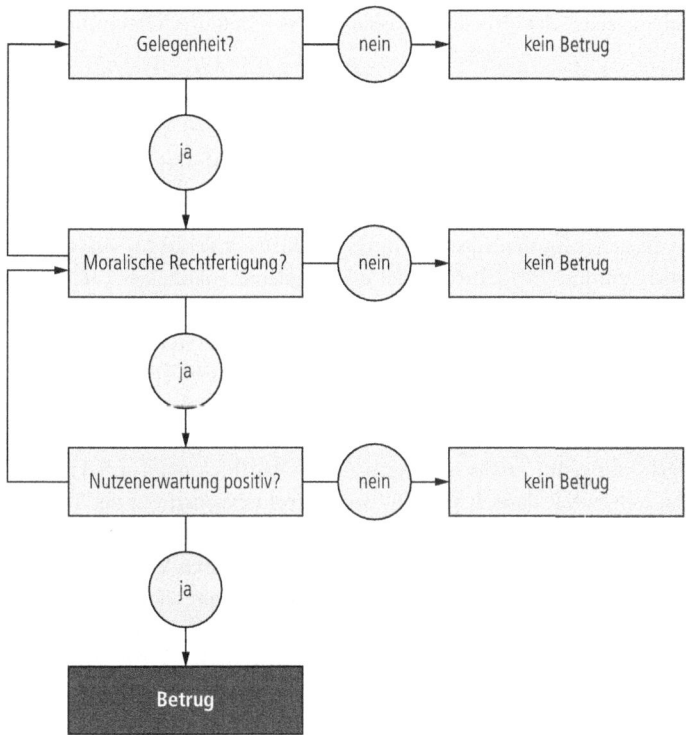

Abbildung 9: Erklärungsansatz für das Begehen von Versicherungsbetrug unter Berücksichtigung moralischer Aspekte[263]

---

261 Fetchenhauer 1998, Seite 150.
262 Vgl. Fetchenhauer 1998, Seite 146, 365–367.
263 Eigene Abbildung entnommen aus Fetchenhauer 1998, Seite 155.

4.6 Schlussfolgerungen für diese Arbeit

"Versicherungsbetrug ist ein versicherungsimmanentes Problem, und solange es Versicherungsschutz gibt, wird es auch Anreize zum Versicherungsbetrug geben. Es kann daher immer nur darum gehen, diese Anreize zum Versicherungsbetrug möglichst niedrig sowie die moralischen Hemmschwellen und die Entdeckungswahrscheinlichkeit im Betrugsfalle möglichst hoch ausfallen zu lassen, um die Auswirkungen des Versicherungsbetruges so gering wie möglich zu halten."[264]

Es wurde bisher gezeigt, dass Versicherungsbetrug von den drei Determinanten abhängig ist:

- der Höhe des Strafmaßes bei einem entlarvten Versicherungsbetrug,
- der Entdeckungswahrscheinlichkeit des Betrugs,
- der Höhe des Gewinns bei einem erfolgreichen Versicherungsbetrug.[265]

Daneben haben ethische Bedenken der VN ebenfalls Auswirkungen auf das Ausmaß des Versicherungsbetrugs, die in dieser Arbeit sowohl als Ausschlusskriterium (insbesondere für den Großteil des Versichertenkollektivs, der Versicherungsbetrug gänzlich ablehnt) berücksichtigt werden, aber auch als entsprechende ethische Kosten bei potenziellen Gelegenheitstätern, da letzterer Erklärungsansatz plausibel die Taten von Gelegenheitstätern erklärt, die vorwiegend Versicherungsbetrug in der PHV begehen. Ihr Unrechtsbewusstsein ist relativ schwach ausgeprägt, weil sie ihre Taten damit rechtfertigen, dass sie den Versicherungsumfang nur etwas erweitern (siehe Ausführungen 4.5.1). Wie gezeigt wurde, sollten VR danach streben, das Unrechtsbewusstsein der VN gegenüber Versicherungsbetrug zu schärfen. Dann kann es gelingen, die Betrugsbereitschaft zu senken, da die ethischen Kosten aus der moralischen Verurteilung für den VN nicht zu kompensieren sind. Diesem Sachverhalt widmen sich die Kapitel 6.1 bis 6.3.[266]

Eine Erhöhung des Strafmaßes kann die Kontrollkosten der VR und folglich die Kosten des Versicherungsbetrugs (zu denen auch die Kontrollkosten gehören) senken. Der VR kann damit langfristig Wettbewerbsvorteile erzielen. Zwar wird das Strafmaß vom Gesetzgeber vorgegeben, jedoch kann ein konsequentes Anzeigeverhalten abschreckende Wirkung entfalten und potenziellen Betrügern der Strafvollzug bewusster vor Augen geführt werden. Im Kapitel 6.1 wird hierauf Bezug genommen.[267]

Der Versicherungsbetrug kann eingedämmt werden, wenn die Kontrollen des VR effizienter gestaltet werden und damit die Kontrollkosten gesenkt werden.

---

264 Nell 1998, Seite 21.
265 Vgl. Nell/Schiller 2002, Seite 5–6.
266 Vgl. Nell/Schiller 2002, Seite 19–21.
267 Vgl. Nell/Schiller 2002, Seite 13–14.

Bei konstanter Kontrollwahrscheinlichkeit steigt das Entdeckungsrisiko aufgrund effizienterer Bearbeitung, sodass weniger VN aus Nutzenüberlegungen zu einem Betrug bereit sind. Maßnahmen zur effizienten Betrugsbekämpfung werden im Kapitel fünf vorgestellt und erläutert.[268]

Auch der erwartete Gewinn aus einem erfolgreichen Versicherungsbetrug ist eine wichtige Stellgröße im Kampf gegen Versicherungsbetrug.[269] Sinkende Gewinne können bei unveränderter Kontrollaktivität die Betrugsneigung reduzieren. Jedoch ist im Bereich der PHV regelmäßig nicht der VN, sondern der Geschädigte derjenige, der in den Genuss der Versicherungsleistung und damit der finanziellen Vorteile gelangt. Dennoch lässt sich dieser Erklärungsansatz auf die PHV übertragen, da Schäden im Bereich der PHV ja überwiegend in Freundes-, Bekannten-, und Verwandtenkreis vorkommen und der VN zumeist nahestehende Personen mit dem Versicherungsbetrug begünstigt und damit sein Verhalten wie eigennütziges Verhalten bewertet werden kann. Auch gibt es Betrugs-Konstellationen, in denen sich VN und Geschädigter absprechen und gemeinsam „Kasse machen", sich also die betrügerische Versicherungsleistung teilen. Hier ist ebenfalls das Motiv des Eigennutzens im Vordergrund. Die Theorie der Nutzenmaximierung kann also auch auf den Fall der PHV angewandt werden.[270] Die Kapitel 6.4 und 6.5 widmen sich den bisherigen Methoden der Gewinnreduktion und ihren Nachteilen.

Wenn also der aus dem Betrug resultierende Gewinn (drastisch) sinkt oder sich gar in einen Verlust umkehrt, ohne dass sich die Kontrollintensität des VR ändert, nimmt die Betrugswahrscheinlichkeit ab.[271] Dieser Aspekt soll in Kapitel sieben in Verbindung mit einem höheren internen Strafmaß in einem zu entwickelnden Bonus-Malus-Konzept verankert werden. Dabei soll das Konzept in der Lage sein, Versicherungsbetrug in der PHV einzudämmen, ohne unrentable Kontrollkosten zu verursachen.

---

268 Vgl. Nell/Schiller 2002, Seite 15–17.
269 Vgl. Schiller 2004, Seite 844.
270 Vgl. Knaus 2002, Seite 34.
271 Vgl. Schiller 2004, Seite 844.

5 Vorkehrungen deutscher Versicherer zur Abwehr des Versicherungsbetrugs (in der PHV)

Die Maßnahmen zur Aufdeckung und Abwehr zielen vor allem darauf ab, Betrugsversuche von VN frühzeitig zu erkennen und so ungerechtfertigte Schadenzahlungen zulasten der Versichertengemeinschaft zu vermeiden. Hierfür ist es erforderlich, eine effektive systematische Betrugserkennung im Bearbeitungsprozess zu etablieren. Oft verzichten VR jedoch aus Kostengründen bis zu bestimmten Schadenhöhen auf Prüfungen. Deshalb wird die Entdeckungswahrscheinlichkeit von potentiellen Betrügern als gering eingestuft, für sie lohnt sich Versicherungsbetrug. Die erhöhten Schadenzahlungen stellen für den VR ein kalkulierbares Risiko dar, sie werden der Versichertengemeinschaft in Form von höheren Prämien weitergegeben. Dies widerspricht jedoch dem Anspruch des redlichen Kunden auf faire Beiträge.[272] Deshalb sind Stichproben auch im Kleinschadensegment angezeigt, um bei den VN keinen falschen Eindruck zu erwecken und Versicherungsbetrug zu „provozieren", zumal sich gerade im Kleinschadensegment die häufigsten Betrügereien abspielen.[273] All die nun vorgestellten Abwehrmaßnahmen implizieren auch eine präventive Wirkung, da sie die Betrugswahrscheinlichkeit senken, sofern sie erfolgreich umgesetzt werden (siehe auch 6.1):[274] Denn wenn ein Betrug in der Vergangenheit unentdeckt blieb, wird der potenzielle Betrüger auch zukünftig eine Entdeckung seitens der

---

272 Vgl. Knoll/Lucas/Waschbusch 2010, Seite 810.
273 Vgl. Münchener Rückversicherungs-Gesellschaft (Hrsg.) 1987, Seite 54.
274 Vgl. Kaderli 2004, Seite 34.

VR ausschließen und umgekehrt. Ein entlarvter Betrugsfall schützt vor einer weiteren Tat.[275]

5.1 Effiziente Schadenschilderungsprüfung

Bei jeder Schadenmeldung wird der geschilderte Schadenverlauf auf Plausibilität sowie mögliche Unstimmigkeiten geprüft. Plausibilität umfasst dabei die Gegenüberstellung des angegebenen Schadenhergangs zum nach physikalisch-technischen Gesetzmäßigkeiten tatsächlich möglichen Schadenhergang.[276] Kurz gesagt: Hat der angegebene Schadenhergang tatsächlich zu diesem Schaden geführt und entspricht der angegebene Schadenumfang dem tatsächlichen Schaden.

Zur effizienten Prüfung können den Mitarbeitern s. g. Check- oder Indizienlisten zum Aufspüren von Verdachtsmomenten hilfreich sein. Im Folgenden wird eine kleine Auswahl möglicher Punkte einer solchen Checkliste vorgestellt:

- sehr späte Schadenmeldung,[277]
- Zeitraum zwischen Abschluss des Vertrags bzw. Änderung entschädigungsrelevanter Vertragsinhalte seit Schadeneintritt (über/unter sechs Monate),
- Einzahlung rückständiger Prämien kurz vor Schadenereignis,
- konkrete Anfragen zum Versicherungsschutz kurz vor Schadenereignis,
- Anzahl bereits gemeldeter Schäden im laufenden/vergangenen Jahr.[278]

Diese Anhaltspunkte können mithilfe der internen Datenquellen relativ schnell „abgearbeitet" werden. Bei Zweifeln zum Hergang werden die gegnerischen Parteien oder Zeugen eingehend schriftlich (unter Zuhilfenahme von standardisierten Fragebögen) befragt sowie ggf. das beschädigte Objekt angefordert. Ziel ist es, mögliche Unstimmigkeiten, widersprüchliche Aussagen/Angaben oder eben nur „Missverständnisse" aufzuklären. Hierfür stehen dem Mitarbeiter spezielle, zumeist standardisierte Formulare zur Verfügung.[279] [280]

Erfolgreicher Einsatz: VR haben aufgrund der bestehenden Konkurrenzsituation und ihrer Kunden- und Gewinnorientierung nach wie vor nur ein begrenztes Interesse, gegen Versicherungsbetrug vorzugehen. Die Toleranzgrenze wird anhand einer Kosten-Nutzen-Analyse gezogen, die meist eine genauere Prüfung erst ab einer bestimmten Schadenhöhe zur Folge hat.[281] So beklagt auch die

---

275 Vgl. Fetchenhauer 1998, Seite 352.
276 Vgl. Knoll 2011, Seite 278–279.
277 Vgl. Knaus 2002, Seite 63.
278 Vgl. Knoll 2011, Seite 278–279.
279 Vgl. o. V., Serie Versicherungsbetrug – Teil 3: Private Haftpflichtversicherung, www.versicherungsnetz.de/...Meldung=546.
280 Vgl. Knoll 2011, Seite 279.
281 Vgl. Vetterlein 1989, Seite 150–151.

Bundesanstalt für Finanzdienstleistungsaufsicht, dass VR von einer „strafrechtlichen Verfolgung ... allein aus wirtschaftlichen Überlegungen" absehen.²⁸² Auch Thorsten Rudnik vom Bund der Versicherten bestätigte, dass nach seinen Erfahrungen Schäden unter 500 Euro aus Kostengründen ohne Prüfung reguliert werden.²⁸³ Der knappen personellen Besetzung in der Schadenabteilung steht eine immense Vielzahl an Schadenmeldungen gegenüber. Es ist folglich nicht verwunderlich, wenn auch gut geschulten Sachbearbeitern verdächtige Schadenfälle zugunsten einer zügigen Bearbeitung „durchrutschen". Auch das Prüfen von umfangreichen Checklisten ist mit einem hohem Arbeits- und Zeitaufwand verbunden und damit fehleranfällig. Dies wird von VR aus Kostenüberlegungen geduldet. Diese „Toleranz"-Strategie ist insbesondere für Nachahmer und Wiederholungstäter attraktiv.²⁸⁴

5.2 Schulung der Mitarbeiter

Unabhängig von der Implementierung technikbasierter Betrugserkennungssysteme ist es erforderlich, alle Schadensachbearbeiter zum Thema Versicherungsbetrug zu schulen. Dabei ist besonderes Augenmerk darauf zu legen, sie für verdächtige Schadenschilderungen zu sensibilisieren und sie zur Prüfung definierter Auffälligkeiten anzuhalten.²⁸⁵ Auffälligkeiten sind beispielsweise:

- typische Tatmuster,
- „Schadenumgebung" (beispielsweise bestimmte Personen aus Familie, Nachbarschaft, Freundeskreis),
- Schadenzeitpunkte (z. B. Ablauf der Garantiezeit eines Gerätes, kurz nach Vertragsbeginn oder am Ende der Laufzeit),
- überhöhte Schadensummen (beispielsweise Kamera für 5.000 Euro),
- Verhalten des VN (perfekte Schadenschilderung, übermäßiges Drängen auf Auszahlung),²⁸⁶
- häufiger Wechsel der VR,
- außergewöhnliche Kenntnis versicherungstechnischer Einzelheiten,
- sehr viele oder gar keine Beweismittel.²⁸⁷

Um Mitarbeiter zur zielgerichteten Betrugserkennung zu „befähigen" und ihr Wissen rund um das Thema Versicherungsbetrug immer aktuell zu halten, sind kontinuierliche Qualifizierungsmaßnahmen in Form von externen und haus-

---

282 Vgl. Warmuth 2007, Seite 200.
283 Vgl. Wiese 2006, Seite 8.
284 Vgl. Vetterlein 1989, Seite 150–151.
285 Vgl. Wörner 2003, Seite 260.
286 Vgl. Münchener Rückversicherungs-Gesellschaft (Hrsg.) 1987, Seite 14.
287 Vgl. Hofmann 1994.

internen Schulungen durch Betrugsexperten sowie fachspezifische Seminare zu etablieren. Die kontinuierliche Schulung ist besonders vor dem Hintergrund des permanenten Wandels des Betrugsgebarens sicherzustellen. Der Wandel lässt sich damit erklären, dass Betrüger die Arbeitsweisen des VR adaptieren und ihr Verhalten entsprechend anpassen.[288] Um dem zu begegnen, liefert der GDV in gewissen Zeitabständen aktuelles Informationsmaterial zur Weitergabe an die „betroffenen" Mitarbeiter.[289] Inhalt aller Qualifizierungs-Veranstaltungen sollte neben der Vermittlung von Wissen zum Thema Versicherungsbetrug auch der Umgang mit verdächtigen Schadenmeldungen sein. Vor allem sollte hier Wert darauf gelegt werden, dem Mitarbeiter in Abhängigkeit der Schadenanzeigeform (schriftlich, telefonisch, per Mail) Werkzeuge an die Hand zu geben, um effektiv und flexibel reagieren zu können, beispielsweise durch spezielle Interviewtechniken (z. B. kognitive Interviews) oder vorgefertigte Fragebögen. Außerdem sollten sie über ein gewisses technisches Know-how verfügen, um Schadenhergänge besser nachvollziehen zu können. Auch die Einarbeitung im Umgang mit unterstützender Software, Betrugserkennungssystemen und Datenbanken darf nicht fehlen.[290] Nicht zuletzt ist auch eine gewisse „behördliche" Einarbeitung notwendig, damit Schadensachbearbeiter für eine effiziente Kommunikation mit den Strafverfolgungsbehörden „gerüstet" sind (beispielsweise Verstehen/gezieltes Lesen in der Strafakte).[291]

Aber nicht nur Mitarbeiter der Schadenabteilung müssen sensibilisiert und geschult werden. Auch den Mitarbeitern des Vertriebs und der Vertragsverwaltung ist es nahezulegen, dem (potenziellen) Kunden die Prinzipien der Risikoteilung und der Solidargemeinschaft verständlich zu erklären. Vor allem Versicherungsvermittler haben darüber hinaus ein besonderes Augenmerk auf betrugsverdächtige Momente beim Vertragsabschluss bzw. der Schadenmeldung zu legen und gegebenenfalls die notwendigen Maßnahmen zu ergreifen (wie Weitergabe der Hinweise an die Schadenabteilung bzw. falls die notwendige Kompetenz vorhanden ist, Ablehnung eines Vertragsabschlusses oder einer Regulierung, Anpassungen der Prämie etc.). In jedem Fall ist auf eine enge vertrauensvolle Zusammenarbeit zwischen betreuendem Vermittler und Schadenbearbeiter zu achten und ein lückenloser Informationsfluss zu gewährleisten.[292]

Erfolgreicher Einsatz: Eine effiziente Schadenschilderungsprüfung ist nur in Verbindung mit geschulten Mitarbeitern zu bewerkstelligen. Zur Messung des Erfolges kann daher auf die Ausführungen unter 5.1 verwiesen werden. Erfolgreich können alle Maßnahmen bewertet werden, die auf eine genaue Prüfung des entstandenen Schadens abzielen. Unabhängig vom Ergebnis der Beurteilung

---

288 Vgl. Wörner 2003, Seite 256.
289 Vgl. Wörner 2003, Seite 260.
290 Vgl. Knoll 2011, Seite 292.
291 Vgl. Lenhard 1989, Seite 40.
292 Vgl. Knoll 2011, Seite 274.

kommt es häufig vor, dass VN allein aufgrund der Ankündigung einer genauen Prüfung die Schadenmeldung zurückziehen, es gehen folglich von diesen Maßnahmen präventive Impulse aus.[293] [294]

Der Einsatz spezieller Interviewtechniken ist in Deutschland bisher nicht bekannt, ein Pilotprojekt in Großbritannien konnte jedoch ein überzeugendes Ergebnis liefern: Mittels psychologischer Gesprächsführung konnten die gemeldeten Schäden um ein Drittel reduziert werden. Während des Gesprächs wurde immer wieder die Möglichkeit offeriert, die Schadenmeldung ohne strafrechtliche Konsequenzen zurückzuziehen. Dies wurde von einem Drittel der Schadenmelder wahrgenommen, sei es aufgrund von Missverständnissen oder auch aufgrund von Betrugsversuchen.[295]

5.3 Umfangreiche Recherche im Internet und in Onlinedatenbanken

Um Betrugsfälle aufzudecken oder zu beweisen, sind eigene Anstrengungen des VR gefragt, um ausreichendes Informations- und Beweismaterial sicherzustellen. Ein bewährtes Vorgehen läuft in folgenden Schritten ab:

– unstrukturierte Basisrecherche im Internet sowie auf kostenfreien Datenbanken,
– für darüber hinausgehende Informationen hat sich das s. g. Infobroking als hilfreich erwiesen. Mithilfe der Recherche im Internet oder dem Durchforsten von derzeit ca. 10.000 Onlinedatenbanken und 9.000 Informations-CD-ROMs gelingt es, Querverbindungen zwischen Personen und Unternehmen, Lieferanten- und Kundenzusammenhänge, aber auch Informationen/Verbindungen über Einzelpersonen (Schädiger und Opfer) aufzuspüren.[296]

Die Recherche kann auch Beweise für Falschaussagen des VN zutage bringen, beispielsweise ein gemeinsames Foto mit dem Geschädigten oder Zeugen, den der VN angeblich vorher nicht gekannt hatte.[297]

Der Vorteil von Onlinedatenbanken und CD-ROMs ist, dass sie werthaltige, strukturierte Daten schnell und präzise zugänglich machen, im Internet dagegen sind viele Informationen unzugänglich und/oder völlig unstrukturiert. Der Nachteil sind die Kosten: Die Informationen im Internet stehen meist kostenfrei zur Verfügung, in Onlinedatenbanken abgerufene Informationen sind kostenpflichtig und der Abruf ist kompliziert und zeitaufwendig, ggf. ist ein Info-

---

293 Vgl. Münchener Rückversicherungs-Gesellschaft (Hrsg.) 1987, Seite 16.
294 Vgl. Roth/Stefanidis 2011, www.gdv.de/...kavaliersdelikt/.
295 Vgl. Schultheiss 2004, Seite 34.
296 Vgl. Wörner 2003, Seite 261.
297 Vgl. Wörner 2004, Seite 18.

broker zu beauftragen. Eine entsprechende Recherche muss deshalb immer unter Kosten-Nutzen-Aspekten abgewogen werden.[298]

5.4 „Betrugsaufdeckungseffiziente" Ablauf- und Aufbauorganisation in der Schadenabteilung – Betrugsexperten

VR gehen dazu über, die Betrugsverfolgung aus der Verantwortung der Normalschadenbearbeitung herauszutrennen, um Schadensachbearbeiter zu entlasten und gleichzeitig Qualitätsverluste aus der bisherigen Doppelbelastung (Schadenbearbeitung und Betrugsverfolgung) der Mitarbeiter zu vermeiden. Sie melden nur noch verdächtige Schadenanzeigen an einen Betrugsexperten. Dies sind speziell ausgebildete Mitarbeiter, die diese verdächtigen Schadenmeldungen eingehend überprüfen und alle darauffolgenden Schritte wie die

– Beauftragung von Sachverständigen, Detektiven, Gutachtern,
– Zusammenarbeit mit Strafverfolgungsbehörden,
– Nachforschung zum Aufspüren von technischen (z. B. Entdeckung anderer Schadenursache), kriminalistischen (z. B. Verhalten des VN während Schadenbearbeitung, Alibiüberprüfung), wirtschaftlichen (z. B. finanzielle Schwierigkeiten) und versicherungstechnischen (z. B. Erhöhung der Deckung kurz vor Schadenfall) Indizien für einen Betrugsfall[299]

einleiten, die entweder in der Betrugsaufdeckung mit all seinen Konsequenzen (Leistungsverweigerung, Strafanzeige etc.) oder aber in einer Betrugsentlastung münden. Außerdem führen sie während dieser Zeit auch die Korrespondenz mit dem vermeintlichen Versicherungsbetrüger, die ein gewisses Maß an Feinfühligkeit erfordert. Dabei ist vor allem darauf zu achten, dass nicht versehentlich redliche VN zu Unrecht des Betrugs bezichtigt werden.[300] [301] Falls sich der Anfangsverdacht nicht erhärtet, wird der Schadenfall wieder dem Sachbearbeiter zur Weiterbearbeitung/Regulierung übergeben, andernfalls erfolgt ein laufender Informationsaustausch. Eine zielgerichtete, reibungslose Kommunikations- und Informationspolitik sorgt mit entsprechenden Vereinfachungssystemen dafür, dass alle notwendigen Stellen aktuelle und auf sie abgestimmte Informationen vom Schadensachbearbeiter bzw. Betrugsexperten zur Verfügung gestellt bekommen. Beispielsweise wird der Versicherungsvermitt-

---

298 Vgl. Wörner 2004, Seite 17.
299 Vgl. Hinzmann 1989, Seite 51–52.
300 Vgl. Münchener Rückversicherungs-Gesellschaft (Hrsg.) 1987, Seite 16.
301 Vgl. Colatrella 2010, Seite 87.

ler über mögliche drohende Ablehnungen oder eine Deckungslücke informiert.[302]

Diese Organisation stellt für alle Beteiligten einen Gewinn dar: Schadensachbearbeiter werden entlastet und gleichzeitig für Verdachtsfälle sensibilisiert. Betrugsexperten entwickeln im Zeitablauf eine gewisse Routine für eine professionelle Betrugsermittlung und können die Expertise an das eigene Risikomanagement weitergeben, weshalb das Unternehmen die höheren Personalkosten für die Expertenstellen in Grenzen halten kann.[303] [304] [305]

Erfolgreicher Einsatz: VR, die solche Stellen in ihrem Unternehmen etabliert haben, verzeichnen in jedem Fall erhebliche Einsparungen aus der Reduktion von ungerechtfertigten Leistungen.[306] In 2004 überwog aber der Anteil der VR, die keine Betrugsexperten im Einsatz hatten (siehe Abbildung 11).[307] Aufgrund einer fehlenden Datenbasis können hierzu jedoch keine weiteren Aussagen getroffen werden.

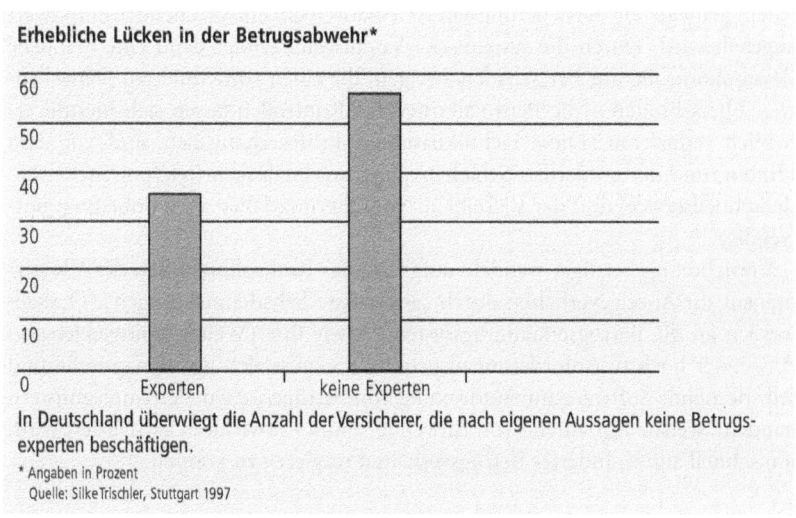

Abbildung 10: Einsatz von Betrugsspezialisten in deutschen VU[308]

---

302 Vgl. Knoll 2011, Seite 274.
303 Vgl. Wörner 2003, Seite 262.
304 Vgl. Stamm 1989, Seite 145.
305 Vgl. Wörner 2004, Seite 15.
306 Vgl. Ricard 2012, Seite 36.
307 Vgl. Wörner 2004, Seite 14.
308 Abbildung entnommen aus Wörner 2004, Seite 14.

5.5 Automatisierte Betrugserkennungssysteme

Betrugserkennungssysteme können die Mitarbeiter bei der Schadenprüfung erheblich unterstützen und den Prüfungsprozess effizienter gestalten. Es werden nun ausgewählte Systeme kurz vorgestellt.

Softwaretools. Beispielsweise wurde das EDV-Tool Intelligente Schadenprüfung (ISP) entwickelt, mit dessen Hilfe die hinterlegten Schadendaten automatisch ausgewertet werden. Basis von ISP ist eine Sammlung von Erfahrungen vieler Betrugsexperten, die in mathematischen Algorithmen nachgebildet werden und dem Mitarbeiter als Softwaretool zur Verfügung gestellt werden.[309] Zweck ist das Auffinden von Querverbindungen, Auffälligkeiten und anderen vordefinierten Kriterien.[310] Grundlage ist ein computerbasiertes Grob- und Feinraster, welches als Punktesystem entwickelt wurde, um fundiert und zielgerichtet aus den Schadenanzeigen einen Anfangsverdacht zu erkennen oder auszuschließen, indem jedem gemeldeten Versicherungsfall systematisch ein entsprechender Punktwert zugeteilt wird. Durch die systemische Vorauswahl erfolgt dann eine manuelle Betrugskontrolle nur bei Schadenanzeigen, die einen vordefinierten Schwellenwert überschreiten – die Personalkosten für Kontrollen lassen sich hiermit erheblich reduzieren. Diese technikbasierten Prüfmechanismen sind vor dem Hintergrund der modernen Schadenregulierungspraktiken (telefonischer Schadenschnellservice) und der Vielzahl an Versicherungsfällen auch unbedingt notwendig.[311]

Versicherungsbetrüger wandeln aufgrund der Kontrollpraktiken der VR permanent ihr Anzeigeverhalten durch „angepasste Schadenmeldungen". Deshalb werden an die Betrugserkennungssysteme sowie ihre (Weiter-)Entwickler und Anwender höchste Anforderungen gestellt: Es muss sich um dynamische und selbstlernende Software zur Aufdeckung von betrügerischen Verhaltensmustern handeln, welche fortlaufend von Anwendern und Entwicklern aktualisiert wird, um schnell auf verändertes Betrugsverhalten reagieren zu können.[312]

Beleglesegerät – auch als Dokubox bezeichnetes technisches Gerät. Es sendet über verschiedene Lichtquellen Strahlen aus, mit denen es möglich ist, Manipulationen an Belegen nachzuweisen. Hiermit können betrügerische Schadenliquidationen in Form von verfälschten Belegen unkompliziert entlarvt werden.[313]

---

309 Vgl. Knoll 2011, Seite 296.
310 Vgl. Waldvogel 2004, Seite 58.
311 Vgl. Wörner 2003, Seite 259–260.
312 Vgl. Nell 2004, Seite 8.
313 Vgl. Göb 2003.

Lügendetektoren. Lügendetektoren werden während der telefonischen Schadenmeldung eingesetzt. Die Stimme des Anrufers wird hier mit s. g. Voice-Stress-Analysis-Systems auf emotionale Unsicherheiten untersucht, um so Rückschlüsse auf einen möglichen Betrug zu ziehen. Zwingende Voraussetzung für den Einsatz ist, dass der Anrufer vorab dem Einsatz zustimmt, er wird also zu Beginn des Telefonates darauf hingewiesen und entsprechend gefragt. Der technische Erfolg dieser Methoden lässt noch zu wünschen übrig, durchschnittlich identifiziert dieses Gerät nicht einmal ein Drittel aller Lügen. Der psychologische Abschreckungserfolg indes ist unbestritten. Allein die Bandansage zu Beginn des Telefonats über den Einsatz eines solchen Gerätes ließ in britischen VU die Schadensummen um 16 % zurückgehen. Insgesamt konnten erste Erhebungen einen Schadenrückgang um 20 % nachweisen.[314] [315]

Erfolgreicher Einsatz: Mit automatischen Betrugserkennungssystemen lassen sich allenfalls kleinere Betrügereien aufdecken, sie scheitern aber bei dubiosen, komplexen Fällen.[316] Eine Weiterentwicklung ist hier sicher unumgänglich. Dennoch: Die Etablierung automatischer Betrugserkennungssysteme scheint im Kampf gegen Versicherungsbetrug erfolgversprechend zu sein, immerhin werden zwei Drittel der durch sie gefilterten verdächtigen Fälle tatsächlich als Betrügereien entlarvt.[317] Auch unter Kosten-Nutzen-Aspekten können die einmaligen Anschaffungskosten sowie geringe laufende Wartungs- und Betriebskosten punkten.[318] Eine weitere Verbreitung in deutschen VU wäre wünschenswert. Denn hier stehen die VR noch am Anfang. Die wenigen vorhandenen Schadensysteme sind noch nicht mit den Betrugserkennungssystemen abgestimmt.[319]

5.6 Geokodierung

Die Geokodierung soll hier nur kurz erwähnt werden, diese Methode wird (derzeit) nicht zur Betrugsabwehr in der PHV eingesetzt. Grundprinzip der Geokodierung ist eine Verknüpfung von Datenbanken und Landkarten, um Risiken orten zu können. Neben der Risikoanalyse unterstützen die gewonnenen geokodierten Daten auch die Schadenbearbeitung. Sie geben adress- bzw. hausgenaue Auskunft darüber, ob beispielsweise ein Sturm, eine Überschwemmung oder ein Blitz am gemeldeten Schadentag tatsächlich das versicherte Objekt (Haus) heimgesucht haben kann oder ob dieses gar nicht betroffen war. Meteorologisch bedingte Schäden können also relativ schnell geprüft werden. Eine

---

314 Vgl. Knoll 2011, Seite 302.
315 Vgl. Schultheiss 2004, Seite 34.
316 Vgl. Wörner 2004, Seite 14.
317 Vgl. Knoll 2011, Seite 297.
318 Vgl. Münchener Rückversicherungs-Gesellschaft (Hrsg.) 1987, Seite 16.
319 Vgl. Herden 2009, Seite 64.

zukünftige Ausweitung auf Daten krimineller Straftäter (Wohnsitze, Tatorte) oder sicherheitsrelevanter Objekte kann das Anwendungsspektrum unter Umständen deutlich erweitern und so möglicherweise auch für die PHV nutzbar machen.[320]

5.7 Beauftragung von branchenfremden Fachspezialisten

Oftmals verfügen die Mitarbeiter des VR bzw. der Betrugsexperte nicht über die notwendige kriminalistische bzw. technische Sachkenntnis zur abschließenden Beurteilung eines geschilderten Schadens. Um dennoch eigene Ermittlungen anstellen zu können, werden branchenfremde Fachleute beauftragt, um gemeldete Schadenereignisse hinsichtlich ihrer Ursache oder ihrer Höhe zu bewerten und Beweise zur Überführung eines Versicherungsbetrügers sicherzustellen.[321] Hierzu werden sowohl firmeneigene Betrugsspezialisten als auch externe Sachverständige, Detektive und/oder Gutachter zur Aufdeckung von Betrugsfällen engagiert. Sie suchen nach Urkunden-, Zeugen- und Indizienbeweisen im Rahmen der gesetzlichen Schranken. Eigene Ermittlungen sind für den VR zur Beweissicherung und evtl. späteren Beweisführung vor dem Hintergrund beschränkter Ressourcen sowie Überlastung der Strafverfolgungsbehörden von großer Bedeutung und stellen daher eine sinnvolle und sachgerechte Entlastung der Strafverfolgungsorgane dar.[322] [323]

Die Beauftragung der Fachexperten zielt dabei auf unterschiedliche Prüfungen ab:

Plausibilitäts- und Kompatibilitätsprüfungen

– Sachverständige zur Ermittlung von Falschangaben zu den Umständen/Ursachen:
   Der Sachverständige soll den beschriebenen Schadenverlauf rekonstruieren und das beschädigte Objekt eindringlich untersuchen, und so darlegen, ob sich der Schaden überhaupt auf die geschilderte Weise ereignet haben kann bzw. wie er wirklich entstanden ist. Ziel dabei ist es, die Schadenursache zu ermitteln und nicht versicherte Sachverhalte aufzudecken.

– Gutachter zum Aufdecken von Falschangaben zur Schadenhöhe:
   Gutachter können aber auch beauftragt werden, um den Wert eines zerstörten bzw. die Wertminderung eines beschädigten Gegenstands zu erfassen, um überhöhte Forderungen zu entlarven.[324]

---

320 Vgl. Siebert 2004, Seite 22–25.
321 Vgl. Knoll 2011, Seite 293–294.
322 Vgl. Wörner 2003, Seite 260–261.
323 Wörner 2006, Seite 253.
324 Vgl. o. V., Serie Versicherungsbetrug – Teil 3: Private Haftpflichtversicherung, www.versicherungsnetz.de/...Meldung=546.

Sammeln von Indizien und Beweisen

Detektive und Ermittler zum Entlarven von Falschangaben zu den Schädigern und fingierten/absichtlich herbeigeführten Schäden:
Ermittler bzw. Detektive werden beauftragt, um im Rahmen der gesetzlichen Schranken (auf die an dieser Stelle nicht näher eingegangen werden soll) das Umfeld bzw. den VN selbst zu beobachten und zu durchleuchten. Die typischen Tätigkeitsfelder des Detektivs sind dabei:

- Observation,
- Befragungen des Umfelds (Zeugen, Geschädigte, Rechnungsaussteller usw.),
- Belauschen,
- Fertigung von Bildern oder Filmaufnahmen.[325][326]

Ziel der Beauftragung ist die Erfassung von wirtschaftlichen und persönlichen Verhältnissen des vermeintlichen Versicherungsbetrügers, um herauszufinden, ob der VN bzw. Geschädigte zu (Un-)Recht die Versicherungsleistung geltend macht (beispielsweise wenn ein als arbeitsunfähig Erkrankter schwere Lasten trägt). Die ermittelten Fakten können oft einen bestehenden Verdacht erhärten oder entkräften.[327][328] Je nach Situation erfolgen dann weitere Ermittlungen oder die Regulierung.

Ein mögliches Praxisbeispiel im Bereich der PHV: Der Geschädigte behauptet, er sei infolge einer vom VN verursachten Körperverletzung nicht mehr in der Lage, seiner Berufstätigkeit nachzugehen, und fordert daher Verdienstausfall von der gegnerischen PHV. Der Detektiv kann aber in seinen (verdeckten) Ermittlungen feststellen, dass der Geschädigte sehr wohl dieser Berufstätigkeit nachgeht.

Es ist besonderes Augenmerk darauf zu legen, dass Sachverständige/Gutachter schnellstmöglich in den Prozess der Schadenaufklärung einbezogen werden, um aktuelle, aussagekräftige Informationen von und zu den beteiligten Personen zu erhalten. Außerdem besteht bei verzögertem Einsatz die Gefahr, dass der Schaden vor Begutachtung bereits durch den VN bzw. Geschädigten behoben wird und so eine lückenlose Aufklärung des Schadenhergangs bzw. der Schadenhöhe nicht möglich ist.[329] Wichtig ist bei der Beauftragung, dass die gesetzlichen Voraussetzungen gegeben sind und die Ermittlungen im Rahmen des rechtlich Zulässigen erfolgen.[330] Diese Bestimmungen sollen an dieser Stelle nicht näher erläutert werden, sie können in den angegebenen Quellen nachgelesen werden.

---

325 Vgl. Fricke 2010, Seite 308.
326 Vgl. Aebi-Müller/Eicker/Verde 2010, Seite 17.
327 Vgl. Knoll 2011, Seite 295.
328 Vgl. Aebi-Müller/Eicker/Verde 2010, Seite 16.
329 Vgl. Knoll 2011, Seite 294.
330 Vgl. Fricke 2010, Seite 308.

5.8 Kooperation mit Strafverfolgungsbehörden

Die Kontaktaufnahme mit Ermittlungsbehörden (Staatsanwaltschaft, öffentliche Ordnungsbehörden, Polizei und Feuerwehr) inklusive einer fortlaufenden Kommunikation ist für eine zügige Sachverhaltsaufklärung unabdingbar, welche sowohl im Interesse der VR als auch der Strafverfolgung ist. Hierzu wurde an der Universität in Bayreuth eine Studie mit dem Titel „Rechtliche Möglichkeiten des Informationsaustausches zwischen Sachversicherung, Polizei und Staatsanwaltschaft" angefertigt, die die Wichtigkeit einer Kooperation des VR mit den Strafverfolgungsbehörden deutlich unterstreicht.[331]

Eine (gegenseitige) Aufklärung und Schulung der Behörden über die Besonderheiten und Bedürfnisse der VU beeinflusst eine effektive Zusammenarbeit[332] und fördert das „Verständnis für die Belange der Versicherungswirtschaft" und umgekehrt die der Polizei.[333] In der Praxis hat sich eine frühzeitige, reibungslose, kontinuierliche sowie vertrauensvolle Kommunikation und Kooperation mit jeweils einer begrenzten Zahl an Ansprechpartnern bewährt, die Wahrscheinlichkeit der Fallaufklärung steigt um ein Vielfaches. Des Öfteren geben auch erst die Verdachtsäußerungen des VR-Mitarbeiters den Anstoß für die polizeiliche Arbeit. Auch die Beweise, die dem VR aufgrund seiner eigenen Ermittlungen vorliegen, können eine weitere Strafverfolgung wesentlich erleichtern. Aber auch die Polizei kann dem VR sachdienliche Hinweise beispielsweise über vergangene Ermittlungsverfahren, Vorschäden oder sonstige für die Beurteilung des Sachverhalts relevante Umstände liefern. Außerdem können durch die Zusammenarbeit Ermittlungslücken vermieden werden, die andernfalls von Tätern missbraucht werden können.[334] [335] Ein Beispiel: Aus den polizeilichen Ermittlungsakten kann der zuständige Schadensachbearbeiter wesentliche Erkenntnisse gewinnen, wie beispielsweise spontane Äußerungen des VN oder des Dritten zur Schadenhöhe, die von der Schadenanzeige beim VR abweichen.[336]

Zur effizienteren Zusammenarbeit wurden spartenspezifische Arbeitskreise gegründet, welche die Kooperation zwischen VR und der Polizei, der Staatsanwaltschaft, der Feuerwehr und anderen Beteiligten fördern. Gleichzeitig sind diese mit der Weiterentwicklung von Betrugsabwehr- und Präventionsmaßnahmen betraut.[337]

---

331 Vgl. Wörner 2004, Seite 15.
332 Vgl. Knoll 2011, Seite 295.
333 Hinzmann 1989, Seite 55.
334 Vgl. Wörner 2003, Seite 263.
335 Vgl. Günther 2003, Seite 18.
336 Vgl. Lücke 1996, Seite 803.
337 Vgl. Wörner 2004, Seite 18.

Unsicherheiten bezüglich der Verletzung des Datenschutzes beim Austausch personenbezogener Daten wurden in der erwähnten Studie aus dem Weg geräumt.[338] [339]

Erfolgreicher Einsatz: In der Kriminalstatistik 2010 stellen Versicherungsbetrüge mit 4.700 Fällen die kleinste Gruppe aller von der Staatsanwaltschaft verfolgten Betrugsdelikte dar. Hier besteht sicherlich noch Handlungsbedarf, denn wie bereits in Abbildung 5 verdeutlicht, klafft eine große Lücke zwischen den jährlich geschätzten und den polizeilich verfolgten Betrugsfällen. Nachteilig ist dabei nicht nur das verhaltene und verzögerte Anzeigeverhalten der VR zu bewerten, auch die personelle Überlastung der Justiz bremst die effiziente und erfolgreiche Zusammenarbeit.[340] „Wir stellen Verfahren ein, um nicht in Arbeit zu ersticken …", konstatierte Generalstaatsanwalt Neumann zutreffend die unbefriedigende Situation.[341]

5.9 HIS – ein unternehmensübergreifendes Aufklärungssystem

Diese vom GDV initiierte Datenbank existiert in ihrer Grundstruktur bereits seit 1993 und war bis dato auch unter dem Namen UNIWAGNIS oder Wagnisauskunft bekannt. Das neue s.g. Hinweis- und Informationssystem der deutschen Versicherungswirtschaft (HIS) wurde zum 1.4.2011 eingeführt, um alle VR bei der Aufdeckung manipulierter Schadenfälle zu unterstützen (gleichzeitig dient das System als Hilfsmittel zur Prüfung vorvertraglicher Antragsangaben). Es tritt damit an die Stelle der Uniwagnis-Datenbank, deren Betrieb in etwa zeitgleich eingestellt wurde, weil sie nicht alle datenschutzrechtlichen Anforderungen erfüllte. HIS wird von der informa Insurance Risk and Fraud Prevention GmbH betrieben.

Wie der Name schon vermuten lässt, speichert die Auskunftei bedeutsame gerechtfertigte Hinweise zu Personen (VN, Geschädigte, versicherte Personen, Zeugen, weitere Beteiligte) und Objekten (Fahrzeuge, Gebäude etc.), die dem Mitarbeiter zu einer genaueren Prüfung, keinesfalls zur Versagung der Leistung, veranlassen sollen.

Die Hinweise entstammen Meldungen von (Schaden-)Sachbearbeitern bzw. Betrugsexperten, die nach vordefinierten Meldekriterien zu erfolgen haben:

– atypische Schadenhäufigkeiten (je nach Sparte unterschiedliche Grenzwerte),
– besondere Schadenfolgen (z. B. Erstattung auf Gutachterbasis ohne Reparatur),

---

338 Vgl. Wörner 2003, Seite 263.
339 Vgl. Lenhard 1989, Seite 38–39.
340 Vgl. Görsdorf-Kegel 2012, Seite 74.
341 Vgl. Wörner 2006, Seite 253.

– erschwerte Risiken (z. B. risikoerhebliche Vorerkrankungen oder Berufe – nur Hinweis ohne Nennung des konkreten erschwerten Risikos),
– Auffälligkeiten im Schaden-/Leistungsfall.

Jedem Schadenfall wird über ein Scoring-Verfahren ein Punktwert zugeordnet, bei Überschreiten des Schwellenwertes von 60 Punkten ist die Eintragung in das HIS gerechtfertigt. Derzeit werden im HIS ca. 9 Millionen Datensätze gespeichert.[342][343]

Die komplette Datenhaltung, -verarbeitung und -speicherung erfolgt nach den Regelungen des Bundesdatenschutzgesetzes: VN werden über HIS bei Vertragsschluss aufgeklärt, Betroffene erhalten auf Antrag oder bei aktueller Datenspeicherung eine entsprechende schriftliche Information.

Die Daten können im Einzelfall bei Vorliegen eines berechtigten Interesses unter den jeweiligen Voraussetzungen des Bundesdatenschutzgesetzes im zulässigen Umfang von den VR-Mitarbeitern abgerufen werden. Dabei wird sichergestellt, dass dem jeweiligen Sachbearbeiter nur die Daten übermittelt werden, die er auch benötigt, Antrags- und Leistungsbereich werden strikt voneinander getrennt. Außerdem werden sämtliche Anfragen protokolliert und es wird stichprobenartig überprüft, ob die Anfragen zu Recht erfolgten.[344] Daneben verhindert auch die strikte Spartentrennung,[345] die im System implementiert wurde, die unerwünschte Gesamtbewertung des Kunden.

Die Daten werden für längstens vier Jahre gespeichert, die Frist beginnt mit Ablauf des Jahres der Speicherung. Eine Fristverlängerung ist bei einem erneuten Eintrag zur Person möglich, um umfassende Hinweise über Wiederholungstäter sammeln zu können. Allerdings wurde die Höchstspeicherdauer auf zehn Jahre begrenzt.[346][347]

---

342 Vgl. Knoll 2011, Seite 298–300.
343 Vgl. GDV (Hrsg.) 2011,www.gdv.de/.../Infoblatt_zum_HIS_2011.pdf.
344 Vgl. o. V. 2011, Seite 1–3, www.gdv.de/.../PM_2011_HIS_Innenministerium_Baden-Wuerttemberg.pdf.
345 Unter Spartentrennung versteht man in diesem Zusammenhang, dass die im HIS gespeicherten Informationen getrennt nach den unterschiedlichen Sparten der Lebens-, Kranken-, Rechtschutz- oder Sachversicherung erfasst werden und keine Informationen zu Sachverhalten der jeweils anderen Sparte ausgegeben werden. (vgl. Wagner, wirtschaftslexikon.gabler.de/ Definition/spartentrennung.html.)
346 Vgl. Knoll 2011, Seite 300.
347 Vgl. GDV (Hrsg.) 2011,www.gdv.de/.../Infoblatt_zum_HIS_2011.pdf.

5.10 Kooperation in unternehmensübergreifenden Institutionen

Unternehmensübergreifende Kooperation kann ebenfalls einen wichtigen Beitrag in Sachen Betrugsbekämpfung leisten. Es werden nun eine Auswahl der vorhandenen unternehmensübergreifenden Institutionen sowie ihre Aufgaben vorgestellt. Dabei wird kein Anspruch auf Vollständigkeit erhoben.

- Die Abteilung „Kriminalitätsbekämpfung und Geldwäsche" ist seit Oktober 2001 beim GDV installiert. Sie arbeitet an unternehmensübergreifenden Problemstellungen wie der Prävention durch Öffentlichkeitsarbeit und übernimmt die Kontaktpflege zu staatlichen und nichtstaatlichen Institutionen.
- Informationsprogramme für die Polizei/Kriminalpolizei sollen die Zusammenarbeit zwischen VR und Polizei erleichtern, indem die Besonderheiten der versicherungstechnischen Schadensachbearbeitung an den Landeskriminalschulen den Polizei- und Kriminalbeamten aufgezeigt werden. Zielgruppen sind vorwiegend die Fachbereiche Einbruch/Diebstahl und Brand.
- Brancheninterne spartenspezifische Arbeitskreise sollen eine unternehmensübergreifende Kommunikation und Kooperation sichern. Zusätzlich werden Gastteilnehmer aus den Bereichen der Strafverfolgungsbehörden zum Informationsaustausch hinzugezogen. Derzeit existieren neun Arbeitskreise im Bereich der Sachversicherungen, an denen 68 VR beteiligt sind. Ziel ist der zügige Informationsaustausch über aktuelles Betrugsgebaren bzw. das Erkennen angepasster Betrugsmuster.[348]

5.11 Fazit zum erfolgreichen Einsatz der Abwehrmethoden

Trotz aller Bemühungen zur Bekämpfung des Versicherungsbetrugs – die Zahlen sprechen eine andere Sprache. Die nach wie vor enorm hohen Betrugsquoten verdeutlichen, dass die Anstrengungen deutscher VR zur Bekämpfung des Versicherungsbetrugs nicht konsequent genug umgesetzt werden. Aus Angst vor Reputationsverlusten scheuen sie sich nach wie vor, eine konsequente Anti-Betrugs-Strategie zu verfolgen. Dabei ist es nicht nur ihr gutes Recht, sondern auch ihre Pflicht, die Versichertengemeinschaft vor steigenden Prämien aufgrund von Fehlverhalten Einzelner zu schützen und so langfristig sogar ihre Wettbewerbssituation zu stärken.[349]

Die Schadenbearbeiter müssen dabei auf einem schmalen Grat wandern: Kundenbindungs- und Imageüberlegungen müssen in Form einer kundenorien-

---
348 Vgl. Wörner 2003, Seite 263–264.
349 Vgl. Knoll 2011, Seite 316–317.

tierten, schnellen und sachlich korrekten Schadenregulierung einfließen. Dabei sollen aber gleichzeitig ungerechtfertigte Ansprüche aufgedeckt und abgewehrt werden. Dass diese Ziele nicht selten kollidieren, ist leicht vorstellbar.[350]

Nach wie vor gelingt es Versicherungsbetrügern, ihre unwahren Schadenmeldungen ungeahndet zu platzieren und die Versicherungsleistung zu erbeuten. Es ist daher für die VR ratsam, weiterhin am Ball zu bleiben und aktiv gegen Versicherungsbetrug anzukämpfen. Ein erfolgreicher Vorreiter hat es gezeigt: So konnte ein deutscher VR in 2008 in der Kraftfahrzeug-, Hausrat- und Haftpflichtversicherung 18 Millionen Euro durch systematische Betrugsverfolgung einsparen. Die Erfolgsquote, mit der Betrügereien als solche entlarvt und verfolgt werden, wird dabei auf ca. 60–70 % geschätzt.[351] (Anmerkung: Eine Vergleichsbasis sowie eine Datenbasis bezüglich der dafür notwendigen Aufwendungen existiert jedoch nicht.)

In Abbildung 11, am Schluss des Kapitels, kann der mögliche Ablauf der betrugsaufdeckungseffizienten Schadenbearbeitung nochmals nachvollzogen werden: Ausgehend von dem Eingang einer Schadenanzeige wird die Schilderung mithilfe von Checklisten, internen Quellen und Betrugserkennungssystemen auf Unstimmigkeiten überprüft. Verdachtsfälle werden darüber hinaus durch HIS abgeklärt. Sollte sich der Verdacht nach Prüfung durch den Sachbearbeiter entkräften, erfolgt eine zeitnahe und reibungslose Regulierung des Schadens. Andernfalls wird der Fall an einen Betrugsexperten weitergeleitet, der die notwendigen Schritte zur Erhärtung oder Entkräftung des Verdachts einleitet. Hierfür stehen ihm diverse Möglichkeiten zur Verfügung: Er kann u. a. externe Gutachter oder Sachverständige beauftragen, Anfragen bei den Strafverfolgungsbehörden stellen oder Zeugen befragen. Darüber hinaus führt er bestenfalls in dieser Zeit die feinfühlige Kommunikation mit dem Betroffenen, um der besonders sensiblen Situation einer möglicherweise ungerechtfertigten Verdächtigung entgegenzuwirken. Kann der Betrugsexperte den Verdacht des Versicherungsbetrugs erhärten, wird er in jedem Fall die Leistung versagen und ggf. bereits gezahlte Leistungen zurückfordern. Je nach Beweislage wird er den Vertrag kündigen, Anzeige erstatten und einen Eintrag ins HIS vornehmen.[352]

---

350 Vgl. Wörner 2006, Seite 253.
351 Vgl. Herden 2009, Seite 64.
352 Vgl. Ausführungen unter 5.1 bis 5.10.

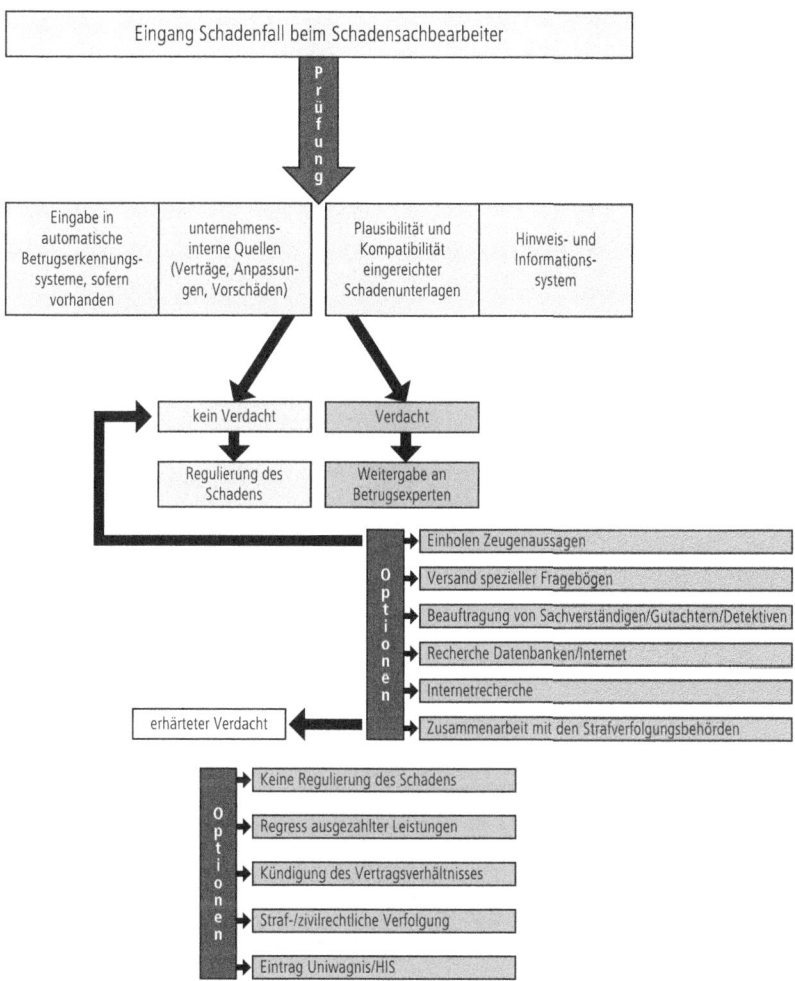

Abbildung 11: Möglicher Prozess der Schadenbearbeitung inkl. Betrugsaufklärung[353]

---

353 Eigene Abbildung mit Teilen aus Knoll 2011, Seite 278 und Ausführungen Kapitel 5.1–5.10.

6 Präventive Maßnahmen zur Abschreckung und Eindämmung von Versicherungsbetrug (in der PHV) in Deutschland

Frei nach dem Motto „Gelegenheit macht Diebe" bezwecken präventive Maßnahmen zur Abwehr von Versicherungsbetrug in erster Linie

- die Ursachen von Versicherungsbetrug zu analysieren und diese zu beheben,
- Anreize zum Versicherungsbetrug in der Vertragsgestaltung zu vermeiden,
- aktiv dem Entschluss von potenziellen Versicherungsbetrügern zu vertragswidrigem, kriminellem Verhalten entgegenzuwirken und
- Versicherungsbetrug zu verhindern oder deren Erfolg zu erschweren.[354][355]

Hierfür stehen dem VU eine Reihe von Möglichkeiten zur Verfügung, die in den folgenden Kapiteln vorgestellt werden. Die Prävention von Versicherungsbetrug ist auch der Abwehr von Versicherungsbetrug vorzuziehen, da sie nicht nur die Schadenaufwendungen für Betrugsfälle senkt, sondern gleichzeitig auch zu niedrigeren internen Schaden-bzw. Betrugsbearbeitungskosten führt.[356][357]

---

354 Vgl. Knoll 2011, Seite 283.
355 Vgl. Münchener Rückversicherungs-Gesellschaft (Hrsg.) 1987, Seite 14.
356 Vgl. Knoll 2011, Seite 285.
357 Vgl. Lücke 1996, Seite 785.

6.1 Konsequente Sanktionierung kriminellen Verhaltens – Strafanzeige als Abschreckungswirkung

Medienwirksame Strafverfolgungen von Versicherungsbetrugsfällen dienen vor allem dem Zweck der Abschreckung. Einerseits soll damit der betroffene Täter von einer erneuten Tat abgehalten werden und zu einem zukünftig rechtskonformen Verhalten angehalten werden (Spezialprävention), andererseits wird auch das Vertrauen der Allgemeinheit in die Rechtsordnung gestärkt und auch diese durch die Androhung einer Strafe von der Begehung eines Versicherungsbetrugs abgehalten (Generalprävention).[358]

Erfolgreicher Einsatz: Nach wie vor ist bei den VR zu beobachten, dass sie nicht konsequent genug gegen Versicherungsbetrüger vorgehen. So wurden im Jahr 2004 lediglich 8.000 Anzeigen bei der Staatsanwaltschaft registriert, die Zahl der Delikte belief sich jedoch nach Schätzungen auf ca. 1 Millionen. Demnach liegt das strafrechtliche Risiko, dem der potenzielle Versicherungsbetrüger ausgesetzt ist, bei weniger als 1 %.[359] In 2009 wurden dann bei gleichhoch geschätzter Deliktzahl nur noch knapp 4.500 Betrugsfälle polizeilich aufgenommen, das Anzeigeverhalten ist also bereits auf niedrigem Niveau nochmals geschrumpft und damit rückläufig (siehe Ausführungen unter Abschnitt 3.2.1).

Viele VR sehen auch in nachgewiesenen Betrugsfällen von einer weiteren straf- oder zivilrechtlichen Verfolgung ab, da der erwartete Nutzen aus Sicht des VR nicht den notwendigen Aufwand rechtfertigt:[360] Der Nachweis des Versicherungsbetrugs ist durch den VR als Vollbeweis zu erbringen, d. h., er muss beweisen, dass der vom VN geltend gemachte Versicherungsfall überhaupt nicht oder in anderer Art und Weise oder in anderer Höhe eingetreten ist.[361] Der VR muss bereits vor Prozessbeginn die wesentliche Aufklärungsarbeit geleistet haben. Dies verursacht nicht nur Kosten, auch der Zeitaufwand für die Beweisführung darf nicht unterschätzt werden.[362] Dem steht jedoch im für den VR günstigsten Fall des überführten Versicherungsbetrugs im Strafprozess kein geldwerter Vorteil gegenüber, mit dem die Kosten ausgeglichen werden könnten. Lediglich die Abschreckungswirkung kann eine (nicht messbare) Präventionswirkung entfalten.[363] Aber auch zivilrechtliche Schadenersatzforderungen werden von VR nur selten verfolgt, da diese Prozesse mit sehr hohen Beweisanforderungen und erheblichen Kosten verbunden sind. Zusätzlich befürchten die VR auch daraus

---
358 Vgl. Knoll 2011, Seite 175–176.
359 Vgl. Nell 2004, Seite 8.
360 Vgl. Knoll 2011, Seite 175–176.
361 Vgl. Knoll 2011, Seite 100.
362 Vgl. Lücke 1996, Seite 785.
363 Vgl. Nell 2004, Seite 8.

resultierende Imageschäden, falls ein Prozess verloren wird, und sind deshalb geneigt, die Fälle „unter die Bank zu kehren".[364]

VR reagieren deshalb oftmals lediglich mit der bloßen Ablehnung des Schadens in Verbindung mit einer Vertragskündigung als Sanktion gegen Versicherungsbetrug. Dieses Vorgehen verfehlt seine abschreckende Wirkung. Potenzielle Versicherungsbetrüger könnte man aufgrund der milden Sanktionen sogar noch motivieren.[365] Ungeachtet dessen „macht sich der Versicherer zum Komplizen des Betrügers und vermehrt damit zwangsläufig die Anzahl der Betrugsfälle von morgen".[366] Diese Taktik des Duldens bzw. der milden Sanktionierung bildet einen Nährboden, auf dem sich Versicherungsbetrug schier ungehindert ausdehnen kann.[367]

6.2 Öffentlichkeitsarbeit, faire Vertragsgestaltung und Informationspolitik

VR setzen auf eine klare, verständliche Ansprache sowie auf kundenfreundliche Bedingungen, um der Bevölkerung die immaterielle Leistung Versicherung näherzubringen und über den Deckungsumfang und seine (transparenten) Ausschlussklauseln aufzuklären. Hierzu gehören neben präzisen und verständlich formulierten Antragsfragebögen auch maßvolle Werbeversprechen, die keine falschen Erwartungen im Kunden wecken oder gar Betrugsfälle provozieren. Auch die Preis-Leistungs-Politik wird nachvollziehbar gestaltet und in Verbindung mit einer konsequenten, fortlaufenden Risikobewertung und Kundenbetreuung der Versichertengemeinschaft das Solidaritätsprinzip bei Preis und Leistung klar vor Augen geführt. Die Umsetzung lässt sich am erfolgreichsten mit gut ausgebildeten Versicherungsvermittlern gestalten.[368]

Die Bekanntmachung von Schadenereignissen großen Ausmaßes im Privatbereich kann das Bewusstsein der Bevölkerung dafür schärfen, wofür die eingezahlten Prämien verwendet werden.[369] „Auf diese Weise wäre es möglich, dem Kunden das gute Gefühl zu geben, daß mit seinen Beiträgen anderen Kunden (und im Bedarfsfall einem selbst) geholfen wird und deshalb die Versicherungsprämien nicht umsonst bezahlt werden, auch wenn man selber (noch) keinen Schaden hat."[370]

---

364 Vgl. Schiller 2004, Seite 847.
365 Vgl. Knoll 2011, Seite 284.
366 Gas 1989, Seite 7.
367 Vgl. Gas 1989, Seite 7.
368 Vgl. Wörner 2003, Seite 253–254.
369 Vgl. Gas 1989, Seite 8–9.
370 Fetchenhauer 1998, Seite 371.

All diese Maßnahmen sollen neben der Informationsvermittlung vor allem dazu führen, das Unrechtsbewusstsein der VN zu schärfen, denn einer repräsentativen Umfrage zufolge kann bei einem Drittel der Befragten ein mangelndes Unrechtsbewusstsein hinsichtlich des Begehens eines Versicherungsbetrugs angenommen werden.[371] Eine zielgerichtete Öffentlichkeitsarbeit einzelner VU bzw. ihrer Verbände soll der Allgemeinheit nicht nur das Produkt Versicherung näher bringen auch „das Ausmaß sowie die Sozialschädlichkeit von Versicherungsbetrug"[372] soll der Gesellschaft vor Augen geführt werden.[373] Hierfür ist es erforderlich, die Verurteilung des Versicherungsbetrugs als „Kavaliersdelikt" zu korrigieren, in dem der breiten Masse der tatsächlich Geschädigte, nämlich die Gemeinschaft der Versicherten und damit jeder einzelne VN, aufgezeigt wird.

So setzt die Ausstrahlung der Fernsehreihe „Die Versicherungsdetektive – Der Wahrheit auf der Spur" bei RTL vor allem darauf, die Öffentlichkeit dafür zu sensibilisieren, dass Versicherungsbetrug eine Straftat darstellt, aber auch, dass VR keine „Toleranzgrenze" haben, auch kleine und mittlere Schäden sehr genau unter die Lupe nehmen und geschilderte Schadenverläufe sehr gut nachvollziehbar und widerlegbar sind. Die Reihe dient damit vornehmlich der Abschreckung und Aufklärung.[374]

Öffentliche Statements der Pressesprecher einzelner VU oder Kampagnen des GDV sollen Signale im Kampf gegen Versicherungsbetrug setzen und dem gesellschaftlichen Meinungsbild „Versicherungsbetrug als Kavaliersdelikt bzw. Volkssport" entgegenwirken. So ließ Jörg Knospe, damaliger Sprecher des GDV, bereits im Dezember 1993 im Saarländischen Rundfunk verlauten, dass VR zukünftig strengere Kontrollen auch bei kleineren Schadensummen ansetzen werden.[375] Auch Berichte, die in vielen regionalen Zeitschriften veröffentlicht werden, sollen vor Betrügereien v. a. im Kleinschadensegment warnen und Versicherungsbetrug verhindern. Dabei soll eine konsequente Berichterstattung in den Medien über die Schaffung und Durchsetzung von strafrechtlichen Normen mit entsprechenden Beispielen präventiv potenzielle Betrüger abschrecken. Bei all diesen Maßnahmen ist zu beobachten, dass die Angabe konkreter Folgen des Versicherungsbetrugs für die Versicherten, wie beispielsweise die Verteuerung des Versicherungsschutzes um XXX %, eher die beabsichtigte Wirkung erzielt als unkonkrete Androhungen.[376]

---

371 Vgl. John 2011, Seite 3.
372 Knoll 2011, Seite 287.
373 Vgl. Knoll 2011, Seite 287.
374 Eigene Einschätzung aus Gedächtnisprotokoll aus Ausstrahlungen „Die Versicherungs-Detektive – Der Wahrheit auf der Spur".
375 Vgl. o. V., Sie lügen, daß sich die Balken biegen 1993.
376 Vgl. Knoll 2011, Seite 288.

Außerdem müssen Vorurteile, wie der „Reichtum der Versicherer", ausgeräumt werden. Der Bevölkerung muss der Nutzen einer angemessenen Eigenkapitalausstattung des VR für ihre eigene finanzielle Risikoabsicherung, für die Stabilität der Wirtschaft und für eine korrekte und zeitnahe Schadenbearbeitung vor Augen geführt werden.[377]

All diese Anstrengungen setzen auf das Vertrauen in den VN, sein Wertegefüge zu überdenken und seine moralische Verurteilung gegenüber Versicherungsbetrug zu schärfen. Dies kann nicht „über Nacht" geschehen, sondern ist eine langfristig anzulegende Initiative.[378]

Erfolgreicher Einsatz: Der Erfolg präventiver Maßnahmen ist überragend und kann in zahlreichen Studien nachgewiesen werden, jedoch in der Umsetzung haben deutsche VR noch erheblichen Nachholbedarf. Die bisherigen Werbebotschaften und Produktgestaltungen der VR, die vielmehr die individuelle Kundenbetreuung und den umfassenden Schutz gegen „Alles und Jedes" in den Fokus rücken, wecken natürlich Erwartungshaltungen von redlichen VN, die im Schadenfall enttäuscht werden können und deshalb möglicherweise Rachegefühle wecken. Hier sollte vermehrt an das Bewusstsein über die Existenz einer Solidaritätsgemeinschaft als an die „Rund-Um-Vorsorge" durch den VR appelliert werden.[379] Einige Geschäftsgebaren, wie das ausufernde Ausweiten des Versicherungsschutzes auf unüberprüfbare Schadenereignisse, sollten deshalb zukünftig gebremst werden, denn sie können Versicherungsbetrug provozieren und als Mitverantwortung der Branche für Versicherungsbetrug interpretiert werden.[380]

VR müssen konsequent und langfristig angelegte Initiativen ergreifen, um das gesellschaftlich harmlose Urteil zum Versicherungsbetrug zu kippen.[381] Hier besteht dringender Handlungsbedarf: Nach den Ergebnissen der Befragung der GfK Finanzmarktforschung gaben über 70 % aller Befragten an, dass sie Versicherungsbetrug unterlassen würden, wenn der VR konsequent Anzeige erstatten, den Versicherungsvertrag kündigen oder die Bearbeitungskosten von ihnen zurückfordern würde. Diese Sanktionen sind der breiten Öffentlichkeit augenscheinlich nicht geläufig.[382] Daneben versteht ein Drittel der Versicherten ihre Versicherung nicht als eine Solidargemeinschaft, ist entsprechend im Irrglauben, mit Versicherungsbetrug den VR und nicht die Versichertengemeinschaft zu schädigen. Dies verdeutlicht, dass das Potenzial der VR hier bei Weitem nicht ausgeschöpft ist.[383]

---

377 Vgl. Gas 1989, Seite 8–9.
378 Vgl. Gas 1989, Seite 8–9.
379 Vgl. Schweizer-Rückversicherungs-Gesellschaft 1993, Seite 26–27.
380 Vgl. Gas 1989, Seite 7.
381 Vgl. John 2011, Seite 3.
382 Vgl. John 2011, Seite 12.
383 Vgl. Görsdorf-Kegel 2012, Seite 74.

6.3 Konsequente Risikoprüfung bei Antragstellung

Auch ein sorgfältiges Antragsmanagement kann ähnliche Wirkung wie die eben beschriebene Öffentlichkeitsarbeit entfalten. Ziel sollte eben nicht eine stückzahlgetriebene Antragsannahme sein, sondern die Sicherstellung des individuellen Äquivalenzprinzips und die Vermeidung von Vertragsabschlüssen mit „betrugsauffälligen" Personen. Hierfür sollte eine sorgfältige Risikoprüfung bereits im Anfangsstadium einer Geschäftsbeziehung stattfinden. Dafür müssen entsprechende (v. a. personelle) Ressourcen zur Verfügung gestellt werden. Neben einem ausführlichen und vollständig ausgefüllten Fragebogen ist auch sicherzustellen, dass den Mitarbeitern in der Antragsbearbeitung ausreichend Zeit zur Verfügung gestellt wird, um Anträge mit Betrugsindikatoren weiter zu „durchleuchten". Im Bereich der PHV sollten die Antragsbearbeiter hier vor allem auf vorhandene Vorschäden, Kündigungen durch Vor-VR oder weitere gleichartige Versicherungen ein besonderes Augenmerk legen. Aber auch auf Eintragungen in Datenbanken (beispielsweise HIS) ist zu achten. Doch mit der Prüfung ist es nicht getan, auf verdächtige Anträge muss entsprechend reagiert werden, entweder in Form von Ablehnungen des kompletten Vertrags bzw. einzelner Inhalte oder auch mit Vereinbarungen von Selbstbeteiligungen.[384]

6.4 Alternative Schadenregulierungsformen

Wie im Kapitel drei beschrieben, sind Habgier und die Erlangung finanzieller Vorteile die wichtigsten Motive von Versicherungsbetrügern. Dem kann man begegnen, indem man statt des monetären Ersatzes auf die s. g. Naturalrestitution setzt: Die VR erbringen ihre Versicherungsleistungen also dergestalt, dass sie den tatsächlichen Zustand vor dem Schadenereignis wieder herstellen. Dies kann in Form von Reparaturen oder aber durch Ersatz des beschädigten Gegenstands erfolgen. Diese Form der Entschädigung soll Versicherungsbetrug bereits im Vorfeld abwehren, da Betrüger keine monetären Vorteile erwarten können. Gleichzeitig lassen sich auch die Schadenaufwendungen beispielsweise durch Rahmenverträge mit Reparaturwerkstätten erheblich reduzieren.[385]

Erfolgreicher Einsatz: Der Ansatz der Naturalrestitution hat sich in Deutschland in der PHV bisher nicht durchgesetzt. Dies kann an den für diese Regulierungsmethode geknüpften Voraussetzungen liegen. Entweder akzeptieren VN bzw. Geschädigte diese Art des Schadenersatzes nicht oder das Angebot des VU ist zu spät, der Schaden wurde bereits behoben. Hier besteht in jedem Fall noch erhebliches Einspar- und Bekämpfungspotenzial für die

---
384 Vgl. Münchener Rückversicherungs-Gesellschaft (Hrsg.) 1987, Seite 14.
385 Vgl. Knoll 2011, Seite 273–274.

Branche.[386] (Anmerkung: Ob man Gelegenheitsdelikte damit verhindern kann, bleibt jedoch offen. Gerade bei Gefälligkeitsbetrügereien, die beispielsweise Eigenschäden in Haftpflichtschäden „umdeklarieren", bleibt der Nutzen unter Umständen auch durch eine Reparatur erhalten.)

6.5 Betrugsfeindliche Vertragsgestaltungen

Tarife mit Selbstbeteiligung/Selbstbehalt

Unter einem Selbstbehalt versteht man einen vertraglich vereinbarten Betrag oder Anteil, mit dem der VN zur Begleichung des Schadens selbst aufkommen muss. Es gibt zum einen die s. g. Integralfranchise, hier wird bis zur vereinbarten Höhe überhaupt kein Ersatz gezahlt. Schäden über diese Höhe werden jedoch vollständig (also ohne eine Selbstbeteiligung) ersetzt. Bei Abzugsfranchisen trägt der VN immer einen Teil seines Schadens selbst, unabhängig von der Schadenhöhe. In der PHV ist letztere Abzugsfranchise anzutreffen, diese kann entweder pro Versicherungsfall oder pro Versicherungsjahr festgelegt werden. Der Selbstbehalt kann sich entweder prozentual am Schaden bemessen oder es wird ein Festbetrag vereinbart.

Ziel dieser Vertragsgestaltung ist, die erwartete Versicherungsleistung und damit eine Determinante im Nutzenkalkül des Versicherungsbetrügers zu schmälern. Außerdem kann man damit Betrügereien im Kleinschadensegment und die daraus entstehenden Kontrollkosten reduzieren.[387] [388]

Exkurs: Bietet der VR Tarife mit und ohne Selbstbehalt an, tritt das Phänomen der Selbstselektion auf: Der VN kann bei einem fakultativen Angebot zwischen einer eigenen teilweisen Risikotragung oder einer kompletten Risikoweitergabe entscheiden. Mit der Wahl für oder gegen einen Selbstbehalt ist der VR in der Lage, die Risikoeinschätzung des VN zu beobachten und kann daraus Rückschlüsse auf die Schadenwahrscheinlichkeit ziehen. Ein VN, der sein Schadenrisiko gering einschätzt, wählt die günstigere Prämie mit entsprechendem Selbstbehalt. VN, die Schäden eher erwarten, sind bereit, eine höhere Prämie gegen den Verzicht auf eine eigene Risikoverantwortung in Kauf zu nehmen.[389]

Erfolg: Tarife mit Selbstbehalten werden in der PHV neuerdings fakultativ angeboten. Die Beitragsunterschiede für Tarife mit und ohne Selbstbehalt sind aufgrund des ohnehin niedrigen Beitragsniveaus (siehe 2.2.3) jedoch oft nicht

---

386 Vgl. Knoll 2011, Seite 273–274.
387 Vgl. o. V., Franchise, www.wirtschaftslexikon.gabler.de/Definition/franchise.html#head1.
388 Vgl. o. V., Selbstbeteiligung, www.finanzvergleich.de/.../selbstbeteiligung.html.
389 Vgl. Bach 1999, Seite 3.

bedeutend und daher ist ein Abschluss mit Selbstbeteiligung kaum lohnenswert. Außerdem warnen bereits Internetseiten vor dem Abschluss solcher Tarife und die Nachfrage ist entsprechend gering.[390][391] Diese Maßnahme kann daher unter jetzigen Voraussetzungen als erfolglos beurteilt werden. Erfolgversprechend wäre diese Maßnahme nur, wenn eine Selbstbeteiligung verpflichtend eingeführt werden würde. Aber auch dann kann es passieren, dass Schadenhöhen nach oben korrigiert werden, um dem Selbstbehalt zu entgehen und den Schaden vollständig ersetzt zu bekommen. Dieses Phänomen der „Übertreibung der Schadenhöhe zur Kompensation von Selbstbehalten" wurde bereits in empirischen Studien belegt.[392][393]

Weitere Möglichkeiten

Die Vereinbarung verständlicher Ausschlussklauseln, die geeignet sind, betrugsgefährdete Vertragsabschlüsse zu verhindern, können ebenso präventiv wirken wie die Auferlegung von Obliegenheiten, dessen Verletzungen ohne aufwendige Beweisführungen seitens des VR zur Leistungsfreiheit führen. Auf eine weitere Vertiefung wird an dieser Stelle jedoch verzichtet.

Auch s. g. Bonus-Malus-Systeme (beispielsweise die Schadenfreiheitsklassen in der Kraftfahrzeugversicherung) können betrügerisches Verhalten eindämmen. Kapitel sieben widmet sich ausführlich dieser Vertragsgestaltung.[394]

Abbildung 12 zeigt nochmals zusammenfassend, wo VR ansetzen können, um Versicherungsbetrug bereits im Vorfeld wirksam einzudämmen.

---

390 Vgl. o. V., Privathaftpflicht Beratungs Checkliste, www.versicherungsvergleich-info.net/.../privathaftpflicht-beratungs-checkliste.html.
391 Vgl. o. V., Selbstbeteiligung, www.finanzvergleich.de/.../selbst-beteiligung.html.
392 Vgl. Knoll 2011, Seite 197.
393 Vgl. Lenhard 1989, Seite 35.
394 Vgl. Knoll/Lucas/Waschbusch 2010, Seite 810.

Präventive Maßnahmen zur Abschreckung/Eindämmung von Versicherungsbetrug 85

In der Prävention sind alle Bereiche gefordert

	Tarifierung/ Annahme-politik	Produkt-politik	Schaden-regulierung	PR/Werbung Informations-politik
Reduzierung von Tatgelegenheiten	+	+	+	
Aufklärung über das Produkt				++
Aufklärung über Zahlungsumfang				++
Gestaltung von Ausschlussklauseln		++		
Betreuung im Schadenfall			++	
Belohnung schadenarmer Kunden	++	+		
Das schlechte Gewissen aktivieren			++	+
Hinweisen auf intensive Betrugsabwehr			+	++

Die Tabelle ordnet die Präventionsmaßnahmen der Betrugsabwehr den Funktionsbereichen in Versicherungen nach ihrer Effizienz zu.

+ wirkungsvolle Prävention
++ sehr wirkungsvolle Prävention

Abbildung 12: Betrugspräventionsmethoden[395]

6.6 Fazit zum erfolgreichen Einsatz der Präventiv- und Abwehrmethoden

Sowohl in Kapitel fünf als auch in diesem Kapitel wurde gezeigt, dass VR noch eine Menge Potenzial haben, um wirksam gegen Versicherungsbetrug vorzugehen. Hier sind längst noch nicht alle Mittel erschöpft.

„Neben den rein ökonomischen Zielen müssen in einem Versicherungsunternehmen gesellschaftliche, soziale und ethische Ziele mehr Beachtung finden. Prävention und Abwehr von Versicherungsbetrug wird zu einer Frage der Glaubwürdigkeit der Assekuranz!"[396]

Das Zitat schildert treffend die vielmals vorgebrachten Gründe der VR für ihr verhaltenes Vorgehen gegen Versicherungsbetrug, welches noch zu oft unter dem Deckmantel wirtschaftlicher und wettbewerblicher Nutzenüberlegungen praktiziert wird, und fordert die VR gleichzeitig dazu auf, Versicherungsbetrug konsequent zu bekämpfen.

---

395 Abb. entnommen aus Wörner 2003, Seite 258.
396 Wörner 2006, Seite 253.

7 Neue Maßnahme zur Verhinderung des Versicherungsbetrugs – Einführung eines Bonus-Malus-Systems in der PHV

Dieses Kapitel widmet sich der Entwicklung eines Bonus-Malus-Systems als vertragsgestaltende Präventivmaßnahme im Kampf gegen Versicherungsbetrug. Wie in den vorangegangenen Kapiteln gezeigt wurde, haben die VR bisher noch nicht alle Mittel ausgeschöpft und es besteht noch erhebliches Potenzial, um Versicherungsbetrug einzudämmen. Diese Aufgabe soll das Bonus-Malus-System im Bereich der PHV meistern.

Zunächst werden die aus den obigen Kapiteln erörterten relevanten Annahmen zum Versicherungsbetrug zusammengefasst, um hieraus die Grundlagen und Ziele eines Bonus-Malus-Systems abzuleiten. Im nächsten Schritt wird ein Praxisbeispiel solcher Bonus-Malus-Systeme aus dem Bereich der Kraftfahrzeugversicherung beschrieben, um die Funktionsweise solcher Systeme vorzustellen. Aus diesen Vorarbeiten kann im nächsten Schritt das Bonus-Malus-System für die PHV entwickelt werden. Hier erfolgt neben der detaillierten Beschreibung dieses Systems eine Einführung der Anwendung anhand von Schadenbeispielen. Anschließend werden die Voraussetzungen erarbeitet, die für eine Einführung des Systems erforderlich sind. Die sich aus einer Einführung ergebenden möglichen Folgen für den VN und VR werden im Anschluss abgeleitet. Schließlich wird kurz zu den Grenzen und Hinderungsgründen des Modells Stellung genommen.

7.1 Grundlagen, Ziele und Motive für die Einführung

Das Konzept einer neuen vertragsgestaltenden Maßnahme in der PHV sollte folgende betrugsrelevanten Hintergründe bei seiner Gestaltung berücksichtigen:

– Der VN hat gegenüber dem VR einen Informationsvorsprung und kann so falsche Angaben über Schadenursache und -höhe machen.[397]
– Der potenzielle Versicherungsbetrüger trifft seine Entscheidung für oder gegen einen Versicherungsbetrug als Nutzenabwägung unter Berücksichtigung moralischer Bedenken.[398]
– Das Strafmaß für überführten Versicherungsbetrug wird vom Gesetzgeber vorgeschrieben (exogene Größe) und ist damit nicht vom VR beeinflussbar.[399]
– Die durchschnittliche Betrugssumme in der PHV beträgt 500 Euro (die durchschnittliche Schadenhöhe wird ebenso bei diesem Wert angenommen (siehe hier auch Ausführungen unter 2.2.3)).[400]
– Versicherungsbetrug in der PHV wird vorzugsweise von Gelegenheitstätern begangen, sie nutzen die günstige Gelegenheit und reichen vor allem frisierte Schadenmeldungen ein.[401]
– Versicherungsbetrug in der PHV spielt sich überwiegend als Gefälligkeitsbetrug im Bekannten-, Verwandten- und Freundeskreis des VN ab.[402]
– Die Prämie für die PHV ist gering, der Zugang zum Versicherungsschutz einfach und der Wechsel zwischen den Gesellschaften unkompliziert.[403]
– Die Prämien in der PHV könnten durch die Verhinderung von Versicherungsbetrug 30–40 % günstiger sein.[404]
– Die Überprüfungswahrscheinlichkeit von Schäden steigt aus Rentabilitätsgründen mit zunehmender Schadensumme, daneben existieren betragsunabhängige Stichprobenüberprüfungen.[405]
– In Abhängigkeit der Eigenbeteiligung sind VN/Geschädigte an der Minimierung der Schadenkosten interessiert, betrügerische Schadenliquidationen können jedoch eine vereinbarte Eigenbeteiligung kompensieren.[406]
– Die PHV erstattet auf Zeitwertbasis (siehe Abschnitt 2.2.1) – betrügerische Schadenliquidationen können auch diese Regelung kompensieren.[407]

---

397 Vgl. Knaus 2002, Seite 11.
398 Vgl. Nell 2004, Seite 6.
399 Vgl. Nell 2004, Seite 9.
400 Vgl. o. V., Serie Versicherungsbetrug – Teil 2: Versicherungsbetrug in den Sparten, www.versicherungsnetz.de/...Meldung=540.
401 Vgl. Nell/Schiller 2002, Seite 2.
402 Vgl. Reisinger 2004, Seite 43.
403 Vgl. Ausführungen unter 2.2.3.
404 Vgl. Nell 1998, Seite 13.
405 Vgl. Knaus 2002, Seite 33.
406 Vgl. Knaus 2002, Seite 34.
407 Vgl. Fetchenhauer 1998, Seite 188–189.

– Ziel der PHV ist der Schutz des VN vor finanziellen Nachteilen resultierend aus seiner Haftpflicht gegenüber Dritten; hier ist vor allem der Schutz vor großen bis existenzgefährdenden Schadensummen von Bedeutung.[408]

Das Ziel des zu entwickelnden Bonus-Malus-Systems kann ganz allgemein ausgedrückt wie folgt formuliert werden:

„Das Versicherungsverhältnis ist so zu gestalten, dass für den Versicherungsnehmer der Anreiz zu betrügerischen Manipulationen entfällt."[409]

Dieses Ziel soll mit der Grundidee der Erfahrungstarifierung, konkret eines s. g. Bonus-Malus-Systems erreicht werden, dessen Wirkungsweise darauf abzielt, „aus dem beobachteten Schadenbedarf eines Versicherten in der Vergangenheit, seinen zukünftigen Schadenbedarf besser prognostizieren zu können"[410], um folglich:

– das Risiko zumindest teilweise auf den VN zu überwälzen: Die Aufwendungen des VR aus dem Versicherungsfall werden durch die neu ermittelten zukünftigen Beiträge geglättet und so wird das versicherungstechnische Risiko teilweise an den VN übertragen.
– dem VN eine Art Selbstbeteiligung aufzubürden und das moralische Risiko zu senken: Aufgrund des höheren Beitrags muss der VN einen Teil seines Schadens quasi selber bezahlen – hierdurch wird das moralische Risiko in Verbindung mit der Risikoüberwälzung gesenkt.
– eine individuelle Prämie zu ermitteln: Bisher sind in der PHV Einheitsprämien vorherrschend. Bonus-Malus-Systeme können dazu beitragen, den einzelnen Risiken des bisherigen heterogenen Versicherungsbestands individuelle Schadenerwartungen zuzuordnen und eine entsprechende individuelle Prämie zu ermitteln.[411]

Beim Bonus-Malus-System handelt es sich um eine Vertragsgestaltung, welche im Sinne der Erfahrungstarifierung als sekundäre Prämiendifferenzierung zum Einsatz kommt und auf der Schadenerfahrung basiert. Erfahrungstarifierungen sind dann sinnvoll, wenn Schlüsse auf die Ausprägung der Risikomerkmale bzw. den individuellen Schadenerwartungswert erst nach Eintritt eines Schadens gezogen werden können. Wie im Kapitel 2.2.2 gezeigt wurde, gibt es nur wenige individuelle Risikomerkmale in der PHV und deshalb findet eine primäre Prämiendifferenzierung dort nur im sehr begrenzten Umfang statt. Eine Erfahrungstarifierung ist hier also durchaus sinnvoll. Bonus-Malus-Systeme bestrafen, wie der Name schon vermuten lässt, „schlechte" Risiken (VN mit Schä-

---
408 Vgl. Erdbrügger/Kuwert 1990, Seite 32.
409 Münchener Rückversicherungs-Gesellschaft (Hrsg.) 1987, Seite 20.
410 Riedel 2008, Seite 53.
411 Vgl. Riedel 2008, Seite 53–54.

den), und belohnen „gute" Risiken (schadenfreie VN).[412] Sie führen zur Äquivalenz der Leistungen des VR und des VN und damit zur Prämiengerechtigkeit,[413] „indem nachträglich der bereits verursachte Schaden zur Abschätzung des zukünftigen Schadens berücksichtigt wird".[414]

Folgende konkreten Herausforderungen soll das Bonus-Malus-System für die PHV meistern:
Die in Kapitel fünf und sechs aufgezeigten Methoden zur Vermeidung und Bekämpfung von Versicherungsbetrug erzielen bisher nicht die gewünschte Wirkung. So stagnieren die geschätzten Zahlen betrügerischer Auszahlungen in der PHV nach wie vor auf hohem Niveau, wobei der Großteil der Betrügereien von Gelegenheitstätern begangen wird. Wie gezeigt wurde, spielt sich die Masse der Gelegenheitsbetrügereien im Kleinschadensegment bis 500 Euro ab – eine aufwendige Prüfung dieser Schäden verursacht unangemessene Kosten und wird deshalb von VR oftmals aus Rentabilitätsgründen unterlassen. Hier muss der Hebel deshalb bereits vor Schadeneintritt bzw. vor dem Betrugsversuch angesetzt werden, um den Vertrag weniger betrugsanfällig zu gestalten. Das Bonus-Malus-Modell soll hier potenzielle Gelegenheitstäter vom Versicherungsbetrug abhalten, ohne gleichzeitig die Schadenbearbeitungskosten in die Höhe zu katapultieren.[415]

Wie anhand der Schadenquote im Kapitel zwei gezeigt wurde, stellen die Schadenaufwendungen in der PHV die mit Abstand größte Aufwandsposition dar. Die Senkung der Schadenaufwendungen und eine möglichst kosteneffiziente Gestaltung der Schadenbearbeitung sollte in der Zielstellung bei der Entwicklung eines neuen Konzepts zur Verhinderung von Versicherungsbetrug deshalb mit berücksichtigt werden, auch vor dem Hintergrund von Prämiensenkungspotenzialen zugunsten der Versichertengemeinschaft.[416]

Wie bereits erwähnt, wenden die (PHV-)VR bisher nur wenige Anstrengungen im Kampf gegen Versicherungsbetrug auf. Dies kann unter anderem mit konkurrierenden Zielvorstellungen erklärt werden: Eine konsequente Betrugsbekämpfung senkt die Schadenaufwendungen und erhöht damit den Gewinn, gleichzeitig leidet aber die Reputation des VR unter dieser vermeintlichen „Drückeberger"-Strategie, was die Abwanderung von VN mit sich bringen kann und Umsatzziele gefährdet. Das hier zu entwickelnde Bonus-Malus-System soll jedoch in der Lage sein, diesen Nachteil durch eine verständliche Abwicklung zu überwinden. VR können durch die für alle obligatorische Umsetzung Einsparpotenziale im Bereich der Schadenbearbeitungs- und Betrugs-

---
412 Vgl. Farny 2011, Seite 69–72.
413 Vgl. Höddinghaus 1979, Seite 217.
414 Richter 2010, Seite 214.
415 Vgl. Wörner 2004, Seite 12.
416 Vgl. Knoll 2011, Seite 272.

kosten realisieren. Je nach Gelingen können dem VR hieraus sogar Wettbewerbsvorteile durch sinkende Prämien erwachsen, ohne Reputationsverluste erleiden zu müssen.[417]

Die neue Vertragsgestaltung soll Abhilfe schaffen und darauf abzielen, Gelegenheitstätern wirksam zu begegnen. In dieser Gruppe ist Versicherungsbetrug in Form von Umfrisieren des Schadenfalls am häufigsten anzutreffen. Dazu zählen die Übertreibung der Schadenhöhe und die Abänderung von Schadenhergängen von unversicherten Sachverhalten in Versicherungsfälle.[418] [419] Dies lässt sich damit erklären, dass VN bei diesen Deliktsformen ein geringes Entdeckungsrisiko vermuten, geringe moralische Bedenken hegen und damit eher zum Betrug bereit sind.[420] [421] Außerdem sollen betrügerische Schadensummen möglicherweise die Zeitwertentschädigung oder einen vereinbarten Selbstbehalt kompensieren.[422] Das Ziel muss es daher sein, den erwarteten Gewinn und folglich die Tatgelegenheiten zu reduzieren, denn Versicherungsbetrug wird nur dann begangen, wenn der VN davon überzeugt ist, einen Gewinn aus dem Betrug gegenüber einem ehrlichen Verhalten zu erzielen.[423] Es geht also in erster Linie darum, der Vielzahl von betrügerischen Gelegenheitstaten den Garaus zu machen und gleichzeitig die Vielzahl von Kleinschäden bereits im Vorfeld abzuwehren, um den Verwaltungsaufwand und damit Personalkosten einzudämmen. Inwiefern sich der bandenmäßige Betrug mit diesem Konzept eindämmen lässt, soll an späterer Stelle überprüft werden.[424] [425]

Schließlich muss gewährleistet sein, dass die PHV vor den finanziellen Nachteilen aus Haftpflichtansprüchen schützt. Gleichzeitig jedoch sollte sie dem Versicherten eine gewisse finanziell tragbare Eigenverantwortung übertragen, um dem Aufkeimen des Moral Hazard vorzubeugen. Bei dem Bonus-Malus-System handelt es sich um eine prämienpolitische Maßnahme zur Abwehr von Versicherungsbetrug, die ähnliche Wirkungen wie Selbstbehalte entfaltet, jedoch ihre Nachteile überwindet: Die Einführung einer Selbstbeteiligung führt häufig zu einer Verhaltensänderung der VN. Sie werden in der Regel vorsichtiger agieren und weniger ungerechtfertigte Leistungen vom VR beanspruchen. Das moralische Risiko wird also eingedämmt.[426] Wie gezeigt wurde, werden jedoch betrügerische Schadensummen geltend gemacht (wenn sich doch mal ein Leistungsfall ereignet), um die Selbstbehalte zu kompensieren.[427] Diesen Nachteil sollte das

---
417 Vgl. Knoll 2011, Seite 280–290.
418 Vgl. Nell/Schiller 2002, Seite 2.
419 Vgl. Schüll 2011, Seite 70.
420 Vgl. Fetchenhauer 1998, Seite 304.
421 Vgl. Knoll 2011, Seite 197.
422 Vgl. Fetchenhauer 1998, Seite 317.
423 Vgl. Fetchenhauer 1998, Seite 369.
424 Vgl. Knaus 2002, Seite 34.
425 Vgl. Ausführungen Kapitel 2.2 und 5.
426 Vgl. Knoll 2011, Seite 249–251.
427 Vgl. Knaus 2002, Seite 34.

neue Modell überwinden, indem höhere Leistungen eine höhere Eigenbeteiligung nach sich ziehen.

Wie in Befragungen gezeigt werden konnte, erwartet etwa ein Viertel aller Versicherungskunden, dass bei Schadenregulierungen weitere Faktoren berücksichtigt werden, wie etwa die Anzahl schadenfreier Jahre und ihre individuelle finanzielle Situation.[428] Es soll versucht werden, wenn möglich, auch diese Anforderungen in das neue Konzept zu übernehmen.

Der Schadenersatz aus einem Versicherungsfall und damit auch Versicherungsbetrug lohnt für den VN nur dann, wenn die erwartete Versicherungsleistung höher ist als die mit dem Schadenfall verbundenen (neuen) finanziellen Belastungen. Dies lässt sich auch damit begründen, dass sich Versicherungsbetrug als nutzenmaximierendes Verhalten des VN darstellt. Die Entscheidung für den Versicherungsbetrug wird nur dann gefällt, wenn der individuell erwartete Nutzen positiv bewertet wird. Unabhängig von anderen Determinanten ist dies nur dann der Fall, wenn die erwartete Betrugssumme die daraus resultierenden Kosten übersteigt, der erwartete Gewinn also in jedem Fall positiv ist.[429] Wenn sich aber der erwartete Gewinn bereits tariflich über lange Frist durch eine höhere Prämienzahlung schmälert bzw. unter Umständen sogar in einen Verlust umkehrt, kann die Versicherungsbetrugsneigung bereits im Vorfeld eingedämmt und Versicherungsbetrug in Grenzen gehalten werden. Dies gilt erst recht vor dem Hintergrund, dass in der PHV die (Betrugs-) Leistung nicht (nur) dem VN, sondern in der Regel dem Geschädigten zugute kommt.[430]

Versicherungsfälle in der PHV spielen sich naturgemäß oft im Bekannten- oder Freundeskreis ab, auch viele Versicherungsbetrügereien siedeln sich hier entsprechend an. Eine neue Vertragsgestaltung kann hier möglicherweise helfen, die Mentalität des Gefälligkeitsbetrugs zu überwinden. Denn der VN ist sicherlich nicht bereit, langfristig finanzielle Nachteile aus steigenden Prämien als Gefälligkeit für einen Bekannten in Kauf zu nehmen, um dessen Nutzen zu maximieren.[431] [432] Darüber hinaus soll beim VN ein verstärktes Interesse an wahren Angaben und Schadenminderungsmaßnahmen geweckt werden.[433] Dies kann mit summenabhängigen Bestrafungen erreicht werden. Der VN kann damit sogar zum Verbündeten des VR werden, er kann ihn evtl. vor Falschangaben des Geschädigten warnen oder eigene Zweifel anmelden, die den VR zu genauerer Prüfung veranlassen und eine vorhandene Informationsasymmetrie überwinden können. Auch ein nicht monetär kompensierbarer Verlust beim VN (beispielsweise Wegfall schadenfreier Jahre) kann die Attraktivität

---

428 Vgl. Knoll 2011, Seite 386.
429 Vgl. Knoll 2011, Seite 185–187.
430 Vgl. Kapitel 2.2 und 4.
431 Vgl. Reisinger 2004, Seite 43.
432 Vgl. Ausführungen Kapitel 4.
433 Vgl. Knaus 2002, Seite 34.

eines Gefälligkeitsbetrugs zunichtemachen. Insgesamt soll bewirkt werden, dass die Bereitschaft des VN zum Gefälligkeitsbetrug minimiert wird bzw. im Falle eines Betrugs erschwerender Aufwand von VN und Geschädigten zu betreiben ist.

Auch redliche VN werden jedoch im Schadenfall durch ein Bonus-Malus-System bestraft. Eine Prämiensteigerung nach einem (größeren) Leistungsfall lässt sich redlichen Kunden aber besser vermitteln, da sie die erkaufte Leistung „Versicherung" erfahren haben und das immaterielle Gut sichtbar wurde.[434] Außerdem können aus dem Bonus-Malus-System erhebliche Prämiensenkungs- und Einsparpotenziale resultieren, die auch den redlichen VN zugute kommen.[435]

Im Folgenden soll nun versucht werden, diese Hintergründe bei der Entwicklung eines Bonus-Malus-Systems zu berücksichtigen. Doch zunächst wird zum besseren Verständnis ein bewährtes Bonus-Malus-System aus der Versicherungspraxis vorgestellt.

7.2 Das Prinzip des Bonus-Malus-Systems am Beispiel der Schadenfreiheitsklassen der Kraftfahrzeughaftpflichtversicherung

Bei Schadenfreiheitsklassen (im Folgenden mit SF-Klassen bezeichnet) handelt es sich um eine Tarifgestaltung nach dem Bonus-Malus-Prinzip, bei der VN für Schadenfreiheit belohnt werden und umgekehrt für die Inanspruchnahme von Versicherungsleistungen bestraft werden. Die Funktionsweise beruht auf Schadenfreiheitsrabatten. Der VN, der im laufenden Versicherungsjahr keinen Schaden verursacht, bekommt eine günstigere SF-Klasse zugewiesen, wohingegen eine oder mehrere in Anspruch genommene Versicherungsleistungen den VN in eine ungünstigere SF-Klasse katapultieren. Günstigere SF-Klassen bedeuten, dass ein höherer Schadenfreiheitsrabatt gewährt wird und deshalb die zu zahlende Versicherungsprämie sinkt, während ungünstigere Klassen höhere Prämien nach sich ziehen. Dieses Prinzip soll vor allem der Geltendmachung von Kleinstschäden und den damit verbundenen Bearbeitungskosten begegnen. Gleichzeitig wird durch die besondere Art der Eigenbeteiligung ein wirksamer Schutz vor dem moralischen Risiko und damit vor Versicherungsbetrug seitens der VN geboten, da Schäden sich bis zu einer gewissen Höhe für den VN nicht lohnen. Erst wenn die aus einem Schadenfall resultierenden höheren Prämien über die gesamte Laufzeit (diskontiert auf den Zeitpunkt der Schadenzahlung)

---
434 Vgl. Fetchenhauer 1998, Seite 371.
435 Vgl. Nell 1998, Seite 13.

geringer sind als die Auszahlung der Versicherungsleistung, ergibt sich für den VN ein Gewinn, der positiv in das Nutzenkalkül eines Versicherungsbetrügers einfließt und die Betrugsneigung erhöht.[436] [437]

Das Prinzip der SF-Klassen wird seit Langem bei der Kraftfahrzeughaftpflicht- und der Kraftfahrzeugvollversicherung (auch als Vollkasko bekannt) angewendet. Aber auch einzelne Anbieter der privaten Krankenzusatzversicherung und neuerdings auch Rechtsschutzversicherungen offerieren Verträge mit der Vereinbarung von SF-Klassen.[438] (Bei der Rechtsschutzversicherung erfolgen die Einstufungen in Freiheitsklassen, die entweder die Prämie oder den vereinbarten Selbstbehalt mindern, allerdings nicht nur nach Schadenfreiheit, sondern teilweise auch in Abhängigkeit des gewählten Anwaltes. Eine günstigere Einstufung bzw. keine Rückstufung erfolgt im letztgenannten Fall, wenn auf die freie Anwaltswahl verzichtet wird und im Versicherungsfall ein vom VR empfohlener Anwalt beauftragt wird.[439]) Auf eine nähere Vertiefung der einzelnen Regelungen wird zugunsten einer ausführlichen Erörterung der Bestimmungen bei der Kraftfahrzeughaftpflichtversicherung verzichtet.

Schadenfreiheitsklassen am Beispiel der Kraftfahrzeughaftpflichtversicherung

In der Kraftfahrzeughaftpflichtversicherung bilden SF-Klassen die „Grundlage der Prämiendifferenzierung (...) bei der die Anzahl der schadenfreien Jahre und damit die erworbene Fahrerfahrung als subjektives Gefahrenmerkmal berücksichtigt wird".[440]

Die SF-Klassen präsentieren die Anzahl der schadenfreien Jahre, sie sind vom gemeinsamen Verband der Versicherer vorgegeben, also bei allen VR identisch.[441] Die Schadenfreiheitsrabatt-Systeme der deutschen VR sind jedoch nicht einheitlich ausgestaltet, so können die Beitragssätze für die einzelnen SF-Klassen unterschiedlicher VR voneinander abweichen. In Abbildung 13 ist deshalb die Einteilung für Personenkraftwagen nach Verbandsempfehlungen abgebildet. Wie in der Abbildung ersichtlich ist, existieren neben den SF-Klassen (als SF bezeichnet) s. g. Schadenklassen (S und M) und die Einsteigerstufen (0 und SF ½), die aber ebenso prozentuale Beitragssätze widerspiegeln, nach denen sich die Versicherungsprämie berechnen lässt.[442] Eine nähere Vertiefung zu deren Besonderheiten ist nicht zweckdienlich.

---

436 Vgl. Wagner, wirtschaftslexikon.gabler.de/Definition/schadenfreiheitsklassen.html.
437 Vgl. Ausführungen 4.1.1.
438 Vgl. o. V., Schadenfreiheitsrabatt, wikipedia.org/wiki/Schadenfreiheitsrabatt.
439 Vgl. Lensing 2012, Seite 97.
440 Wagner, wirtschaftslexikon.gabler.de/Definition/schadenfreiheitsklassen.html.
441 Für 2012 hat der GDV eine Empfehlung für die Neuregelung der SF-Klassen herausgegeben, nach dieser gibt es jetzt statt 25 SF-Klassen und den vier Schadenklassen weitere zehn SF-Klassen, hier kann der Beitragssatz dann bis auf 20 % absinken. Die Empfehung wurde bislang nicht von allen VR umgesetzt. (vgl. o. V. 2012, www.autoversicherungen.info /schadenfreiheitsklassen/).
442 Vgl. o. V., Schadenfreiheitsklasse, www.autoversicherung-online.info/schadenfreiheitsklassen.htm.

Schadenfreiheits-klasse/ Schadenklasse	Beitragssätze in %	Schadenfreiheits-klasse/ Schadenklasse	Beitragssätze in %
SF 25	30	SF 10	45
SF 24	30	SF 9	45
SF 23	30	SF 8	50
SF 22	30	SF 7	50
SF 21	35	SF 6	55
SF 20	35	SF 5	55
SF 19	35	SF 4	60
SF 18	35	SF 3	70
SF 17	35	SF 2	85
SF 16	35	SF 1	100
SF 15	40	SF 1/2	140
SF 14	40	S	155
SF 13	40	SF 0	230
SF 12	40	M	245
SF 11	45		

Abbildung 13: Tabelle zur Einteilung nach SF-Klassen und Schadenklassen mit entsprechenden Beitragssätzen[443]

Beim erstmaligen Anmelden eines Kraftfahrzeugs auf den eigenen Namen erfolgt je nach Dauer des Führerscheinbesitzes eine Einstufung in die SF 0 (Führerscheinbesitz weniger als 3 Jahre) oder die SF ½ (Führerscheinbesitz über 3 Jahre).[444] Anschließend klettert man pro schadenfreiem Versicherungsjahr eine SF-Klasse hinauf. Aus den jährlich steigenden SF-Klassen ergeben sich jährlich sinkende Beitragssätze, die zu zahlende Versicherungsprämie sinkt also von schadenfreiem Jahr zu schadenfreiem Jahr. Insofern spiegelt sich hier der Bonus des Bonus-Malus-Systems wider.[445]

---

443 Eigene Abbildung entnommen aus o. V., Schadenfreiheitsklasse, www.autoversicherung-online.info/schadenfreiheitsklassen.htm.
444 Es existieren hier einige Sonderregelungen wie die Zweitwagenregelung (Der VN hat bereits ein Fahrzeug mit mindestens SF ½ beim gleichen VR versichert), die Ehegattenregelung (Der Ehegatte des VN hat bereits ein Fahrzeug mit mindestens SF ½ beim gleichen VR versichert und der VN besitzt mindestens ein Jahr lang den Führerschein) oder die „Elternregelung" (Die Eltern des VN haben eine Kfz-Versicherung beim gleichen VR mit mindestens SF ½ versichert), dann kann ebenfalls schon die Einstufung in SF ½ erfolgen (vgl. o. V., Schadenfreiheitsklasse, www.autoversicherung-online.info/schadenfreiheitsklassen.htm).
445 Vgl. o. V., Schadenfreiheitsklasse, www.autoversicherung-online.info/schadenfreiheitsklassen.htm.

Der Malus, also die Bestrafung des VN, findet nach einem regulierten Schadenfall statt – es erfolgt eine Rückstufung der SF-Klasse zu Beginn des nächsten Versicherungsjahres. Die Rückstufung erfolgt allerdings nicht automatisch um eine Stufe. Es existieren s. g. Rückstufungstabellen, die unter den VR bzw. teils sogar beim gleichen VR innerhalb seiner Tarifvarianten variieren. Aus diesen Tabellen kann entnommen werden, in welche neue SF-Klasse man zu Beginn des nächsten Versicherungsjahres in Abhängigkeit der bisherigen SF-Klasse und der Anzahl der diesjährigen Schäden fällt. In Abbildung 14 findet sich eine exemplarische Rückstufungstabelle.[446]

Wie daraus ersichtlich ist, reduzieren sich die gewährten Rabatte bereits bei einem Schaden teils gravierend. Hinzu kommt, dass sich die daraus resultierende höhere Prämie nun über die ganze weitere Laufzeit ansammelt, weil der VN nun wieder mühsam Jahr für Jahr eine SF-Klasse nach der anderen „erklimmen" muss. Es wird klar, dass sich nicht jede Regulierung für den VN lohnt. Hat beispielsweise der VN einen Unfall verursacht und dabei das Fahrzeug eines Dritten nur leicht beschädigt, kann es mitunter für den VN sinnvoller sein, dass er den Schaden aus eigener Tasche zahlt, als eine Abwicklung über den VR zu verlangen.[447] [448]

von Schadenfreiheitsklasse/ Schadenklasse	Rückstufung nach					
	1 Schaden	Änderung Beitragssatz	2 Schäden	Änderung Beitragssatz	3 und mehr Schäden	Änderung Beitragssatz
SF 25	SF 22	0	SF 4	–30	SF 1	–70
SF 24	SF 11	–15	SF 4	–30	SF 1	–70
SF 23	SF 10	–15	SF 4	–30	SF 1	–70
SF 22	SF 10	–15	SF 4	–30	SF 1	–70
SF 21	SF 10	–10	SF 4	–25	SF 1	–65
SF 20	SF 9	–10	SF 3	–35	SF 1	–65
SF 19	SF 9	–10	SF 3	–35	SF 1	–65
SF 18	SF 7	–15	SF 3	–35	SF 1	–65
SF 17	SF 7	–15	SF 2	–50	SF 1/2	–105
SF 16	SF 6	–20	SF 2	–50	SF 1/2	–105
SF 15	SF 6	–15	SF 2	–45	SF 1/2	–100

---

446 Vgl. o. V., Schadenfreiheitsklasse, www.autoversicherung-online.info/schadenfreiheitsklassen.htm.
447 Vgl. o.V, www.autoversicherung-online.info/schadenfreiheitsrabatte.html.
448 Vgl. o. V., Was bedeutet Schadenfreiheitsrabatt?, www.adac.de/.../schadenfreiheits-rabatt/default.aspx.

von Schaden-freiheits-klasse/ Schadenklasse	Rückstufung nach					
	1 Schaden	Änderung Beitragssatz	2 Schäden	Änderung Beitragssatz	3 und mehr Schäden	Änderung Beitragssatz
SF 14	SF 6	−15	SF 2	−45	SF 1/2	−100
SF 13	SF 5	−15	SF 2	−45	SF 0	−190
SF 12	SF 5	−15	SF 1	−60	SF 0	−190
SF 11	SF 5	−10	SF 1	−55	SF 0	−185
SF 10	SF 4	−15	SF 1	−55	SF 0	−185
SF 9	SF 4	−15	SF 1	−55	SF 0	−185
SF 8	SF 4	−10	SF 1	−50	M	−195
SF 7	SF 3	−20	SF 1/2	−90	M	−195
SF 6	SF 3	−15	SF 1/2	−85	M	−190
SF 5	SF 2	−30	SF 1/2	−85	M	−190
SF 4	SF 2	−25	SF 1/2	−80	M	−185
SF 3	SF 1	−30	S	−85	M	−175
SF 2	SF 1/2	−55	S	−70	M	−160
SF 1	S	55	M	−145	M	−145
SF 1/2	S	−15	M	−105	M	−105
S	M	−90	M	−90	M	−90
SF 0	M	−15	M	−15	M	−15
M	M	0	M	0	M	0

Abbildung 14:   Rückstufungstabelle[449]

Dies soll an einem konkreten Beispiel veranschaulicht werden:

Der VN ist derzeit in SF-Klasse 6 eingestuft und zahlt eine Versicherungsprämie in Höhe von 55 % der Grundprämie. Er verursacht (aus Vereinfachungsgründen zu Beginn des Versicherungsjahres) nun einen Schaden in Höhe von 300 Euro. Lässt er diesen vom VR regulieren, wird er im kommenden Jahr in die SF-Klasse 3 zurückgestuft und muss nun 70 % der Grundprämie zahlen. Gleichzeitig verzichtet er in diesem Jahr auf eine Höherstufung und damit auf eine Reduktion der Prämie um 5 % auf 50 % der Grundprämie. Dies wird nun

---

[449] Eigene Abbildung, entnommen und um die Beitragsveränderungen erweitert aus o. V., Schadenfreiheitsklasse, www.autoversicherung-online.info/schadenfreiheits klassen.htm.

über die gesamten Jahre fortgesetzt bis der VN wieder so gestellt ist, als hätte es keinen Schaden gegeben. Wie Abbildung 15 zeigt, dauert es genau 23 Versicherungsjahre nach dem Schadenjahr, bis der VN so gestellt wird, als hätte er nie einen Unfall erlitten.

Er zahlt insgesamt diskontiert[450] auf den Zeitpunkt der Schadenzahlung ca. 87,95 % der Grundprämie mehr, als wenn kein Schaden reguliert würde. Bei einer beispielhaft angenommenen Grundprämie von 350,00 Euro[451] würde er also 307,83 Euro über die gesamte Laufzeit mehr zahlen. Tatsächlich erleidet er also bei Regulierung einen Verlust in Höhe von 7,83 Euro.[452]

Jahr	SF-Entwicklung ohne Schaden	Beitragssatz in %	Beitragssatz diskontiert auf Zeitpunkt der Schadenzahlung	SF-Entwicklung mit Schaden	Beitragssatz in %	Beitragssatz diskontiert auf Zeitpunkt der Schadenzahlung
0	SF 6	55	55,00	SF 6	55	55,00
1	SF 7	50	48,17	SF 3	70	67,44
2	SF 8	50	46,32	SF 4	60	55,58
3	SF 9	45	39,96	SF 5	55	48,84
4	SF 10	45	38,19	SF 6	55	46,67
5	SF 11	45	36,42	SF 7	50	40,47
6	SF 12	40	30,82	SF 8	50	38,53
7	SF 13	40	29,29	SF 9	45	32,96
8	SF 14	40	27,81	SF 10	45	31,28
9	SF 15	40	26,37	SF 11	45	29,66
10	SF 16	35	21,86	SF 12	40	24,98
11	SF 17	35	20,70	SF 13	40	23,66
12	SF 18	35	19,60	SF 14	40	22,40

---

450 Zur Diskontierung wurden die Abzinsungszinssätze von Juni 2012 verwendet, die die Deutsche Bundesbank monatlich unter http://www.bundesbank.de/Redaktion/DE /Downloads/Statistiken/Geld_ Und_Kapitalmaerkte/Zinssaetze_Renditen/abzinsungszinssaetze.pdf?__blob=publicationFile veröffentlicht und auf die im Kapitel 7.3 nochmals näher eingegangen wird. Die Vergleichsbearbeitung in der Praxis der VR erfolgt ohne Diskontierung. (vgl. o. V., Schadenrückkauf, www.autoversicherungberechnen.org /schadenrueckkauf.html).
451 Aufgrund einer fehlenden Datenbasis einer durchschnittlichen 100 %-Prämie wurde hier auf die Daten des eigenen Versicherungsschutzes zurückgegriffen und die 100 %-Prämie ermittelt (vgl. o. V., HUK24 AG, Kraftfahrzeughaftpflichtversicherung Classic-Tarif vom 1.1.2012, Coburg, 7.12.2011).
452 Eigene Beispielrechnung mit Daten aus den abgebildeten SF- und Rückstufungstabellen (vgl. o. V., www.autoversicherung-online.info/schadenfreiheitsrabatte.html).

Ein Bonus-Malus-Systems in der PHV zur Verhinderung von Versicherungsbetrug 99

Jahr	SF-Entwicklung ohne Schaden	Beitragssatz in %	Beitragssatz diskontiert auf Zeitpunkt der Schadenzahlung	SF-Entwicklung mit Schaden	Beitragssatz in %	Beitragssatz diskontiert auf Zeitpunkt der Schadenzahlung
13	SF 19	35	18,54	SF 15	40	21,19
14	SF 20	35	17,54	SF 16	35	17,54
15	SF 21	35	16,60	SF 17	35	16,60
16	SF 22	30	13,52	SF 18	35	15,77
17	SF 23	30	12,82	SF 19	35	14,95
18	SF 23	30	12,17	SF 20	35	14,20
19	SF 23	30	11,55	SF 21	35	13,48
20	SF 23	30	10,97	SF 22	30	10,97
21	SF 23	30	10,45	SF 23	30	10,45
22	SF 23	30	9,96	SF 24	30	9,96
23	SF 23	30	9,49	SF 25	30	9,49
		900	**584,12**		**1020**	**672,07**

Abbildung 15: Beispielberechnung für die Vorteilhaftigkeit einer Regulierung bzw. Selbsttragung in der Kfz-Haftpflichtversicherung[453]

Wie am Beispiel gezeigt wurde, lohnt sich eine Regulierung für den VN nicht in jedem Fall. Der VN kann eine Rückstufung vermeiden, indem er den entstandenen Schaden aus eigener Tasche reguliert bzw. einen bereits regulierten Schaden innerhalb von sechs Monaten nach Regulierung beim VR „zurückkauft".[454]

Eine andere Möglichkeit, diese „Bestrafung" zu verhindern, wäre ein Rabattretter: In den Rückstufungstabellen einzelner VR finden sich teilweise ab SF-Klasse 25 s. g. Rabattretter. Im Schadenfall wird der VN zwar in eine ungünstigere SF-Klasse zurückgestuft, sein Beitragssatz bleibt aber unverändert, seine Prämie steigt also trotz Schadens nicht. (In der abgebildeten Rückstufungstabelle ist dies auch in SF-Klasse 25 nach einem Schaden erkennbar, der Beitragssatz ändert sich nicht.)[455] Oftmals bieten VR darüber hinaus einen s. g. Ra-

---
453 Eigene Abbildung mit Daten aus den abgebildeten SF- und Rückstufungstabellen.
454 Vgl. Wagner, Schadenfreiheitsklassen, www.wirtschaftslexikon.gabler.de/Definition/schadenfreiheitsklassen.html.
455 Bei den neuen SF-Klassenmodellen mit 35 statt bisher 25 SF-Klassen wird auf diese Rabattretter verzichtet, jeder Schadenfall wirkt sich demnach prämienerhöhend aus. (vgl. o. V., www.autoversicherungen.info/schadenfreiheitsklassen/).

battschutz unter bestimmten Voraussetzungen (z. B. mindestens SF-Klasse 4, eingeschränkter Fahrerkreis) gegen Aufpreis an. Dieser bewirkt, dass der VN trotz Schadenfall so gestellt wird, als hätte es diesen nicht gegeben. Diese Regelung gilt nur gesellschaftsintern und wird von VR zu VR verschieden angeboten, beispielsweise für einen Schadenfall pro Jahr oder für insgesamt drei Schäden während der Vertragslaufzeit. Bei einem VR-Wechsel entfällt dieser Schutz und es greifen dann die regulären Modalitäten.[456] [457]

Damit der VN die Rückstufung nicht durch Kündigung des Vertrags umgehen kann (aber auch aufgrund des hohen Gefährdungspotenzial aus der Haltung eines Kraftfahrzeugs), existieren für die Kfz-Haftpflichtversicherung einige Besonderheiten:

Der Versicherungsschutz ist obligatorisch, die Kfz-Haftpflichtversicherung ist, wie der Name schon vermuten lässt, als Pflichtversicherung nach § 1 und § 5 Absatz II und III Pflichtversicherungsgesetz für jeden Halter eines Kfz ausgestaltet. Um dies sicherzustellen, unterliegen alle VR dem s.g. Kontrahierungszwang, welcher eine Ablehnung eines Antrags auf Kfz-Haftpflichtversicherungsschutz mit wenigen Ausnahmen untersagt.[458] „Hintergrund (...) ist das hohe Gefährdungspotenzial, das von der Benutzung eines Kfz im Straßenverkehr ausgeht."[459]

Kündigt der VN seinen Versicherungsschutz bei einem VR aufgrund eines VR-Wechsels, erfolgt nicht die Übertragung der beim jetzigen VR hinterlegten SF-Klasse, da, wie bereits erwähnt, jeder VR unterschiedliche Rückstufungsmodalitäten hat. Dem neuen VR werden das Rabattgrundjahr (also die Dauer der schadenfreien Zeit) und die Anzahl der Schäden des Vorjahres übermittelt. Daraus ermittelt der neue VR dann gemäß seiner Rückstufungstabelle die neue SF-Klasse und den dazugehörigen Beitragssatz.[460]

Das SF-Klassen-System erzielt seine gewünschte Wirkung im Kampf gegen Versicherungsbetrug: So konnte festgestellt werden, dass Versicherungsbetrug in der Kfz-Versicherung nur sehr selten zulasten der eigenen SF-Rückstufung begangen wird, vielmehr wird die Teilkaskoversicherung (ohne SF-Klassen) bzw. eine fremde Kfz-Haftpflicht in Anspruch genommen.[461]

---

456 Vgl. o. V., Schadenfreiheitsrabatt, de.wikipedia.org/wiki/Schadenfreiheitsrabatt.
457 Vgl. Wagner, Schadenfreiheitsklassen, www.wirtschaftslexikon.gabler.de/Definition/schadenfreiheitsklassen.html.
458 Vgl. Richter 2010, Seite 60.
459 Richter 2010, Seite 144.
460 Vgl. o. V., Schadenfreiheitsrabatt, de.wikipedia.org/wiki/Schadenfreiheitsrabatt.
461 Vgl. Vetterlein 1989, Seite 153.

7.3 Konzept und Beispielszenarien

Dieser Abschnitt widmet sich der Erarbeitung eines konkreten Bonus-Malus-Systems für die PHV. Wie bereits mehrfach beschrieben, herrscht eine Informationsasymmetrie zwischen VN und VR, welche der potenzielle Versicherungsbetrüger zu seinem Vorteil ausnutzt. Das Modell zielt deshalb darauf ab, den optimalen Vertrag zu konzipieren, um eine „Interessenkonvergenz zwischen den beteiligten Partnern herbeizuführen".[462]

Die Entwicklung vollzieht sich dabei in drei Abschnitten. Zunächst werden die konkreten Ziele abgeleitet, die das System verfolgen soll. Danach müssen aus Vereinfachungs- und Übersichtlichkeitsgründen Annahmen und Einschränkungen getroffen werden, damit das Modell auch ohne die Basis eines konkreten Versicherungsbestandes entwickelt werden und auf seine Wirksamkeit hin überprüft werden kann. Sodann erfolgt die Vorstellung der konkreten Konzeption. Anhand von Beispielszenarien soll das Prinzip und die Wirkungsweise des erarbeiteten Modells abschließend veranschaulicht werden.

Folgende konkrete Ziele sollen mit dem neuen Bonus-Malus-System (Prämienstufen-Modell) verfolgt werden:

- Das Modell soll nicht alle schadenträchtigen VN gleich behandeln, sondern es sollen Unterschiede in Abhängigkeit der schadenfreien Laufzeit und der Schadenhöhe bei der Bestrafung vorgenommen werden.
- Kleine Schäden um den Durchschnittsschaden herum (siehe 3.3.2) sollen nicht zu nachsichtig bestraft werden, da sich hier auch die Masse der Betrügereien abspielt.[463]
- Der Unterschied zwischen der kleinsten und größten Prämienstufe muss groß gewählt werden, da die Grundprämie (100 %) recht gering ist (siehe 2.2.3) und die Bestrafung für den VN spürbar sein soll.
- Dem VN soll zwar grundsätzlich das komplette Risiko aus seiner Haftpflicht gegenüber Dritten im Rahmen des Versicherungsumfangs abgenommen werden, gleichzeitig soll er aber für die realisierte Risikoübernahme des VR in den Folgeperioden höhere Prämien leisten, um eine individuelle Prämienäquivalenz herzustellen. Um diese höheren Prämien zu vermeiden, kann der VN auch optional den Schaden aus eigener Tasche finanzieren. Eine gewisse finanzielle Eigenverantwortung darf dem VN durchaus zugemutet werden, sie kann sogar dazu beitragen, zu große Erwartungshaltungen an den VR abzuschwächen und damit mögliche Motive von Versicherungsbetrügern zu entkräften (siehe hierzu auch 6.2).[464] (Bei redlichen VN darf nach einem Leistungserhalt die Ein-

---
462 Bannier 2005, Seite 15.
463 Vgl. Münchener Rückversicherungs-Gesellschaft (Hrsg.) 1987, Seite 52.
464 Vgl. Schweizer Rückversicherungs-Gesellschaft 1993, Seite 24.

sicht für höhere Prämien angenommen werden: Der VR springt für den VN in die Presche, dadurch steigt dessen Vertrauen und seine Loyalität gegenüber dem VR ebenso wie seine Bereitschaft, höhere Prämien zu zahlen.[465])
- Das Konzept zielt vor allem darauf ab, den Gewinn als eine Determinante des Betrugs zu schmälern. Dies bedeutet im Bereich der PHV konkret, die Bereitschaft des VN für Gefälligkeitsbetrügereien im Bekannten- und Verwandtenkreis zu trüben. Bisher betrügt der VN vorwiegend, um den Nutzen des Geschädigten zu erhöhen, d. h. beispielsweise seinen unversicherten Schaden auszugleichen, unter Umständen teilen sich auch beide den Gewinn.[466] Dabei brauchte er bisher keine Nachteile im Falle eines erfolgreichen Betrugs zu fürchten. Nun sollen neben finanziellen Nachteilen, die der VN aus einer Höherstufung zu erwarten hat, auch „weiche" betrugsverhindernde Faktoren ins System integriert werden. Der Aufwand für die am Versicherungsbetrug beteiligten Personen soll steigen: Dies kann über Vertragsgestaltungen erreicht werden, die über Jahre hinweg finanzielle Nachteile mit sich bringen, gleichzeitig soll der VN aber auch ein „nicht bezahlbares" Opfer bringen. Insgesamt sollen Gefälligkeitsbetrügereien verhindert bzw. auf ein Mindestmaß reduziert werden.
- Daneben soll mithilfe des Systems langfristig eine Senkung der Schadenbearbeitungs- und Betrugskosten erreicht werden: Die Überprüfungen von Schadenfällen zur Betrugsaufdeckung erzeugen nicht unerhebliche Kosten beim VR (Systemkosten, Personalkosten, Honorar für Externe etc.).[467] Durch ein System, dass Versicherungsbetrug bereits im Vorfeld eindämmt und gleichzeitig die Vielzahl der Bagatellschadenregulierungen minimiert, lassen sich die Personal- und Honoraraufwendungen reduzieren, da die Bemühungen des VR nur noch auf eine kleinere Anzahl geltend gemachter (größerer) Schäden konzentriert werden können.
- Außerdem sollen betrügerische Schadenliquidationen als Kompensation für Leistungskürzungen/Selbstbehalte verhindert werden.[468]

Für die Erarbeitung des Bonus-Malus-Systems werden folgende Annahmen (aus Übersichtlichkeits- und Vereinfachungsgründen) getroffen:

- Auf die Ermittlung eines Zeitwertes wird verzichtet. Aus Vereinfachungsgründen wird angenommen, dass die gemeldete Schadenhöhe dem Zeitwert und damit der möglichen Ersatzleistung des VR entspricht, der Schadenmelder also über die Zeitwerterstattung informiert ist.[469]

---
465 Vgl. Fetchenhauer 1998, Seite 371.
466 Vgl. Schweizer-Rückversicherungs-Gesellschaft 1993, Seite 14.
467 Vgl. Knoll 2011, Seite 272.
468 Vgl. Knaus 2002, Seite 34.
469 In der Praxis sollte der Sachbearbeiter den Zeitwert aufgrund des Anschaffungsdatums ermitteln und dem VN mitteilen.

- Die hier verwendete Schadenhöhe entspricht nicht (immer) der tatsächlich ausgezahlten Versicherungsleistung, d. h., eventuell vereinbarte Selbstbehalte oder andere Kürzungen mindern die zur Ermittlung der neuen Prämienstufe verwendete Schadenhöhe nicht.
- Für die praxisnahe Überprüfung des Systems wird eine realistische Grundprämie (100 %-Prämie) benötigt. Es existieren jedoch teils gravierende Preisunterschiede der Bruttoprämien am Markt. Diese lassen sich weniger durch differierende Schadenerwartungswerte begründen, sondern durch die stark variierenden Kostensätze der VR.[470] Aus Vereinfachungsgründen wird hier deshalb die durchschnittliche Risikoprämie herangezogen, die sich aus dem Quotienten der gesamten Schadenaufwendungen mit der Anzahl der Verträge ermitteln lässt.[471] Die Anzahl der Verträge in der Allgemeinen Haftpflichtversicherung belief sich in 2011 auf 43,753 Millionen, die ausgezahlten Schadenaufwendungen betrugen 4,7099 Milliarden Euro.[472] Daraus ergibt sich eine Risikoprämie von ca. 108 Euro. Es handelt sich dabei um die reine Risikoprämie (Schadenbedarfsprämie) als Deckungsbeitrag für den Erwartungswert der Schäden.[473] Für die Beurteilung der Wirksamkeit des Modells anhand der Beispielszenarien ist zu beachten, dass die Risikoprämie die absolute Preisuntergrenze darstellt.[474] Allerdings beziehen sich die herangezogenen Werte allesamt auf den allgemeinen Haftpflichtbereich, die hier verwendete Prämie ist also ohnehin zu hoch angesetzt (siehe auch 2.2.3), weshalb der Unterschied zwischen der hier verwendeten Risikoprämie und der tatsächlichen Durchschnittsbruttoprämie für die PHV nicht mehr so gravierend ausfallen dürfte. Bei einer Implementierung des Modells ist jeder VR angehalten, seine bisherige Durchschnittsprämie für die PHV als Grundprämie heranzuziehen. (Zu den Bestandteilen einer Prämie findet sich zum besseren Verständnis im Anhang eine Abbildung unter Anlage 16.)[475]
- Aus Vereinfachungsgründen bzw. aufgrund fehlender Datenbasis erfolgt auch keine Aufteilung in Familien- oder Singletarife, die Unterschiede würden sich bei der eben genannten Grundprämie bemerkbar machen und könnten bei der Umsetzung sehr einfach im Modell variiert werden.
- In höheren Stufen wird jedoch ein Selbstbehalt in Abhängigkeit des kompletten Haushaltseinkommens des letzten Jahres vereinbart, um Singles hier nicht zu benachteiligen.

---

470 Vgl. Kahlenberg 2005, Seite 39.
471 Vgl. Ebner 2010, Seite 14.
472 Vgl. GDV (Hrsg.) Juli 2011, Seite 59–62, 72.
473 Von in der Risikoprämie enthaltenen Kosten für die Rückversicherung wird abgesehen, darüber hinaus auch von den weiteren Prämienbestandteilen in der PHV, wie dem Sicherheitszuschlag, dem Betriebskostenzuschlag, dem Gewinnzuschlag oder dem Ratenzuschlag. (vgl. Farny 2011, Seite 63).
474 Vgl. Ebner 2010, Seite 14.
475 Vgl. o. V., www.focus.de/.../haftpflichtversicherung-was-solide-policen-kosten-duerfen_aid_305211.html.

- Pro schadenfreiem Versicherungsjahr rückt der VN in eine niedrigere Prämienstufe, seine Prämie reduziert sich entsprechend.
- Im Schadenfall erfolgt keine willkürliche Rückstufung der schadenfreien Jahre (wie bei der Kfz-Versicherung), sondern der VN fällt sofort auf null schadenfreie Jahre zurück. Demnach ergeben sich keinerlei Besonderheiten für die Regulierung eines zweiten Schadens. Damit im Zusammenhang steht auch das Erfordernis, dass sich der VN pro Schadenfall für oder gegen eine Regulierung entscheiden muss. Das Sammeln und Einreichen eines aus mehreren Ereignissen aufsummierten Gesamtschadens am Jahresende ist (schon aus Obliegenheitsgründen) nicht zulässig und lohnt sich auch nicht, da diese dann regulär nacheinander bearbeitet werden.
- Die neue Prämienstufe wird unabhängig von der Zahlweise im Monat nach einer Schadenregulierung wirksam, damit die Konsequenzen sofort für den VN beobachtbar sind. Die nach dem Schadenfall ermittelte höhere Stufe gilt also für den Rest des aktuellen Versicherungsjahres und zusätzlich im folgenden Versicherungsjahr. Dies bewirkt, dass ein schadenträchtiger VN auch dann bestraft wird, wenn er keine echte Höherstufung erfährt. Es existieren also keine Rabattretter wie in der Kfz-Haftpflichtversicherung. Für die weitere Arbeit wird aus Vereinfachungsgründen eine jährliche Zahlweise unterstellt.
- Der schadenträchtige VN wird durch höhere Prämien im Regulierungsfall bestraft. Um eine Entscheidung für oder gegen die Regulierung fällen zu können, müssen die Zahlungen (Schadenersatzleistung und höhere Prämien) vergleichbar gemacht werden. Sie müssen dafür auf den Zeitpunkt der Schadenzahlung diskontiert werden. In dieser Arbeit werden hierfür die Abzinsungszinssätze gemäß § 253 Absatz 2 HGB[476] für die Laufzeiten von 1 Jahr bis 50 Jahre vom Juni 2012 (siehe Anlage 17 im Anhang) verwendet, die die Deutsche Bundesbank monatlich auf ihrer Homepage veröffentlicht.[477] Aus Vereinfachungsgründen wird eine jährliche Zahlweise zu Beginn des Versicherungsjahres angenommen, höhere anteilige Prämien im ersten Jahr werden nicht diskontiert.

---

476 Dieser Ansatz besagt: „Rückstellungen mit einer Restlaufzeit von mehr als einem Jahr sind mit dem ihrer Restlaufzeit entsprechenden durchschnittlichen Marktzinssatz der vergangenen sieben Geschäftsjahre abzuzinsen. Der nach den Sätzen 1 und 2 anzuwendende Abzinsungszinssatz wird von der Deutschen Bundesbank nach Maßgabe einer Rechtsverordnung ermittelt und monatlich bekannt gegeben." (o. V., HGB, § 253 Absatz 2 2011, www.gesetze-im-internet.de/stgb/__265.html), eigene Anmerkung: Zwar handelt es sich bei den Prämien nicht um Rückstellungen von Unternehmen, gleichwohl stellen sie zukünftige (noch nicht verbindlich festgeschriebene) Verpflichtungen des VN gegenüber dem VR dar. Sie werden deshalb hier verwendet, wobei dem VR sicherlich andere Zinssätze zur Verfügung stehen. Außerdem erscheinen sie von den Werten her geeignet, denn letztlich stellen sie Opportunitätskosten des VN dar, der in dieser Höhe auf eine Einlage am Kapitalmarkt verzichtet.
477 Vgl. Deutsche Bundesbank (Hrsg.), www.bundesbank.de/.../abzinsungszinssaetze.pdf?__blob=publicationFile.

- VN und VR können den Vertrag unter bestimmten Voraussetzungen (beispielsweise nach Schadenfall bzw. unter Einhaltung festgelegter Fristen) kündigen. Ohne näher auf einzelne Besonderheiten einzugehen, wird angenommen, dass der alte VR die benötigten Daten speichert und in eine unternehmensübergreifende Datenbank meldet bzw. der VN alle Daten korrekt beim nächsten VR angibt, damit eine Prämieneinstufung beim VR-Wechsel nicht vom VN „umgangen" werden kann.

Das Konzept basiert auf sogenannten Prämienstufen:

Eine Übertragung der unter 7.2 vorgestellten Schadenfreiheitsrabatte aus der Kfz-Haftpflichtversicherung erfolgt aus folgenden Gründen nicht:

- Die Grundprämie der PHV ist wesentlich niedriger als die durchschnittliche Grundprämie der Kfz-Haftpflichtversicherung. Die dort vorhandenen Beitragssatz-Sprünge würden (beispielsweise ausgehend von einer durchschnittlichen Prämie von 108 Euro in Verbindung mit einem durchschnittlichen Betrugs-Schaden von ca. 500 Euro) nicht die gewünschte Wirkung erzielen, da unter dem Aspekt des Nutzenkalküls dennoch ein Gewinn aus einem Betrug zu erzielen wäre.
- Die Rückstufungsmodalitäten erfolgen nicht in Abhängigkeit der Schadenhöhe, d. h., wenn der VN den Schaden vom VR regulieren lässt und damit eine Rückstufung und höhere Beiträge in Kauf nimmt, hat er nur noch ein sehr geringes Interesse an Schadenminderungsmaßnahmen. Unter Umständen (in der Vollkaskoversicherung oder bei Absprache mit dem Geschädigten) ist er sogar geneigt, den Preis nach oben zu korrigieren, damit sich die Rückstufung für ihn lohnt bzw. er noch einen Selbstbehalt kompensieren kann.
- Aus den Besonderheiten des versicherten Objektes, dem Kraftfahrzeug, ergibt sich, dass sich mögliche Betrugsfälle entgegen den Fällen der PHV eben nicht im Bekannten- und Verwandtenkreis abspielen, sondern überwiegend im anonymen Straßenverkehr, der eine nicht unerhebliche Gefahr in sich birgt, welche vom VN i. d. R. vermieden wird. Betrugsversuche gehen hier weniger vom VN, sondern vielmehr vom Geschädigten aus.[478] Der VN hat hier aber aufgrund der Anonymität zumeist keine Möglichkeit, den Geschädigten zur Schadenminimierung zu bewegen. Deshalb dient das Bonus-Malus-System hier vorwiegend dazu, den VN zu einer angemessenen Fahrweise anzuhalten.
- In der Kfz-Haftpflichtversicherung erfolgt eine Rückstufung innerhalb der SF-Klassen willkürlich von VR zu VR unterschiedlich. Die SF-Klasse spiegelt also nicht, wie der Name vermuten lässt, die schadenfreien Jahre des Kunden wider, sondern seine zwischenzeitlichen Rück- und Hochstufungen.

---

478 Vgl. Roth/Stefanidis 2011, www.gdv.de/...kavaliersdelikt/.

– Rabattretter und Rabattschutz-Versprechen, wie sie in der Kfz-Versicherung anzutreffen sind, sollen keine Bestandteile im neuen System werden, da sie Versicherungsbetrug provozieren können. Wenn ein VN nicht für einen Schaden bestraft wird, hat er kein besonderes Interesse, diesen zu verhindern, sein moralisches Risiko steigt.

Dennoch werden als Grundlage des Konzepts Prämienstufen festgelegt, die, analog zu den SF-Klassen, den Beitragssatz einer s. g. Grundprämie (100 %-Prämie) darstellen. Die Prämien der PHV sind deutlich niedriger als die Prämien der Kfz-Haftpflichtversicherung, deshalb müssen etwas höhere Stufungen gewählt werden. Gleichzeitig muss aber darauf geachtet werden, dass die PHV für alle bezahlbar bleibt. Beispielhaft wurden in dieser Arbeit 40 Prämienstufen festgelegt, wobei mit aufsteigender Prämienstufe ein höherer Beitragssatz verbunden ist. Ab einem Beitragssatz von 400 % erfolgt keine weitere Steigerung des Beitrags, da die Finanzierbarkeit des wichtigen Versicherungsschutzes sichergestellt werden soll. Deshalb erfolgt ab einem Beitragssatz von 400 % eine zusätzliche Bestrafung durch die Vereinbarung eines steigenden Selbstbehaltes bei einem weiterem Schaden in Abhängigkeit des Jahres-Haushaltseinkommens des vergangenen Jahres (welches beispielsweise anhand des Steuerbescheides nachzuweisen ist), jedoch maximal bis zur Schadenhöhe. Es wird bewusst kein Selbstbehalt in Abhängigkeit der Schadenhöhe festgelegt bzw. kein Festbetrag, um falsche Angaben zur Schadenhöhe zu verhindern und gleichzeitig die finanzielle Situation des VN zu berücksichtigen. So kann es je nach Haushaltseinkommen vorkommen, dass ein VN einen Schaden komplett selbst trägt oder eben nur einen kleinen Bruchteil, dies jedoch unabhängig von der Schadenhöhe. Dieses Konzept steht auch im Einklang mit dem Solidaritätsprinzip und stellt für jeden VN eine gleichermaßen spürbare finanzielle Belastung dar.

In der Abbildung 18 ist die für diese Arbeit entwickelte Prämienstufentabelle abgebildet. Ziel bei der Festlegung der Stufen war es, dass die Beitragszuwächse mit steigendem Beitragssatz immer schneller zunehmen, um absichtliche Schadenhäufungen zu verhindern. Beitragssätze unter 100 % sollten jedoch langsam absinken, um einen Ansporn bei den VN für günstigere Prämienstufen zu erzeugen. Der beschriebene Verlauf soll in Abbildung 16 nochmals verdeutlicht werden. Die Prämienstufen stellen jedoch keine schadenfreien Zeiten dar, sondern werden anhand von zwei Multiplikatoren ermittelt, auf die nun näher eingegangen wird.

Ein Bonus-Malus-Systems in der PHV zur Verhinderung von Versicherungsbetrug 107

Prämien-stufe	erhöhter Beitrags-satz in %	SB in % der Jahres-Haushalts-einkom-mens des Vorjahres	Prämien-stufe	erhöhter Beitrags-satz in %	SB in % der Jahres-Haushalts-einkom-mens des Vorjahres
über 40	evtl. individuelle Vereinbarung		20	130	0
40	400	15	19	115	0
39	400	14	18	100	0
38	400	13	17	95	0
37	400	12	16	90	0
36	400	11	15	90	0
35	400	9	14	90	0
34	400	7	13	80	0
33	400	5	12	80	0
32	400	3	11	80	0
31	400	0	10	70	0
30	370	0	9	70	0
29	340	0	8	60	0
28	310	0	7	60	0
27	280	0	6	50	0
26	255	0	5	50	0
25	230	0	4	45	0
24	205	0	3	45	0
23	185	0	2	40	0
22	165	0	1	40	0
21	145	0	0	30	0

Abbildung 16: Einteilung der Prämienstufen[479]

---

479 Eigene Abbildung.

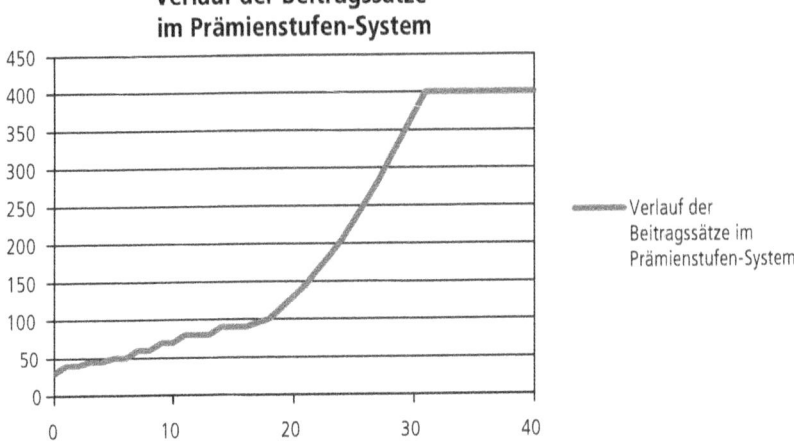

Abbildung 17: Verlauf der Beitragssätze beim gewählten Prämienstufen-System[480]

Die Ermittlung der neuen Prämienstufe vollzieht sich in drei Schritten:

Zunächst werden für die Ermittlung folgende Daten benötigt:

- aktuelles Schadendatum,
- Schadenhöhe des aktuellen Schadens,
- Datum des letzten regulierten Schadens,
- aktuelle Prämienstufe (bei Umstellung der alten Verträge wird diese zunächst auf Prämienstufe 18 (=100 %) festgelegt).

1. Im ersten Schritt soll in Abhängigkeit der Schadenhöhe ein Einflussfaktor ermittelt werden, der als erster Multiplikator der Prämienhöherstufung dient. Das Ziel dabei ist, einen Multiplikator festzulegen, der niedrigere Schäden relativ zur Höhe stärker bestraft als höhere Schäden. Gleichzeitig sollte aber darauf geachtet werden, dass höhere Schäden absolut betrachtet mehr bestraft werden als niedrigere Schäden, andernfalls könnten betrügerische Schadenliquidationen provoziert werden. Es eignet sich also eine degressive Funktion, deren Funktionswerte in Abhängigkeit der Schadensumme bestimmt werden. Hier sinken die Zuwachsraten mit zunehmender Schadensumme immer mehr ab. Für dieses Modell werden beispielhaft folgende Funktionen gewählt:

---

480 Eigene Abbildung aus Zahlenreihen des Prämienstufenmodells (Abbildung 16).

für x ≤ 750   gilt $f(x) = \frac{\sqrt[2]{x}}{8}$

für 750 < x ≤ 1.500   gilt $f(x) = \frac{\sqrt[2]{x}}{10} + 0{,}8$

für 1.500 < x ≤ 5.000   gilt $f(x) = \frac{\sqrt[2]{x}}{12} + 1{,}5$

für x > 5.000   gilt $f(x) = \text{Minimum } (\frac{\sqrt[2]{x}}{14} + 2{,}4 \; ; \; \frac{\sqrt[2]{10.000}}{14} + 2{,}4)$

x ... Schadenhöhe in Euro

Eine Limitierung erfolgt ab einer Schadenhöhe von 10.000 Euro, um die finanzielle Belastung durch höhere Prämien in Grenzen zu halten, d. h., Schäden über 10.000 Euro werden genauso behandelt wie Schäden in Höhe von 10.000 Euro. Diese Regelung könnte Versicherungsbetrug in Form von betrügerischen Schadensummen provozieren, jedoch sind bei diesen Summen genauere Überprüfungen seitens der VR angezeigt, zumal sie auch aus Wirtschaftlichkeitsaspekten gerechtfertigt sind. Der degressive Verlauf des ersten Prämienstufen-Multiplikators ist in der folgenden Abbildung 18 ersichtlich.

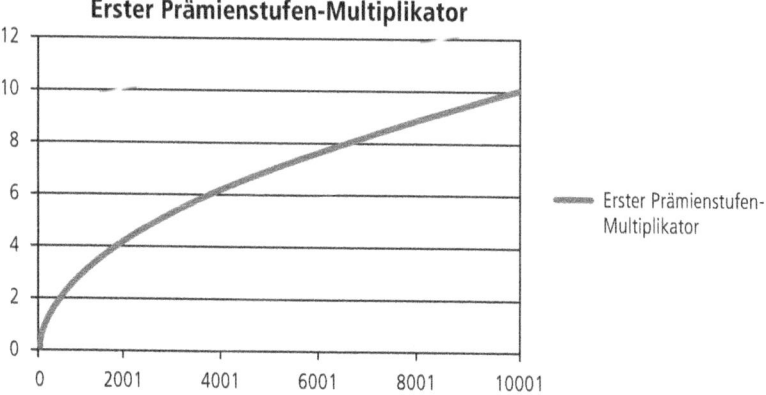

Abbildung 18:   Verlauf des ersten Prämienstufen-Multiplikators in Abhängigkeit der Schadenhöhe[481]

---

481 Eigene Abbildung erzeugt als Diagramm durch Bildung der Zahlenreihe, die sich durch Einsetzen der Schadenhöhen 0–10.000 Euro in die jeweiligen Funktionen ergibt.

2. Die Bestimmung des zweiten Prämienstufen-Multiplikators, der in Abhängigkeit der schadenfreien Vertragslaufzeit bis zum Schadenzeitpunkt bestimmt wird, erfolgt mithilfe des letzten und des aktuellen Schadendatums.[482] Bei der Festlegung der Werte wurde das Ziel verfolgt, VN umso mehr zu belohnen, desto länger ihre schadenfreie Zeit andauert. Dieser Multiplikator soll also mit zunehmender Schadenfreiheit in größeren Schritten sinken. Bei kürzeren schadenfreien Verläufen sollen die Absenkungsraten in kleineren Schritten erfolgen. Fünfzehn schadenfreie Jahre stellen in diesem Modell die Obergrenze dar, bei der der Multiplikator am geringsten ist, schadenfreie Jahre darüber hinaus lohnen also für den VN nicht. Dennoch kann diese Obergrenze nicht als Schlupfloch für Versicherungsbetrug angesehen werden, denn es konnte festgestellt werden, dass bei langjährigen Kunden die Wahrscheinlichkeit eines Betrugsfalls sinkt.[483] Es ist also nicht anzunehmen, dass ein Gelegenheitstäter fünfzehn Jahre wartet und dann die Tatgelegenheit nutzt, nur weil ihm keine weiteren Vorteile aus einer längeren schadenfreien Zeit erwachsen. Dies schon deshalb nicht, weil er ja nach einem Schadenfall sofort alle schadenfreien Jahre verliert und wieder bei null anfängt.

In dieser Arbeit wurde der zweite Multiplikator beispielhaft wie folgt festgelegt. Der Verlauf ist in Abbildung 19 ersichtlich:

schadenfreie Jahre	2. PS-Multiplikator	schadenfreie Jahre	2. PS-Multiplikator
0	4,0	8	2,7
1	3,9	9	2,4
2	3,8	10	2,1
3	3,7	11	1,8
4	3,5	12	1,4
5	3,3	13	1,0
6	3,1	14	0,6
7	2,9	15	0,2

Abbildung 19: Werte des zweiten Prämienstufen-Multiplikators in Abhängigkeit der schadenfreien Jahre[484]

---

482 Schadenfreie Jahre werden ausschließlich unter Zuhilfenahme der Schadendaten ermittelt, das Versicherungsjahr spielt also keine Rolle. Nur volle Jahre werden bewertet, d. h., es wird immer auf ganze Jahre abgerundet.
483 Vgl. Göb 2003.
484 Eigene Abbildung.

Ein Bonus-Malus-Systems in der PHV zur Verhinderung von Versicherungsbetrug 111

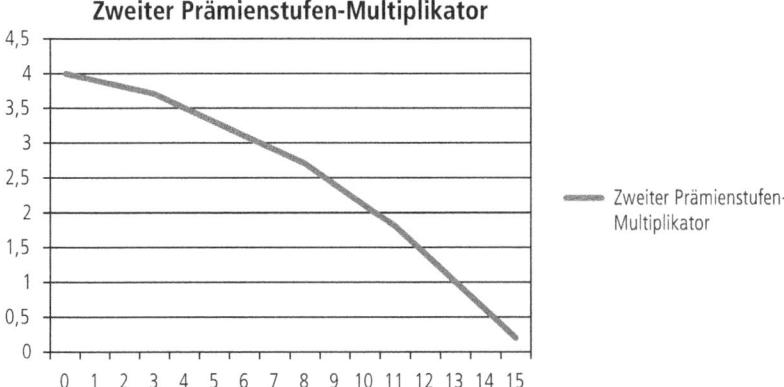

Abbildung 20: Verlauf des zweiten Prämienstufen-Multiplikators in Abhängigkeit der schadenfreien Jahre[485]

3. Als letzter Schritt erfolgt die Ermittlung der Höherstufung durch Multiplikation des ersten und des zweiten Prämienstufen-Multiplikators, wobei das Ergebnis immer kaufmännisch auf eine ganze Zahl gerundet wird. Hieraus ergibt sich die Höherstufung, die durch Addition mit der aktuellen Prämienstufe die neue Prämienstufe und daraus abgeleitet den neuen Beitragssatz (und den Selbstbehalt) ergibt.

Auf der nächsten Seite wird nochmals das gesamte Schema der Ermittlung einer neuen Prämienstufe nach einem Schadenfall abgebildet, damit der Prozess besser nachvollzogen werden kann.

---

485 Eigene Abbildung erzeugt als Diagramm aus den Daten des zweiten Multiplikators.

Prämienstufen-Modell

Schadenhöhe x in Euro	0–750	751–1500	1501–5000	ab 5001
1. Prämienstufen-Multiplikator	$\frac{\sqrt[8]{x}}{8}$	$\frac{\sqrt[8]{x}}{10} + 0{,}8$	$\frac{\sqrt[8]{x}}{12} + 1{,}5$	$\text{Min}\left(\frac{\sqrt[8]{x}}{14} + 2{,}4;\ \frac{\sqrt[8]{10.000}}{14} + 2{,}4\right)$

daraus ergibt sich der

Schadenfreie Jahre	0	1	2	3	4	5	6	7	8	9	10	11	12	13	14	15
2. Prämienstufen-Multiplikator	4	3,9	3,8	3,7	3,5	3,3	3,1	2,9	2,7	2,4	2,1	1,8	1,4	1,0	0,6	0,2

durch Multiplikation des 1. und des 2. Prämienstufen-Multiplikators (kaufmännisch runden) ergibt sich die

| Prämienstufenerhöhung | 0 | | | | | | | | | | | | | | | 38 |

durch Addition mit der ursprünglichen Prämienstufe (bei Umstellung haben zunächst alle Verträge die Prämienstufe 18) ergibt sich die

| neue Prämienstufe | 0 | | | | | | | | | | | | | | | 40 |

daraus ergibt sich der

| neue Beitragssatz in % der durchschnittlichen Grundprämie (+ Selbstbehalt ab Prämienstufe 32) | 30 | | | | | | | | | | | | | | | 400 |

durch Multiplikation mit der durchschnittlichen Grundprämie ergibt sich die

| neue Jahresprämie in Euro (anteilig im Schadenjahr und für das nächste Versicherungsjahr) | 32,4* | | | | | | | | | | | | | | | 432* |

* beispielhafte Mindest- und Maximal-Jahresprämie bei einer angenommenen durchschnittlichen Grundprämie von 108 Euro

Abbildung 21: Prämienstufen-Modell[486]

---

486 Eigene Abbildung.

Die Funktionsweise des hier entwickelten Rabattsystems wird im Folgenden vorgestellt und beschrieben:

Es wird davon ausgegangen, dass das System zu einem Stichtag eingeführt wird, d. h. alle Verträge in dieses Rabattsystem übertragen werden. Sämtliche Bestandsverträge, aber auch die Neuverträge, werden zunächst in die Prämienstufe 18 (= 100 %) eingegliedert. Eine Rückstufung in die nächst niedrigere Prämienstufe erfolgt bei schadenfreiem Verlauf zur nächsten Hauptfälligkeit[487] des Vertrags und dann jedes weitere Jahr.

Da die Schadendaten beim VR gespeichert sind, kann aber auf vergangene letzte Schadendaten, die noch vor der Einführung des Systems liegen, zur Ermittlung des schadenfreien Zeitraums (zweiter PS-Multiplikator) im Schadenfall zurückgegriffen werden.

Wird für einen Vertrag eine Schadenmeldung eingereicht, prüft der Sachbearbeiter (oder auch Außendienstmitarbeiter) zunächst, wie bisher, die Deckung[488] des Schadens. Im Falle einer positiven Deckung wird nun aufgrund des Prämienstufen-Modells die neue Prämienstufe bestimmt, um daraus die Vorteilhaftigkeit einer Regulierung bzw. eines Regulierungsverzichts abzuleiten. Sollte sich hieraus ergeben, dass es für den VN langfristig günstiger wäre, den Schaden selbst zu tragen (Regulierungsverzicht), sollte dieser entsprechend informiert werden. Je nach Entscheidung des VN erfolgt sodann eine abschließende Prüfung des Schadens sowie die abschließende Regulierung bzw. die Bearbeitung wird aufgrund eines Verzichts des VN beendet.

Sollte der VR eine Leistung ausgezahlt haben, wird gleichzeitig die neue Prämienstufe im Vertrag hinterlegt, die anteilig ab dem Monat nach dem Schadenzeitpunkt bis zum Ende des Versicherungsjahres gilt und darüber hinaus noch ein volles weiteres Versicherungsjahr. Der VN erhält also neben einer Regulierungsbestätigung auch eine Rechnung für die anteilige Prämie.

Der Vergleich zwischen Schadenregulierung und höherer Prämienzahlung:

Um zwischen einer Regulierung sowie der daraus resultierenden Höherstufung und der Selbsttragung vergleichen zu können, werden neben der neuen ermittelten Prämienstufe weitere Daten benötigt:

– Die Zinssätze für die Diskontierung der künftigen Prämien, hier die Abzinsungszinssätze der Deutschen Bundesbank: Um dem VN eine realistische Anga-

---

487 Hauptfälligkeit bezeichnet den Termin, an dem die Jahresprämie fällig wird bzw. zu dem das neue Versicherungsjahr beginnt. Zu diesem Termin kann der Versicherungsvertrag gekündigt werden. (vgl. o. V., Hauptfälligkeit, www.gdv.de/glossar/).
488 Unter Deckungsprüfung versteht man, ob der geschilderte Schadenfall vom Versicherungsschutz umfasst wird (Tarifbestimmungen, Ausschlussbestimmungen, versicherter Zeitraum) und ob keine weiteren Gründe zur Einschränkung (Selbstbehalte, Deckungssummen) oder Versagung (Mahnverfahren Erst- und Folgebeitrag) des Versicherungsschutzes bestehen. (vgl. Heimbücher 2003, S. 238).

be zu den Schaden- und Prämiensummen geben zu können, ist es erforderlich, sie vergleichbar zu machen. Da die höheren Prämien nicht nur im Jahr der Schadenregulierung das Konto des VN belasten, sondern auch in den Folgejahren, werden diese Prämien auf den Zeitpunkt der Regulierung abgezinst.[489] Hierfür eignen sich beispielsweise die veröffentlichten Abzinsungszinssätze der Deutschen Bundesbank, die für Laufzeiten von 1 bis 50 Jahre die aktuelle Marktverzinsung widerspiegeln. Im Schadenjahr wird auf eine anteilige Diskontierung verzichtet.
– Die letzte Hauptfälligkeit des Vertrages: Es wurde festgelegt, dass die Höherstufung im Monat nach dem Schadendatum erfolgt. Um eine anteilige Prämie für das Versicherungsjahr zu ermitteln, muss die Hauptfälligkeit des Vertrags bekannt sein. Hieraus kann in Verbindung mit der Angabe des Schadendatums abgeleitet werden, welche Prämienstufe und damit welcher Beitragssatz für welchen Zeitraum im Schadenjahr zu zahlen ist.

Aus einer Gegenüberstellung des Prämienstufenverlaufs ohne und mit Schaden kann der Verlust der höheren Prämien ermittelt werden. Hierfür werden beide Verläufe solange gegenübergestellt, bis beide Verläufe wieder dieselbe Prämienstufe 0 erreicht haben. Die Beitragssätze werden entsprechend ihrer Laufzeit auf den Zeitpunkt des Schadens mit den Abzinsungszinssätzen diskontiert. Aus den Summen der diskontierten Beitragssätze kann man nun durch Multiplikation mit der Grundprämie ermitteln, wie viel höhere Prämien der VN für die erfolgte Schadenregulierung aufbringen muss. Wenn man dies nun noch mit der Schadenzahlung vergleicht, wird deutlich, ob eine Regulierung oder eine Selbsttragung für den VN günstiger erscheint. Gleichzeitig bildet diese Summe den abgezinsten Gewinn/Verlust des VN aus dem Versicherungsfall ab. Abbildung 22 soll als Berechnungsbeispiel das eben beschriebene Vorgehen nochmals veranschaulichen und zusammenfassen.

Außerdem ergibt sich aus dieser Berechnung (unter Zugrundelegung derselben Zinssätze) der Gewinn für den VR, den er gegenüber dem jetzigen Status (also ohne Bonus-Malus-System) aus der Nicht-Regulierung des Schadenfalls generieren kann. Dem VR steht die Schadensumme zur Verfügung, diese kann er für die nächsten Jahre entsprechend den Anlagevorschriften für VU verzinslich anlegen. Dieser Gewinn schmälert sich jedoch durch die im Vergleich zum Status Quo sinkenden Prämieneinnahmen, die der VR ebenfalls am Kapitalmarkt nach Vereinnahmung anlegen kann. Auf eine genaue Berechnung wird aufgrund der Besonderheiten der Anlagevorschriften für das Versicherungsgewerbe sowie der Zielstellung dieser Arbeit jedoch verzichtet.

---

489 Aus Vereinfachungsgründen wird bei den Verträgen jährliche Zahlweise unterstellt und auf die Verzinsung im ersten Jahr verzichtet. Eine Abzinsung erfolgt deshalb immer auf den Beginn der Versicherungsjahres, in dem der Schaden eingetreten ist.

Ein Bonus-Malus-Systems in der PHV zur Verhinderung von Versicherungsbetrug 115

Vorzugebende Daten	
letzte Hauptfälligkeit des Vertrages	1.1.2012
alte Prämienstufe (bei Einführung 18)	18
Schadenhöhe in Euro	750
aktuelles Schadendatum	1.7.2012
Datum letzter Schaden	1.5.2007
alter Selbstbehalt in % des Haushaltseinkommens	0

daraus ergeben sich	
Dauer voller schadenfreier Jahre (maximal 15)	5
1. Prämienstufen-Multiplikator	3,423
2. Prämienstufen-Multiplikator	3,3
Prämienstufenerhöhung	11
neue Prämienstufe	29
neuer Selbstbehalt in % des Haushaltseinkommens	0

Vorteilhaftigkeitsberechnung

Versicherungsjahr nach Schaden	Prämienstufenentwicklung	Beitragssatz in %	Beitragssatz in % diskontiert auf Zeitpunkt der Schadenzahlung*	Prämienstufenentwicklung	Beitragssatz in %	Beitragssatz in % diskontiert auf Zeitpunkt der Schadenzahlung*
		ohne Schaden			mit Schaden	
0	18	100	100,00	29	340	205,00**
1	17	90	86,71	29	340	298,68
2	16	90	83,37	28	310	259,37
3	15	90	79,92	27	280	226,43
4	14	90	76,37	26	255	195,17
5	13	80	64,75	25	230	165,93
6	12	80	61,64	24	205	142,55
7	11	80	58,59	23	185	120,84
8	10	70	48,66	22	165	100,80
9	9	70	46,14	21	145	85,69
10	8	60	37,47	20	130	71,82
11	7	60	35,49	19	115	59,15
12	6	50	28,00	18	100	53,20
13	5	50	26,48	17	90	47,67
14	4	45	22,55	16	90	45,09
15	3	45	21,34	15	90	42,68
16	2	40	18,02	14	90	36,04

17	1	40	17,09	13	80	34,18
18	0	30	12,17	12	80	32,45
19	0	30	11,55	11	80	26,96
20	0	30	10,97	10	70	25,59
21	0	30	10,45	9	70	20,90
22	0	30	9,96	8	60	19,92
23	0	30	9,49	7	60	15,82
24	0	30	9,05	6	50	15,08
25	0	30	8,63	5	50	12,95
26	0	30	8,27	4	45	12,41
27	0	30	7,91	3	45	10,55
28	0	30	7,57	2	40	10,10
29	0	30	7,23	1	40	9,64
30	0	30	6,92	0	30	6,92
Summe		**1.620,00**	**1.032,76**		**3.960,00**	**2.637,57**
zzgl. Versicherungssteuer 19 %		1.927,80	1.228,98	0,00	4.712,40	3.138,71
x Durchschnittsprämie (beispielhaft bei 108 Euro)		2.082,02	1.327,30	0,00	5.089,39	3.389,80
abzüglich gezahlte Versicherungsleistung		0,00	0,00		750,00	750,00
Verlust-Prämie gegenüber schadenfreiem Verlauf in Euro (Gesamtschadenprämie abzüglich schadenfreier Gesamtprämie)		0,00	0,00		-3.007,37	-2.062,50
Gesamtgewinn oder -verlust aus Schaden in Euro (Verlustprämie + Schaden)		0,00	0,00		-2.257,37	-1.312,50

* Für die Berechnung wurden die Abzinsungszinssätze Juni 2012, die monatlich von der Deutschen Bundesbank veröffentlicht wurden, herangezogen. Sie sind unter http://www.bundesbank.de/download/statistik/abzinsungszinssaetze.pdf abzurufen.

** Hier erfolgt eine monatsgenaue Aufteilung der Beitragssätze ab Beginn des Versicherungsjahrs bis zum Schadenmonat, und ab Schadenfolgemonat bis zum Ende des Versicherungsjahres.

Abbildung 22: Berechnungsbeispiel der Vorteilhaftigkeit[490]

---

490 Eigene Abbildung.

Konsequenzen für das nutzenmaximierende Verhalten des Versicherungsbetrügers

An dieser Stelle soll nochmals kurz die theoretische Wirkungsweise des Modells im Kampf gegen Versicherungsbetrug aufgezeigt werden:

Wie im Kapitel 4.4.4 gezeigt wurde, stellt der in Aussicht stehende Gewinn aus einem Versicherungsbetrug eine relevante Stellgröße im Entscheidungsprozess eines Versicherungsbetrügers dar. Durch das Prämienstufen-Modell gelingt es, diesen Gewinn durch (über einen langen Zeitraum) steigende Prämien erheblich zu schmälern. Dadurch kann der Nutzen aus einem Versicherungsbetrug und damit die Betrugsbereitschaft erheblich reduziert werden.

Es wurde ebenfalls gezeigt, dass im Falle sinkender Gewinne VR mit abnehmenden Kontrollen antizipativ reagieren, um Rentabilitätsverluste aus erfolglosen Prüfungen zu vermeiden. Dieses Verhalten würde die Entdeckungswahrscheinlichkeit reduzieren, was wiederum die Betrugsbereitschaft potenzieller Betrüger erhöhen kann (falls aus dem Betrug trotz der Höherstufung ein positiver Gewinn erwartet wird). Diese Reaktion kann jedoch durch das Modell verhindert werden. Im Gegenteil, das Prämienstufen-Modell kann sogar dazu beitragen, die Kontrollen effizienter zu gestalten, da die Anzahl der zu prüfenden Fälle bereits durch die Vorabprüfung sinkt und die verbleibenden Fälle Kontrollen unter Rentabilitätsaspekten rechtfertigen:[491] Bagatellschäden erweisen sich finanziell unvorteilhaft für den VN, er wird tendenziell von einer VR-Regulierung Abstand nehmen. Bei größeren Schäden wird der VN sich überwiegend für eine Inanspruchnahme der Versicherungsleistung entscheiden. Größere Summen bergen ein größeres Einsparpotenzial im Falle eines entlarvten Betruges und rechtfertigen demnach Kontrollen auch unter Wirtschaftlichkeitsaspekten.

So kann mit Hilfe des Prämienstufen-Konzepts der Gewinn aus einem Versicherungsbetrug reduziert werden, ohne die Entdeckungswahrscheinlichkeit zu verändern bzw. diese im Gegenteil noch zu verschärfen. Es gelingt also, Versicherungsbetrug wirksam einzudämmen und Betrugskosten zu reduzieren.[492]

Darüber hinaus kann der Wegfall der schadenfreien Jahre als „internes" Strafmaß des VR interpretiert werden und somit den Nutzen aus einem Betrug für den VN senken. Im Falle eines weiteren Schadens riskiert der VN/Betrüger eine härtere Hochstufung und damit verbunden höhere finanzielle Nachteile. Wie in Kapitel 4.4.2 gezeigt wurde, kann dies in Verbindung mit dem Anpassungsverhalten der VR dazu führen, dass die Kontrollkosten des Betrugs reduziert werden können und der VR bzw. die Versichertengemeinschaft entlastet wird.

---

491 Die Vorabprüfung kann dazu führen, dass sich der VN nach der Vorab- bzw. Vorteilhaftigkeitsprüfung gegen eine Regulierung entscheidet oder er aufgrund der Ankündigung einer abschließenden Prüfung seine Schadenanzeige zurückzieht (siehe hierzu Ausführungen unter 5.2 und 7.4), was die Anzahl der zu prüfenden Fälle reduziert.
492 Vgl. Abschnitt 4.4.4.

Es folgen nun Beispielszenarien, die die Wirkungsweise des Rabatt-Systems beispielhaft verdeutlichen sollen. Hierfür werden folgende Fälle untersucht:

a) Veränderung der Schadenhöhe bei sonst gleichen Bedingungen

Folgende Werte bleiben konstant:

- zweiter Prämienstufen-Multiplikator: 2,9
- ursprüngliche Prämienstufe: 10

Vorzugebende Daten		daraus ergeben sich	
letzte Hauptfälligkeit des Vertrages	1.1.2012	Schadenfreie Jahre	7
alte Prämienstufe (bei Einführung 18)	10	2. Prämienstufen-Mulitplikator	2,9
aktuelles Schadendatum	1.7.2012		
letztes Schadendatum	1.9.2004		

Schaden höhe in Euro	1. Prämienstufen-Muliplikator	Höherstufung	neue Prämienstufe	neuer Beitragssatz in %	Selbstbehalt in % des Haushaltseinkommens	Verlust aus der Höherstufung in Euro (diskontiert mit Abzinsungszinssätzen)	Gesamtgewinn oder -verlust (= Verlust aus Höherstufung + Schadensumme) in Euro
500	2,79508500	8	18	100	0	−471,87	28,13
1.500	4,67298330	14	24	205	0	−1.233,46	266,54
2.500	5,66666667	16	26	255	0	−1.657,40	842,60
5.000	7,39255650	21	31	400	0	−3.146,72	1.853,48
7.500	8,58589570	25	35	400	9	−4.305,28	3.194,72
10.000	9,54285710	28	38	400	13	−5.029,67	4.970,33

Abbildung 23: Beispielszenario für steigende Schadenhöhen[493]

---

493 Eigene Abbildung.

Aus den oben stehenden Daten und Abbildung 24 ist deutlich erkennbar, dass bei kleineren Schäden die Gesamtgewinnzuwächse (aus der Differenz zwischen höheren Prämien und der erhaltenen Schadenersatzleistung) weniger schnell ansteigen als bei höheren Schäden. (Der „Knick" in der Kurve in Abbildung 24 erklärt sich durch die nicht lineare Skalierung der Schadenhöhen im Beispiel, bei linearer Skalierung ergäbe sich ein progressiver Verlauf).

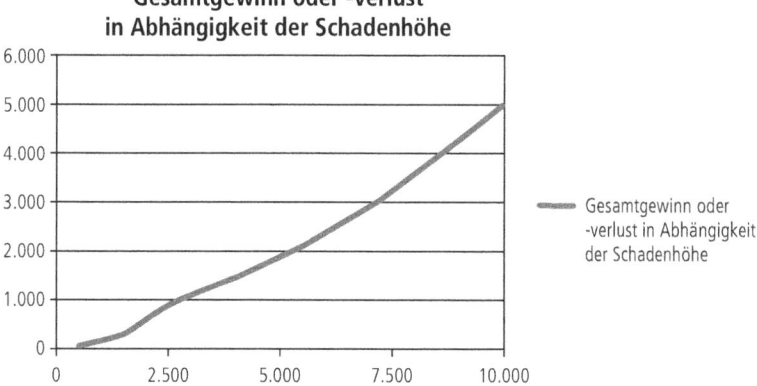

Abbildung 24: Verlauf des Gesamtgewinns aus einem Schadenfall in Abhängigkeit der Schadenhöhe[494]

Das System zielt darauf ab, die Betrügereien im Bereich der durchschnittlichen Betrugssumme von ca. 500 Euro für Gelegenheitstäter unattraktiv zu gestalten. Dies scheint gelungen, der VN bzw. der Geschädigte erwartet bei dieser Höhe in diesem Beispiel zwar einen Gewinn, dies jedoch nur in Höhe von ca. 4,5 % der Schadenhöhe. Ohne Berücksichtigung einer Diskontierung ergäbe sich sogar ein Verlust von ca. 188 Euro. Je nachdem, ob beim VN die Verzinsung seiner finanziellen Mittel eine Rolle spielt oder nicht, wird er sein Nutzenkalkül daran ausrichten. Erschwerend kommt hinzu, dass in der PHV nicht (nur) der Nutzen des potenziellen Versicherungsbetrügers im Vordergrund steht, sondern oft betrügt er aus Gefälligkeit für einen Bekannten/Verwandten. Damit der Betrug für den VN zumindest ohne Nachteile abläuft, müsste der Geschädigte dem VN ja die finanziellen Nachteile aus den höheren Prämien erstatten. Zusätzlich müsste für den befreundeten Geschädigten ein akzeptabler Gewinn zu erwarten sein, der das Risiko der Entdeckung und den geleisteten Ausgleich wieder kompensiert. Ob der VN bereit ist, sich mit dem Geschädigten über so eine lange Zeit zu verbünden (Zeitraum der höheren Prämie) oder ob der VN eine (diskontierte) Einmalzahlung akzeptiert bzw. angeboten bekommt, scheint

---

494 Eigene Abbildung, aus den Daten aus Abbildung 23 erzeugtes Diagramm.

zumindest fraglich zu sein. Es ist ebenso fraglich, ob der VN bereit ist, seine schadenfreien Jahre (sofern denn welche vorhanden sind) für den Bekannten zu opfern. In jedem Fall ist es durch das System umständlicher geworden, einen Gefälligkeitsbetrug erfolgreich zu begehen. Auch diese durch das Prämienstufen-Modell strapazierten eher „weichen" zwischenmenschlichen Abstimmungsfaktoren können ihren Beitrag im Kampf gegen Versicherungsbetrug liefern.

b) Veränderung der schadenfreien Zeit bei sonst gleichen Bedingungen

Folgende Werte bleiben konstant:

- erster Prämienstufen-Multiplikator = 3,423266
- ursprüngliche Prämienstufe 18

Vorzugebende Daten	
letzte Hauptfälligkeit des Vertrages	1.1.2012
alte Prämienstufe (bei Einführung 18)	18
aktuelles Schadendatum	1.7.2012
Schadenhöhe in Euro	750

daraus ergeben sich	
1. Prämienstufen-Mulitplikator	3,423

letztes Schadendatum	Schadenfreie Jahre	1. Prämienstufen-Mulitplikator	Höherstufung	neue Prämienstufe	neuer Beitragssatz in %	Selbstbehalt in % des Haushaltseinkommens	Verlust aus der Höherstufung in Euro (diskontiert mit Abzinsungszinssätzen)	Gesamtgewinn oder -verlust (= Verlust aus Höherstufung + Schadensumme) in Euro
1.1.1997	15	0,2	1	19	115	0,0	−141,92	608,08
1.1.2000	12	1,4	5	23	185	0,0	−645,99	104,01
1.1.2003	9	2,4	8	26	255	0,0	−1.243,81	−493,81
1.1.2006	6	3,1	11	29	340	0,0	−2.062,5	−1.312,50
1.1.2009	3	3,7	13	31	400	0,0	−2.732,94	−1.982,94
1.1.2012	0	4,0	14	32	400	3,0	−3.044,85	−2.294,85

Abbildung 25: Beispielszenario für abnehmende schadenfreie Zeiträume[495]

Aus den oben stehenden Daten und der Abbildung 26 ist deutlich erkennbar, dass die Gesamtgewinnzuwächse bzw. Verlustnachlässe aus der Differenz zwischen höheren Prämien und der erhaltenen Schadenersatzleistung mit zunehmenden schadenfreien Jahren schneller ansteigen (auch hier ergeben sich die „Knicke" aus der unregelmäßigen Skalierung).

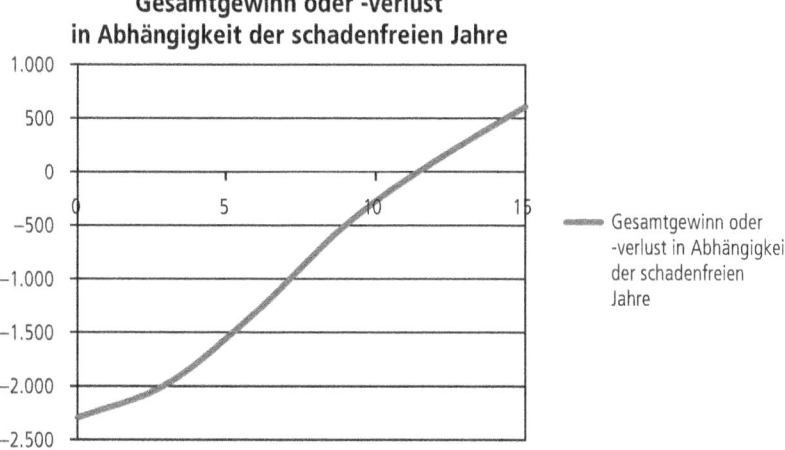

Abbildung 26: Verlauf des Gesamtgewinns aus einem Schadenfall in Abhängigkeit der schadenfreien Zeit[496]

Mit dem Prämienstufen-Modell wurde beabsichtigt, Anreize für schadenfreie Verläufe zu schaffen. Damit verbunden ist auch, dass schadenträchtige VN (und vor allem Betrüger) in den ersten Versicherungsjahren härter bestraft werden. Mit steigender Anzahl an schadenfreien Jahren verringert sich der Verlust aus einer Hochstufung. Wie der Kurvenverlauf zeigt, ist auch dies gelungen. Der sehr lange schadenfreie VN braucht einen Schaden nicht zu fürchten, das Risiko wird von der Versicherung übernommen, die Bestrafung fällt sehr milde aus. Für den VN sind die höheren Prämien günstiger, als den Schaden aus eigener Tasche zu finanzieren. Dennoch wird auch hier der potenzielle Versicherungsbetrüger von der Gefälligkeitstat Abstand nehmen. Neben den oben genannten Gründen des Mehr-Abstimmungs-und-Rückerstattungs-Aufwandes zwischen VN und Geschädigten ist auch hier zu berücksichtigen, dass seine schadenfreien Jahre sofort auf null zurückgestuft werden und ein weiterer Schaden dem VN teuer zu stehen kommen würde.

---

495 Eigene Abbildung.
496 Eigene Abbildung, aus den Daten aus Abbildung 25 erzeugtes Diagramm.

Am Schluss soll Abbildung 27 nochmals die Extrem-Szenarien darstellen, die dieses Prämienstufen-Modell mit sich bringt:

Konstante Daten	
letzte Hauptfälligkeit des Vertrages	1.1.2012
alte Prämienstufe (bei Einführung 18)	18
aktuelles Schadendatum	1.7.2012

	schadenfreie Jahre ⇨ Schadenhöhe in Euro ⇩	0	15
neue Prämienstufe		23	18
Verlust aus höherer Prämie in Euro	100	−645,99	−58,29
Gesamtgewinn oder -verlust aus Schaden in Euro		−545,99	41,71
neue Prämienstufe		40	20
Verlust aus höherer Prämie in Euro	10.000	−5.039,12	−240,68
Gesamtgewinn oder -verlust aus Schaden in Euro		4.960,88	9.759,32

Abbildung 27: Beispielszenarien für extreme Schadenhöhen und schadenfreie Zeiten[497]

Verursacht ein VN/potenzieller Versicherungsbetrüger noch im ersten schadenfreien Jahr einen Schaden, ergibt sich bei sehr kleiner Schadensumme ein Verlust aus den höheren Prämien. Erst bei hohen Schäden entsteht ein Gewinn für den VN, der jedoch im Betrugsfalle die dann höhere Entdeckungswahrscheinlichkeit (durch verstärkte Kontrollen) kompensieren muss. Sehr lange schadenfreie Verläufe lohnen sich für den VN, denn im Schadenfall erfolgt unabhängig von der Schadenhöhe nur eine sehr geringe Hochstufung, sodass es für ihn günstig ist, die Regulierung dem VR zu überlassen. Gefälligkeitsbetrügereien können aber durch die sofortige Rückstufung auf null schadenfreie Jahre verhindert werden, zumindest kann dies für das Verhalten des Homo oeconomicus (siehe Kapitel 4) festgehalten werden.

---

497 Eigene Abbildung aus Berechnungen mit dem Prämienstufen-Modell.

Im nächsten Abschnitt werden nun die Voraussetzungen erarbeitet, die für eine erfolgreiche Einführung des beschriebenen Konzepts geschaffen werden müssen.

7.4 Voraussetzungen für die Einführung des Bonus-Malus-Systems

Um das erarbeitete Konzept des Bonus-Malus-Systems einführen zu können, sind einige Voraussetzungen zu schaffen, damit einer erfolgreichen Implementierung nichts im Wege steht. Dabei kann man zwischen zwingenden Voraussetzungen und günstigen Voraussetzungen unterscheiden. Die zwingenden Voraussetzungen müssen etabliert werden, andernfalls ist das Modell bereits vor Einführung zum Scheitern verurteilt. Demgegenüber wird hier unter günstigen Voraussetzungen verstanden, dass gewisse Sachverhalte die Einführung und den Umgang mit dem System erheblich erleichtern können. Beide Kategorien von Voraussetzungen werden im Folgenden vorgestellt, wobei kein Anspruch auf Vollständigkeit erhoben wird.

Zwingende Voraussetzungen:

- Alle VR müssen mit einer Umstellung einverstanden sein und bei der Vertragsgestaltung mitziehen, andernfalls kann es zur s. g. negativen Risikoauslese kommen. Hierfür ist die asymmetrische Informationsverteilung vor Vertragsschluss verantwortlich: Der VN kann sein persönliches Risikopotenzial besser einschätzen und hat daher einen Informationsvorsprung gegenüber dem VR.[498] So wählt jeder VN den für sich günstigsten Versicherungsschutz. VN, die keine Schäden erwarten, werden vermehrt Versicherungsverträge mit dem VR abschließen, der Rabattstufen anbietet, um in den Genuss der reduzierten Prämien zu gelangen. VN, die Schäden erwarten, werden ihren Versicherungsschutz über VR-Angebote ohne sekundäre Prämiendifferenzierung vereinbaren, um steigende Prämien zu vermeiden. Der VR ohne Differenzierung zieht demnach die schlechten Risiken an sich (= Negativselektion). Seine Prämien, die mittels einer durchschnittlichen Schadenwahrscheinlichkeit kalkuliert wurden, werden nicht ausreichen, um die erhöhte Schadenwahrscheinlichkeit zu kompensieren, was zu Verlusten, steigenden Beiträgen und möglicherweise zum Ruin des VR führt.[499]

---

498 Vgl. Bannier 2005, Seite 111.
499 Vgl. Bach 1999, Seite 1–3.

- Der VR darf keinen Alternativ-Tarif (ohne das Rabattsystem) anbieten. Es käme hierbei zum Phänomen der s. g. Selbstselektion,[500] die Kunden mit geringen Schadenerwartungen wählen den Rabatttarif und signalisieren damit dem VR ein geringes Schadenrisiko, da sie bereit sind, im Schadenfall höhere Prämien zu zahlen. Kunden, die die Volldeckung ohne Bonus-Malus-System wählen, möchten vollen Schadenausgleich, ohne höhere Prämien zu riskieren, und signalisieren damit dem VR einen höheren Schadenerwartungswert, welcher sich in der Prämienkalkulation widerspiegeln müsste. Die Probleme des Versicherungsbetrugs blieben aber beim Alternativ-Tarif in gleichem Umfang erhalten.[501] Hinzu kommt, dass schadenträchtige VN, die bisher von den Rabatten aus dem Modell profitiert haben, nach einem Schadenfall kündigen und durch einen VR- oder Tarifwechsel eine Hochstufung umgehen könnten. Das Bonus-Malus-System würde seine Wirkung auf der Malus-Seite verfehlen.

→ Sowohl Alternativ-Tarife als auch einzelne VR, die von der Vertragsgestaltung abweichen, gefährden die Etablierung des Systems. Es ist notwendig dass alle VR an einem Strang ziehen, um keinen Nachfrage-Boykott des Systems zu provozieren.

- Die Einführung sollte flächendeckend für alle Verträge erfolgen, d. h., in der praktischen Umsetzung sollten zu einem Stichtag sämtliche bestehende Verträge umgestellt werden, wobei die Prämienstufe 18 mit einem 100 %-Beitragssatz zugrunde zu legen ist. Die Ermittlung der schadenfreien Jahre im Versicherungsfall kann aber mit den vorhandenen letzten Schadendaten vollzogen werden. Eine Beschränkung der Vertragsgestaltung nur auf neue Vertragsabschlüsse verspricht nicht den gewünschten Erfolg, da immerhin 70 % aller Haushalte[502] bereits einen PHV-Vertrag abgeschlossen haben und diese, sofern keine Umstellung der vorhandenen Verträge erfolgen würde, für eine noch recht lange Zeit betrugsanfällig blieben.
- Für die Einführung ist es zwingend erforderlich, die Tarifbestimmungen zu ändern. Der VN ist also über die Änderung und die Wirksamkeit der neuen Bestimmungen in den (Allgemeinen) Haftpflichtbedingungen vorab schriftlich zu informieren.
- Der mitversicherte Ehegatte, Lebenspartner oder Lebensgefährte ist im Versicherungsvertrag aufzunehmen, da sonst ein VN-Wechsel zwischen diesen

---

500 Unter Selbstselektion versteht man, wenn eine Gruppe von VN aus einer Palette von ihnen angebotenen Verträgen so auswählt, dass Personen mit hohen und niedrigen Schadenrisiken sich in vom VR antizipierter Weise auf die verschiedenen Verträge aufteilen: VN mit hohen Risiko sind bereit, für Vollversicherung eine höhere Prämie zu zahlen, während VN mit niedrigeren Risiko bei entsprechendem Prämiennachlass einen Selbstbeteiligung (hier in Form von späteren höheren Prämien) in Kauf nehmen. (vgl. Bach 1999, Seite 21–22).
501 Vgl. Bach 1999, Seite 1–3, 20–22.
502 Siehe Ausführungen 2.2.

und dem VN zur Umgehung einer Höherstufung möglich ist.[503] Dies bedingt eine eindeutige Personen-Identifikation, welche beispielsweise durch den Nachweis der Steueridentifikationsnummer oder der Sozialversicherungsnummer bei Antragstellung zu bewerkstelligen wäre. Zur Ermittlung einer neuen Prämie für einen Neuvertrag der mitversicherten Person wären folgende Gestaltungen möglich:

Szenario bei VN-Wechsel
– Sowohl der VN als auch der Ehegatte/Lebensgefährte/Lebenspartner erhalten die gleiche Prämienstufe, ein VN-Wechsel zur Umgehung einer Höherstufung ist also nicht vorteilhaft und wird dadurch verhindert.

Szenarien bei Trennung
– (ehemals) mitversicherte Person bleibt allein: Hier gibt es keine Schwierigkeiten, die/der neue VN behält die gleiche Prämienstufe und die gleichen schadenfreien Jahre wie der VN. (Eventuell zahlt er eine günstigere Prämie durch den Singletarif anstelle des bisherigen Familientarifs.)
– (ehemals) mitversicherte Person führt neuen gemeinsamen Haushalt mit einer Person, die ebenfalls eine Prämienstufe in der PHV hat: Hier würde sich eine Durchschnittsbildung für beide anbieten, oder aber auch die Wahl der günstigeren von beiden Prämienstufen (allerdings mit den dazugehörigen Schadendaten), denn es darf vermutet werden, dass sich eine Partnerschaft und ein gemeinsamer Haushalt nicht aufgrund einer Prämieneinstufung in der PHV begründen lässt.
– (ehemals) mitversicherte Person führt gemeinsamen Haushalt mit Person, die bisher keine PHV abgeschlossen hat: Hier sollte genauso verfahren werden, als würde der neue VN allein bleiben.

– Software-Unterstützung zur Eingabe und Speicherung der relevanten Daten: Für die Schadenbearbeitung ist es unerlässlich, dass das Rabattsystem im Schadenbearbeitungstool integriert ist bzw. in jedem Fall, dass das Rabattsystem auf wesentliche Vertrags- und Schadendaten automatisiert zugreifen kann. Genauer sind das hier folgende Daten(-felder), die für das Rabattsystem (zusätzlich) vorhanden sein müssen bzw. von dem bereits bestehenden Datenbestand zur Verfügung gestellt werden müssen:
– allgemeine Vertragsdaten des VN wie Anrede, Name, Anschrift, um VN schriftlich über Einstufung, Vorteilhaftigkeit etc. zu informieren,
– Datum des letzten regulierten Schadens (um die schadenfreien Jahre ermitteln zu können),

---

503 Kinder und andere versicherte Personen sind nicht betroffen, da sie bei einem Neu-Abschluss/VN-Wechsel beispielsweise eben nicht kostenfrei ihre Eltern mitversichern könnten und somit die Eltern einen separaten Vertrag benötigten. Ein Wechsel wäre daher unvorteilhaft, siehe auch 2.2.

- Angabe der bisherigen Prämienstufe (bei Neueinführung alle VN auf Prämienstufe 18 = 100 % setzen), um in Verbindung mit der zu ermittelnden Höherstufung die neue Stufe zu ermitteln,
- aktualisierte Abzinsungszinssätze, die die Deutsche Bundesbank monatlich veröffentlicht, um die Vorteilhaftigkeit einer Regulierung unter Berücksichtigung der auf den Regulierungszeitpunkt diskontierten höheren Prämienzahlungen für den VN zu ermitteln.[504]
- Software zur Ermittlung der neuen Prämienstufe inkl. der neuen Prämie und der Vorteilhaftigkeit einer Schadenregulierung durch den VR bzw. einer Eigenregulierung seitens des VN: Die eben genannten vorgehaltenen Daten müssen mit der Eingabe der aktuellen Schadendaten (Schadenhöhe und Schadendatum) verknüpft werden, um daraus die neue Prämienstufe und den neuen Beitrag zu ermitteln, der wiederum zur Ermittlung der Vorteilhaftigkeit einer Regulierung bzw. Selbsttragung benötigt wird. Auch diese Ermittlung muss unter Zugriff auf die aktuellen Zinssätze gewährleistet sein, um den VN eine Entscheidungsgrundlage zügig und unkompliziert an die Hand geben zu können. Eine manuelle Ermittlung ist aufgrund der Vielzahl der Schäden nicht möglich. Im Falle einer Regulierung muss sodann die neue Prämienstufe und das Datum des letzten Schadens (schadenfreie Jahre sind nach dem Schaden wieder „0") gespeichert werden und (automatisch) eine Rechnung für den noch offenen (anteiligen) höheren Beitrag (am besten zusammen mit der Regulierungsbestätigung) erzeugt und versandt werden.
- Die betroffenen Mitarbeiter der Antrags- und Schadenabteilung sowie die Außendienstmitarbeiter sollten ausführlich über den neuen Tarif aufgeklärt und geschult werden. Daneben sollten entsprechende Einarbeitungen in die Softwaretools erfolgen, um weiterhin einen reibungslosen, zügigen Ablauf der Schadenbearbeitung zu gewährleisten.
- (Software-Unterstützung zur) Weitergabe und Speicherung an eine VR-übergreifende Datei: Die relevanten Daten (eindeutige Identifikationsdaten wie Steueridentifikationsnummer,[505] Datum letzter Schaden, aktuelle Prämienstufe) müssen vom VR in einer unternehmensübergreifenden Datei (automatisch) weitergegeben und dort abgespeichert werden. (Eventuell kann das bereits bestehende HIS um diese Funktionalität erweitert werden.) Antrags- und Schadensachbearbeitern ist hierfür der uneingeschränkte und unkomplizierte Zugriff zu gewähren. Dies ist erforderlich, um zu verhindern, dass VR vermeintlichen Neuverträgen eine bessere/schlechtere Prämienstufe zuordnen, weil VN bei Neuabschlüssen nach Vertragskündigungen auf die Angabe

---

504 Selbstverständlich sind auch andere Zinssätze möglich, diese wurden nur beispielhaft in dem hier entwickelten Konzept zugrunde gelegt.
505 Dies ist erforderlich, damit VR auch dann VN/mitversicherte Personen und ihre Vorverträge identifizieren können, wenn diese ihren Namen geändert haben oder umgezogenen sind.

ihrer Vorversicherung (aus welchen Gründen auch immer) verzichten. Eine solche „Malus-Datei" kann Versicherungsbetrug bereits in der Antragsphase wirksam eindämmen. Der Sachbearbeiter kann über diese Datei bereits die Antragsangaben zur Vorversicherung und zu Vorschäden und damit den „Wahrheitsgehalt" der Angaben des VN prüfen (siehe hierzu auch 6.3).[506]
– Die Datenspeicherung hat unter Einhaltung der Datenschutzbestimmungen zu erfolgen. Die Speicherdauer der Daten sollte beispielsweise bei zehn Jahren angesetzt werden.

Günstige Voraussetzungen:

– Es wäre für die Einführung des Systems günstig, wenn die PHV ebenso wie die Kfz-Haftpflichtversicherung als Pflichtversicherung in Deutschland eingeführt wird. Dadurch könnte sichergestellt werden, dass es für Versicherungsbetrüger kein Entkommen aus der Hochstufung und den damit verbundenen höheren Prämien gibt. Daneben würde natürlich die Absicherung aller Bürger vor existenzgefährdenden finanziellen Nachteilen aus der Haftpflicht gegenüber Dritten gewährleistet. Außerdem konnte anhand empirischer Beobachtungen nachgewiesen werden, dass die Schadenquoten für fakultative Versicherungen deutlich über denen der obligatorischen Versicherungen liegen, da Adverse Selection und damit das Phänomen des Moral Hazard auf fakultativen Versicherungsmärkten vorherrschend anzutreffen ist.[507] Die Einführung der Pflichtversicherung als Vorsorgemaßnahme gegen Moral Hazard (und damit Versicherungsbetrug) ist also erstrebenswert, wenn auch nicht zwingend notwendig: Ein schadenträchtiger VN kann zwar bei fakultativem Versicherungsschutz eine Hochstufung umgehen, indem er komplett auf seinen Versicherungsschutz in der PHV verzichtet, jedoch riskiert er damit für einen relativ langen Zeitraum[508] die besagten finanziellen Nachteile bei einem weiteren, dann unversicherten Haftpflichtschaden.
– Ebenfalls von Vorteil wäre ein Kontrahierungszwang analog zur Regelung in der Kfz-Haftpflichtversicherung,[509] um auch sehr schadenträchtigen Personen (gegen Zahlung einer höheren Prämie und mit Vereinbarung eines relativ hohen Selbstbehalts) den wichtigen Versicherungsschutz nicht vorzuenthalten.
– Analog zur Kfz-Haftpflichtversicherung wäre eine gesetzliche Vorgabe dieses Prämienstufenverfahrens zu begrüßen, um sicherzustellen, dass wirklich alle VR notfalls unter Zwang mitziehen. Außerdem wäre es wünschenswert,

---

506 Vgl. Münchener Rückversicherungs-Gesellschaft (Hrsg.) 1987, Seite 51.
507 Vgl. Bach 1999, Seite 5.
508 Dieser ergibt sich aus dem kürzeren Zeitraum zwischen der Rückstufung bis aus Prämienstufe 18 oder der Speicherdauer der Daten in der unternehmensübergreifenden Datei, denn in beiden Fällen gelangt er bei einem Neuabschluss dann zur Prämienstufe 18.
509 Vgl. Richter 2010, Seite 55.

wenn PHV-VR sich auf ein einheitliches Modell (hinsichtlich der Höhe der Beitragssätze, Selbstbehalte, Prämienstufenfaktoren und Hochstufungen[510]) verständigen könnten bzw. auch dies gesetzlich vorgeschrieben wird, damit für den VN das System nachvollziehbar und verständlich ist und die Beiträge zwischen den VR vergleichbar sind.
- Bei den zwingenden Voraussetzungen wurden ja bereits Softwaretools genannt, die die Sachbearbeiter bei der Eingabe, Ermittlung und Speicherung unterstützen. Je automatisierter diese Systeme implementiert werden, desto einfacher und kostengünstiger kann die Bearbeitung erfolgen. Einige dieser Vereinfachungen wären beispielsweise
- die automatische Günstiger-Prüfung der Vorteilhaftigkeit aus der Regulierung bzw. des Selbsttragens und die damit verbundene
- Erstellung eines verständlichen! Standardschreibens, nachdem der Schadensachbearbeiter die Deckung[511] (und grob die Plausibilität) des Schadens geprüft hat. Dieses Schreiben soll den VN auf die Konsequenzen einer Regulierung hinweisen (detaillierte Angabe der höheren (nichtdiskontierten) und) diskontierten Prämien, bis der VN wieder so gestellt ist, als ob keine Versicherungsleistung ausgezahlt worden wäre im Vergleich zur Versicherungsleistung). Um die Bearbeitungsdauer und den Aufwand für den VN nicht überzustrapazieren, sollte im Schreiben der Hinweis erscheinen, dass um formlose Rückmeldung (telefonisch, schriftlich, per Mail) innerhalb von zwei Wochen gebeten wird, andernfalls automatisch eine Regulierung unter Vorbehalt einer abschließenden Prüfung erfolgt. Die Formulierung „unter dem Vorbehalt einer abschließenden Prüfung" kann bereits präventive Wirkung entfalten.[512] Aus Kostenersparnisgründen und zur Beschleunigung der Bearbeitungszeit können im Schreiben gleichzeitig weitere für die Prüfung erforderliche Unterlagen (Fragebögen, Schadenobjekte usw.) angefordert werden, die wiederum nur bei weiterer Geltendmachung des Schadens benötigt werden.
- Service-Tools auf der Homepage des VR oder beim Außendienstmitarbeiter, damit der VN bzw. der Ansprechpartner vor Ort die Vorteilhaftigkeit einer Regulierung bestimmen kann und sich der VN den Aufwand einer Schadenmeldung spart und gleichzeitig der VR von der Prüfung entlastet wird.

---

510 Wie unter 7.2 gezeigt wurde, variieren die Beitragssätze und die Rückstufungsmodalitäten von VR zu VR bei der Kraftfahrzeughaftpflichtversicherung.
511 Unter Deckungsprüfung wird in diesem Zusammenhang verstanden, dass das geschilderte Schadenereignis sowie das Schadenobjekt vom Umfang des Versicherungsschutzes erfasst wird, also ein versicherter Schaden vorliegt. Andernfalls kann eine sofortige Ablehnung des Schadens erfolgen, ein Brief würde beim VN nur falsche Hoffnung wecken und unnötige Kosten verursachen.
512 Vgl. Schultheiss 2004, Seite 34.

– Im Rahmen der Öffentlichkeitsarbeit sollten die Informationen sowie die Hintergründe, Ziele und Folgen des Rabattsystems verständlich an die Kunden herangetragen werden. Sie sollten über den Zweck der Betrugsbekämpfung informiert werden. Gleichzeitig sollte publik gemacht werden, dass die Versichertengemeinschaft von dieser Maßnahme langfristig mit reduzierten und fairen (Grund-)Prämien profitiert, da die Schadenaufwendungen und die Betrugskosten gesenkt werden können. Neben der öffentlichen Bekanntmachung sollte der vorhandene Kundenstamm vom VR durch ein Informationsschreiben noch vor Umstellung informiert werden. Eine telefonische Beratung der Kunden bei Fragen sollte gewährleistet sein. Daneben sind selbstverständlich die Neukunden ausführlich über das Prämienstufensystem aufzuklären und zu informieren.

7.5 Folgen der Einführung

7.5.1 Mögliche wirtschaftliche Auswirkungen auf der Einnahmen- und Ausgabenseite der beteiligten Akteure in der ersten Periode

Um die wirtschaftlichen Folgen direkt nach der Einführung des Rabattsystems abschätzen zu können, bedarf es zunächst der Festlegung, was unter der ersten Periode verstanden wird. Die erste Periode versteht sich hier als das erste volle Versicherungsjahr seit der Einführung des Rabattsystems.[513]

Aufgrund fehlender Bestandsdaten eines Versichertenkollektivs sowie fehlender Erhebungen zum möglichen veränderten Verhalten nach der Einführung eines solchen Systems erfolgt hier nur die Erörterung tendenziell zu erwartender Veränderungen ohne konkrete statistische Angaben unter den derzeitigen Bedingungen/Annahmen.

Auswirkungen für VR:

Einnahmenseite:

Bei der Umstellung der vorhandenen Bestandsverträge (sowie für Neuverträge) bleibt die bisher erhobene Prämie konstant. Das Prämienvolumen aus dem Bestand ändert sich zunächst für den VR aufgrund des Rabattsystems nicht.

---

513 Aus Vereinfachungsgründen wird hier angenommen, die Einführung vollzieht sich für alle Bestandsverträge per 1.1. des Jahres und damit endet die erste Periode am 31.12. des Jahres. In der Praxis sollte die Einführung immer zur Hauptfälligkeit des jeweiligen Versicherungsvertrags erfolgen. Diese Tatsache ändert jedoch nichts an den weiteren Ausführungen.

Sinkende Prämien ergeben sich erst nach Ablauf der ersten Periode, da eine schrittweise Rückstufung bei schadenfreien Verläufen Jahr für Jahr erfolgt. Der VR braucht also zunächst kein Absinken der Prämien aus den PHV-Verträgen zu fürchten.

Umgekehrt kann es jedoch zu einem Anstieg der Prämien von schadenträchtigen Verträgen kommen. Je nach Schadenhöhe und bisherigem schadenfreiem Verlauf ergeben sich unterschiedliche Szenarien:

– Bei großen Schäden im Versicherungsbestand und/oder langen schadenfreien Zeiten erscheint für die VN die Regulierung tendenziell vorteilhafter, die Prämieneinnahmen steigen.

– Sollten eher kleine Schäden gemeldet werden und die schadenfreien Zeiten im Bestand eher kurz sein, kann der VR mit einer Selbstregulierung der VN rechnen, was die Prämieneinnahmen konstant hält.

Ausgabenseite:

Für die Implementierung des Systems (Software, Informationen und neue Bedingungen an den VN, Abstimmungsaufwand mit den übrigen VR, Schulungen der Mitarbeiter usw.) fallen zunächst hohe größtenteils fixe Kosten an, die die Ausgabenseite des VR belasten.

Es können jedoch sofort Einsparungen auf der Ausgabenseite erreicht werden, wenn es gelingt, das System so automatisiert zu gestalten, dass die Ermittlung der neuen Prämienstufe und der Vorteilhaftigkeit reibungslos und schnell funktioniert. Hier besteht ein erhebliches Kostensenkungs- und Einsparpotenzial, beispielsweise wenn der VN über Tools selbst in der Lage ist, die Vorteilhaftigkeit zu ermitteln und so von einer Einreichung des Schadenfalls Abstand nimmt. Die Mitarbeiter können von einer Vielzahl s. g. Bagatellschäden entlastet werden, was hohe Personalkostenersparnisse mit sich bringt.

Die größte Aufwandsposition stellen die Schadenaufwendungen dar. Mithilfe des Prämienstufenmodells kann erreicht werden, diese Position erheblich zu reduzieren, da vor allem kleine Schäden für die VN nicht lohnen. Dadurch kann die Ausgabenseite des VR von einer Vielzahl kleinerer Schadenregulierungen entlastet werden. Aus den Einsparungen lässt sich ein Gewinn generieren, der am Kapitalmarkt verzinslich angelegt werden kann und die finanzielle Ausstattung des VR verbessert.

Daneben trägt das Rabattmodell aufgrund der nachträglichen Belastung der VN mit höheren Prämien sofort dazu bei, das moralische Risiko wirksam einzudämmen, was insgesamt zu einem umsichtigeren Verhalten der VN und damit zu einer abnehmenden Schadenhäufigkeit führen kann und ebenfalls Einsparungen auf der Ausgabenseite mit sich bringt.[514][515]

---
514 Vgl. Bach 1999, Seite 1–5,20.
515 Vgl. Knaus 2002, Seite 34.

Da Versicherungsbetrug nicht mehr (in jedem Fall) lohnt, können hier die teils erheblichen Kosten für die ungerechtfertigten Leistungen sowie für die Prüfungen (Honorare für externe Gutachter, umfangreiche Checklistenprüfungen usw.) bei einer Vielzahl der Fälle entfallen. Die Betrugsbekämpfung kann darüber hinaus effizienter und rentabler gestaltet werden, da sie sich gezielt auf höhere Schadensummen konzentrieren kann. Wie in Abschnitt 4.4.3 gezeigt wurde, lassen sich durch effizientere Kontrollen Betrügereien eindämmen und Ausgaben einsparen.

Zusammenfassend kann festgehalten werden, dass der VR im Jahr der Einführung des Systems auf der

– Einnahmenseite gleichbleibende bis steigende Prämieneinnahmen erzielen wird.
– Ausgabenseite hohe Kosten für die Implementierung des Systems erbringen muss, diesen jedoch Einsparungen bei der Schadenregulierung sowie bei der Schadenbearbeitung und Betrugsbekämpfung gegenüberstehen. Die Ausgaben für Versicherungsbetrug im Kleinschadensegment und speziell Gefälligkeitsbetrug können wirksam reduziert werden.

Auswirkungen für die Versichertengemeinschaft:

Einnahmenseite:

Die Einnahmenseite der Versicherten betrifft ausschließlich einzunehmende Schadenzahlungen des VR (wobei diese dem Geschädigten zustehen und zum Teil bereits direkt vom VR an ihn überwiesen werden). Es können sich im ersten Jahr der Einführung und in den Folgejahren des Rabattsystems unterschiedliche Auswirkungen ergeben:

– Die VN erleiden überwiegend kleine Schäden oder/und haben eine kurze schadenfreie Zeit. Es ist für sie tendenziell günstiger, den Schaden selbst zu tragen, so dass keinerlei Einnahmen erzielt werden.
– Die VN erleiden eher größere Schäden und/oder haben viele schadenfreie Jahre zurückgelegt: Eine Regulierung erscheint tendenziell günstiger, sodass Schadenzahlungen vereinnahmt werden.

Insgesamt sinken die Schadeneinnahmen aller Versicherten, da

– bislang alle Schäden unabhängig von der Höhe/schadenfreien Zeit geltend gemacht wurden und es nun Abwägungen bzw. Regulierungsverzichte geben wird,
– mit dem Rabattsystem dem moralischem Risiko wirksam beggnet werden kann und es durch das schadenverhütende/schadenmindernde Verhalten des VN tendenziell zu weniger Schäden kommt.

Gefälligkeitsbetrüger, die unversicherte Eigenschäden von Verwandten und Bekannten mithilfe ihrer PHV ausbügeln wollten, rechneten bisher mit einem finanziellen Ausgleich des entstandenen Schadens durch den VR, teils sogar mit einem anteiligen (vorab abgesprochenen) Gewinn auf der Einnahmenseite. Beides wird durch das Rabattmodell jedoch gravierend geschmälert und teils sogar in einen Verlust umgekehrt, sodass die Einnahmen von Versicherungsbetrügern in sehr starkem Maße zurückgefahren werden. Ein sinkender Gewinn bzw. ein Verlust kann die Betrugswahrscheinlichkeit deutlich reduzieren.

Ausgabenseite:

Im ersten Versicherungsjahr nach der Einführung des Rabattmodells können die VN nicht mit sinkenden Prämien auf der Ausgabenseite kalkulieren, da diese bei schadenfreiem Verlauf frühestens im Jahr nach der Einführung sinken.

Die Ausgaben können jedoch in Abhängigkeit der Schadenhöhe und der bisherigen schadenfreien Zeit bei einem aktuellen Schadenfall steigen durch:

– die Ausgaben für die Eigenregulierung des Schadens, wenn sich eine VR-Regulierung für den VN nicht lohnt. Dies ist tendenziell dann der Fall, wenn die Schadenhöhe eher gering ist und/oder wenn bisher nur wenige schadenfreie Jahre zurückgelegt wurden.
– die anteilig höhere Prämie im ersten Versicherungsjahr, wenn sich der VN für die VR-Regulierung entschieden hat. Diese Entscheidung wird er überwiegend dann fällen, wenn die Schadensumme eher groß ausfällt und/oder er aufgrund einer relativ langen schadenfreien Zeit nur geringe Verluste aus den höheren Prämien zu befürchten hat.

Gefälligkeitsbetrüger hatten bis dato keinerlei finanzielle Nachteile/Ausgaben bei einem erfolgreichen Betrug in der PHV zu fürchten. Dies ändert sich nun. Neben den finanziellen Nachteilen, die aus der Höherstufung resultieren, steigt auch der Abstimmungsaufwand zwischen VN und Geschädigten für den Ausgleich der finanziellen Nachteile über Jahre hinweg. Daneben besteht die Gefahr einer noch höheren Prämie bei einem weiteren Schadenfall, der aus dem Verlust der schadenfreien Jahre (und damit der Erhöhung des zweiten Prämienstufen-Multiplikators) resultiert. Auch diese Überlegung muss bei der Entscheidung über die Ausführung eines Gefälligkeitsbetrugs mit einbezogen werden.

Zusammenfassend kann festgehalten werden, dass die Versichertengemeinschaft im Jahr der Einführung des Systems

– auf der Einnahmenseite mit abnehmenden Schadenzahlungen zu rechnen hat.
– auf der Ausgabenseite gleichbleibende oder steigende Prämien sowie steigende Ausgaben für Eigenregulierungen zu erwarten hat.

Die Gewinne der Gefälligkeitsbetrüger werden durch das Rabattkonzept auf der Einnahmenseite erheblich reduziert und die Aufwendungen für den erfolgreichen Betrug auf der Ausgabenseite enorm erhöht, sodass sich Versicherungsbetrug aus Nutzenüberlegungen nahezu nicht mehr lohnt.

7.5.2 Mögliche wirtschaftliche Auswirkungen auf der Einnahmen- und Ausgabenseite der beteiligten Akteure in den Folgeperioden

Auswirkungen für VR:

Einnahmenseite:

Es kann für den VR zu sinkenden, annähernd gleichbleibenden oder steigenden Prämieneinnahmen führen, je nachdem, welche Konstellation überwiegt:

- Steigende Prämieneinnahmen ergeben sich dann, wenn der VR Schadenfälle reguliert und es daraus zu einer Höherstufung verbunden mit steigenden Prämien kommt. Dies ist überwiegend bei größeren Schäden und/oder längeren schadenfreien Vertragslaufzeiten im Bestand zu erwarten.
- Sinkende Prämieneinnahmen ergeben sich, wenn weniger VN einen Versicherungsfall geltend machen, sei es aufgrund einer vorteilhaften Selbstregulierung (v. a. kleinere Schäden und/oder kurze schadenfreie Zeiten) oder wegen Schadenfreiheit (Reduktion des Moral Hazard). Annahmegemäß (geringe Durchschnittsschadenhöhe in der Vergangenheit) sollte dieser Effekt überwiegen.
- Stagnierende Prämien ergeben sich, wenn keiner der beiden Effekte überwiegt, sondern sie sich ausgleichen.

Darüber hinaus können sich Prämiensenkungspotenziale ergeben, die aus der Senkung der Schaden- und Kostenquote (effizientere Bearbeitung, Wegfall Bagatellschäden) sowie aus der Reduktion der Betrugskosten resultieren. Diese können an den VN weitergegeben werden und zu sinkenden Einnahmen des VR führen.

Tendenziell sollte daher mit sinkenden Prämieneinnahmen aus den einzelnen Versicherungsverträgen zu rechnen sein. Wie gezeigt wurde, liegt das Prämiensenkungspotenzial allein durch Verhinderung des Versicherungsbetrugs bei 30–40 %.[516]

---

516 Vgl. Nell 1998, Seite 13.

Wenn es dem VR jedoch gelingt, diese Einsparpotenziale besser als die Konkurrenz umzusetzen, kann er Wettbewerbsvorteile erzielen und mehr Kunden gewinnen, was wiederum die Prämieneinnahmen erhöhen kann.

Ausgabenseite:

Die hohen Fixkosten der ersten Periode fallen nun nicht mehr an, es bleiben jedoch laufende Kosten für die Aktualisierung, Verbesserung, Pflege und Wartung des Rabattsystems sowie der unternehmensübergreifenden Datenbank. Diese Kosten sollten jedoch moderat ausfallen.

Alle anderen wirtschaftlichen Folgen der ersten Periode sind auch in Folgeperioden anzutreffen. Mit Verbesserungen hinsichtlich des Automatisierungsgrades lassen sich weiterhin Einsparpotenziale realisieren.

Zusammenfassend kann festgehalten werden, dass der VR in den Jahren nach der Einführung des Systems auf der

– Einnahmenseite tendenziell sinkende Prämieneinnahmen aus den einzelnen Versicherungsverträgen erwarten darf.
– Ausgabenseite moderate Kosten für die Wartung und Pflege des Systems aufbringen muss. Diesen stehen jedoch Einsparungen bei der Schadenbearbeitung und Betrugsabwehr (Wegfall von Schadenzahlungen und Kontrollen für Bagatellschäden, Selbstbehalte der VN) und aus der Reduktion betrügerischer Leistungen gegenüber.

Auswirkungen für die Versichertengemeinschaft:

Einnahmenseite:

Für die Einnahmenseite gelten in den Folgejahren dieselben Annahmen, die für die erste Periode getroffen wurden. Die Schadeneinnahmen bleiben geringer als vor Einführung des Systems, da VN nun zwischen vorteilhafter und nachteiliger Schadenregulierung abwägen und insgesamt aufgrund des geringeren moralischen Risikos mit weniger Schäden bzw. Regulierungen zu rechnen ist.

Ausgabenseite:

In den Folgejahren des Rabattmodells können die VN prämienseitig auf Entlastung hoffen:

– wenn der VR die Einsparungen aufgrund der sinkenden Schaden und Kostenquote in Form von sinkenden Prämien an den VN weitergibt.
– wenn der VN im vergangenen Versicherungsjahr schadenfrei geblieben ist.

Darüber hinaus ergibt sich für schadenträchtige VN dasselbe Bild wie in der ersten Periode. Entweder steigen die Aufwendungen für die Selbstregulierung des

Schadens bzw. den Selbstbehalt, oder die Prämien erhöhen sich aufgrund der VR-Regulierung.

Zusammenfassend kann festgehalten werden, dass die Versichertengemeinschaft in den Jahren nach der Einführung des Systems

– auf der Einnahmenseite mit abnehmenden Schadenzahlungen rechnen kann, da weniger Schäden eintreten und nicht mehr alle Schäden zahlungswirksam beim VR geltend gemacht werden.
– auf der Ausgabenseite tendenziell sinkende Prämienzahlungen und steigende Schadenausgaben (schadenträchtige VN) erwarten kann.

7.5.3 Vor- und Nachteile für Versicherungsnehmer

Das Prämienstufen-Modell soll seitens der VR zur Bekämpfung des Betrugs initiiert werden. Daraus erwachsen Veränderungen, die sowohl Vorteile wie auch Nachteile für die VN mit sich bringen.

Vorteile für die VN

Nach wie vor gewährleistet der Tarif eine komplette Risikoübernahme für alle entstehenden finanziellen Nachteile, die dem VN aus seiner Haftpflicht gegenüber Dritten erwachsen können. Der VR springt hier für den VN ein, die Versicherungsleistung steht dem VN bzw. Geschädigten sofort und in voller Höhe zur Verfügung, während die daraus resultierenden höheren Prämien peu à peu erbracht werden müssen und nicht sofort das Konto des VN belasten. Dies ist vor allem für große Schäden von Bedeutung, die die Existenz des VN gefährden könnten (beispielsweise langjährige hohe Rentenzahlungen nach Personenschäden).

Das Rabattsystem kann die Schadenbearbeitungszeit verkürzen,[517] was die Kundenzufriedenheit erheblich verbessern kann.

Das Prämienstufen-Konzept sorgt mit seiner nachträglichen Prämiendifferenzierung für mehr Prämiengerechtigkeit. Auch dies kann die Zufriedenheit (v. a. der schadenfreien) Kunden erhöhen.

Außerdem kann durch die Berücksichtigung der schadenfreien Jahre bewirkt werden, dass vor allem langjährig schadenfreie Kunden belohnt werden und sich besser verstanden fühlen. Sie erhalten ihren Bonus aus ihrem bisherigen Vertragsverlauf sowohl bei Schadenfreiheit (sinkende Prämien) als auch im Versicherungsfall (bei dem sie zumindest keine gravierenden Nachteile in Kauf nehmen müssen). Auch dies kann die Kundenzufriedenheit positiv beeinflussen.

---

517 Es werden weniger Versicherungsfälle geltend gemacht, die dann schneller abschließend geprüft werden können.

Durch die Regelungen des Rabattsystems kann es durch Schadenfreiheit oder durch sinkende Grundprämien (aus der Reduktion der Schaden- und Kostenquote des VR) zu niedrigeren Prämienausgaben kommen, wodurch den VN mehr Einkommen zu Konsum- bzw. Sparzwecken verbleibt.

Versicherungsbetrug kostet in zweierlei Hinsicht Geld: Einmal erhalten die Betrüger ungerechtfertigte Schadenzahlungen. Des Weiteren kostet es die VR eine Menge Geld, gegen Versicherungsbetrug anzukämpfen (Prozesskosten, Gutachter, siehe Kapitel 5 und 6). All diese Maßnahmen belasten die Versichertengemeinschaft in Form von betrugsindizierten Prämienanteilen. Die PHV soll jedoch vor Vermögensverlusten schützen. Dies heißt auch, dass sie zur Abwehr unberechtigter Ansprüche dient, was wiederum den Schutz vor Versicherungsbetrug und damit des eigenen Vermögens aus finanziellen Nachteilen einer ungerechtfertigten Prämie beinhaltet.[518] Wie gezeigt wurde, kann das Prämienstufen-Modell Versicherungsbetrug eindämmen und so Prämienerhöhungen verhindern und damit schlussendlich dem Anspruch aller redlichen Kunden gerecht werden.

Auch ein einkommensabhängiger Selbstbehalt kann für mehr empfundene Gerechtigkeit und Solidarität sorgen, da jeder einzelne VN gleichermaßen „spürbar" zur Kasse gebeten wird.

Nachteile für die VN

Durch das Rabattsystem erleiden vor allem schadenträchtige VN finanzielle Einbußen, sei es aufgrund von steigenden Prämien zzgl. eines evtl. Selbstbehaltes oder aufgrund der Eigenregulierung des Schadens.

Nicht jeder Schaden stellt einen Versicherungsbetrug dar oder ist auf den leichtfertigen Umgang des VN zurückzuführen. Schäden sind in der Regel zufällige Ereignisse, die sich unbeabsichtigt ereignen. Schicksalsmäßig kann dies auch in relativ kurzen Zeitabständen hintereinander passieren. Dennoch werden von dem Konzept ausnahmslos alle schadenträchtigen VN erfasst und mit höheren Prämien (sowie evtl. einen zusätzlichen Selbstbehalt) bzw. einer Eigenregulierung bestraft.

Steigende Beiträge bergen die Gefahr des Verlustes von Versicherungsschutz für einkommensschwache Haushalte, die sich die höheren Prämien nicht mehr leisten können und so auf den mitunter existenziell notwendigen Versicherungsschutz verzichten müssen.

---

518 Vgl. Stamm 1989, Seite 144.

7.5.4 Vor- und Nachteile für Versicherer

Vorteile für die VR

Um die Vorteile, die sich aus dem vorgestellten Konzept für die VR ergeben, abzuleiten, werden die für die Erarbeitung des Modells festgelegten Ziele herangezogen und auf ihre Erreichung hin überprüft.

1. Die Entwicklung dieses Konzeptes zielte darauf ab, den Vertrag weniger betrugsanfällig zu gestalten, damit die VR Versicherungsbetrug bereits im Vorfeld verhindern und so weniger Aufwand zur Abwehr des Versicherungsbetrugs betreiben müssen:
   – Durch die Höherstufung der Prämien im Schadenfall reduziert sich der mögliche Gewinn aus einem Versicherungsbetrug, die Betrugsneigung sinkt.[519]
   – Gleichsam fördert das System eine effizientere Kontrolle möglicher Betrugsfälle, da die Mitarbeiter von Bagatellschäden entlastet werden und daher freie Kapazitäten haben. Die Anzahl der zu prüfenden Fälle nimmt ab und deren Schadensummen zu, was effektiv weniger Kontrollen mit sich bringt, die noch dazu rentabler erscheinen, da der VR im Falle einer Betrugsentdeckung höhere Einsparpotenziale realisieren kann. Die höhere Entdeckungswahrscheinlichkeit führt wiederum zur Senkung des Nutzens aus einem Versicherungsbetrug und kann diesen eindämmen.

→ Fazit: Mit dem Rabattsystem kann es gelingen, Versicherungsbetrug bereits im Vorfeld zu verhindern und den VR von den Aufwendungen für die Betrugsbekämpfung bzw. von ungerechtfertigten Schadenzahlungen zu entlasten.

2. Mit dem Prämienstufen-Modell soll vor allem die in der PHV überwiegend anzutreffende Form der umfrisierten Versicherungsfälle im Rahmen des Gefälligkeitsbetrugs bekämpft werden. Neben den obigen Ausführungen verhindert vor allem die Regelung des sofortigen Wegfalls der schadenfreien Zeit mit den damit verbundenen Nachteilen einer gravierenden Hochstufung in einem weiteren Schadenfall einen Gefälligkeitsbetrug, zumindest ergibt sich daraus ein nicht ohne Weiteres überwindbares Hindernis bei der Abstimmung zwischen Geschädigten und VN im Betrugsfall. Auch die lange Wirkung der Hochstufung erhöht den zu betreibenden (Kalkulations-)Aufwand zwischen beiden.

→ Fazit: Die Konzeption kann den Gefälligkeitsbetrug im Bereich der PVH bekämpfen und den VR vor betrügerischen Meldungen im Kleinschadensegment bewahren.

---

519 Vgl. Abschnitt 4.4.4.

3. Dem VN sollte eine Art Eigenverantwortung aufgebürdet werden, um sein moralisches Risiko (und damit Versicherungsbetrug) zu senken, ohne betrügerische Schadenliquidationen zur Kompensation dieser Selbstverantwortung zu provozieren. Gleichzeitig sollten vor allem Betrügereien im Kleinschadensegment (ca. 500 Euro) verhindert werden.

→ Fazit: Mit dem ersten-Prämienstufen-Multiplikator gelingt es, kleinere Schäden verhältnismäßig härter zu bestrafen, absolut betrachtet jedoch höhere Schäden härter zu bestrafen und so beiden Zielen gerecht zu werden.

4. Durch das System gelingt es überdies, dass VN aus Rentabilitätsüberlegungen von einer Regulierung absehen. Außerdem kann durch die teilweise Risikoüberwälzung das moralische Risiko und damit die Schadenwahrscheinlichkeit eingedämmt werden. Dies verringert die Schadenquote des VR erheblich.

5. Durch den Wegfall der großen Vielzahl kleinerer Schäden sinken die Bearbeitungskosten (Personalkosten). Auch Kontrollkosten fallen nur noch dann an, wenn sich der VN für eine Regulierung entscheidet. Durch die dadurch entstehenden freien Kapazitäten kann eine schnellere Regulierung gewährleistet werden. Hier kann der VR erfolgreich an einer Image-Wende weg vom „gierigen Geizhals" arbeiten.[520]

6. Gleichsam kann der VR einen Gewinn (aus der Differenz zwischen ersparten Schadenzahlungen und sinkenden Prämieneinnahmen) generieren, der die finanzielle Ausstattung des VR stärkt und zum Unternehmenserfolg beitragen kann.

7. Der VR braucht durch die obligatorische Einführung keinerlei Reputationsverluste zu fürchten. Er kann bei erfolgreicher Umsetzung Einsparpotenziale realisieren, die er in Form von sinkenden Prämien an seine Kunden weitergeben kann, und so Wettbewerbsvorteile erzielen.

8. Allein das in 7.4 erwähnte Standard-Schreiben zur Vorteilhaftigkeit einer (Eigen)-Regulierung mit dem Hinweis „unter Vorbehalt einer abschließenden Prüfung" kann präventive Wirkung entfalten und vor Versicherungsbetrug schützen.

9. Die Informationsasymmetrie zulasten des VR kann überwunden werden. Da die Hochstufungsmodalitäten ein Schadenminderungsinteresse beim VN wecken und sich Schäden überwiegend im Bekanntenkreis abspielen (also

---

520 Vgl. Knoll 1.12.2011.

nicht anonym sind), kann der VN dem VR möglicherweise sachdienliche Hinweise bezüglich des tatsächlichen Schadenumfangs liefern, sodass Betrügereien des Geschädigten schneller geahndet werden können. Der VN könnte als „verlängerter Arm" des VR walten.

Daneben kommen die allgemeinen Vorteile, die aus der Einführung einer (sekundären) Prämiendifferenzierung bzw. der individuellen Prämienäquivalenz resultieren, zum Tragen:

1. Für den VR ergibt sich aus dem Rabattsystem eine strukturelle Neutralität: Dem einzelnen VN wird sein individuelles Risiko zugeordnet. Für den VR ist daher die Versicherungsbestandszusammensetzung unerheblich, Bestandsänderungen durch Neueintritte/Austritte gefährden den Erwartungswert der Schäden und damit die Risikosituation des VR nicht.[521]

2. Ebenso wird Adverse Selektion und Risikoselektion vermieden:

– Adverse Selektion: Durch die sekundäre Prämiendifferenzierung können unterschiedliche Risiken angemessener bepreist werden. Dies bringt den Vorteil, dass man risikoarme VN zu fairen Preisen an das Unternehmen binden kann.
– Risikoselektion durch Konkurrenz: Einheitsprämien für gute und schlechte Risiken bei einzelnen VR würden risikoarme VN abschrecken, die folglich den Versicherungsschutz eines anderen VR bevorzugen, der differenzierte Preise für gute Risiken anbietet. In der Konsequenz verbleiben die schlechten Risiken bei den indifferenten VR, wodurch sein Risiko steigt und die Prämie erhöht werden muss. Letztlich kann dies zum wirtschaftlichen Ruin des VR führen.[522]

3. Vermeidung von Moral Hazard: Mit dem Rabattsystem können das moralische Risiko durch eine teilweise Risikoüberwälzung (summenabhängige Prämienerhöhungen, Selbstbehalte, Wegfall schadenfreier Zeiten oder Selbstregulierung) eingedämmt und damit Kosten gespart werden:

„Ideal zur Vermeidung vom moralischen Risiko und zur Erreichung von mehr Vorsorgemaßnahmen sind Verträge, die einen Anreiz für Präventionsmaßnahmen schaffen. (...) Die Verringerung des moralischen Risikos setzt also mindestens eine nachträgliche Prämiendifferenzierung voraus."[523] [524]

---

521 Vgl. Richter 2010, Seite 45.
522 Vgl. Richter 2010, Seite 46.
523 Richter 2010, Seite 48.
524 Vgl. Ausführungen unter 4.4.1.

Nachteile für die VR

Nachteilig sind zunächst die mit der Einführung verbundenen hohen Kosten anzusehen. Diese betreffen neben der internen Softwareunterstützung und Mitarbeiterschulung vor allem den unternehmensübergreifenden Abstimmungsaufwand und die Bereitstellung einer übergreifenden Datenbank. Darüber hinaus fallen Kosten für die Information und Umstellung der Bestandskunden(-verträge) an. Auch die laufende Pflege und Aktualisierung des Systems belastet die Ausgabenseite des VR.

Die Bearbeitungszeit verlängert sich um die Schritte der Dateneingabe für das Rabattsystem, für die Vorteilhaftigkeitsprüfung sowie für die Weitergabe in die unternehmensübergreifende Datenbank. Je nachdem, mit welchem Automatisierungsgrad die Implementierung erfolgt (siehe 7.4), besteht hier jedoch eine Menge Einsparpotenzial, sodass die Bearbeitungszeit unter Umständen sogar verkürzt werden kann.

Unter nichtmonetären Aspekten sollte die zu leistende Überzeugungsarbeit des VR gegenüber seinen Mitarbeitern nicht unterschätzt werden, da sie die Mehrarbeit im Zusammenhang mit der Einführung des neuen Modells erbringen und letztlich das neue Konzept mittragen müssen.

Vor allem Personenschäden wirken langwierig, sodass die Bearbeitung dieser Schäden durch das neue Prämienstufen-Modell mit Schätzwerten erfolgen muss, falls die Kosten die Limitierung von 10.000 Euro nicht ohnehin überschreiten. Dies stellt einen erhöhten Arbeitsaufwand an den VR, da es hier möglicherweise zu Rückerstattungen zu viel gezahlter Prämien kommen kann. (Dies kann auch für den VN nachteilig wirken).

Zusammenfassend kann festgehalten werden, dass die Vorteile der Einführung vor allem in Hinblick auf das Ziel – der Bekämpfung des Versicherungsbetrugs im Bereich der PHV – deutlich überwiegen und sowohl die VN als auch die VR von dieser Maßnahme profitieren können.

7.6 Prüfung der Umsetzbarkeit und Grenzen des Modells

Bei der Überprüfung des Modells auf seine Umsetzbarkeit stellt sich vor allem die Frage nach der Durchsetzung der zwingenden Voraussetzungen, die für die erfolgreiche Einführung des Prämienstufen-Modells für geboten gehalten werden.

Vor allem die unternehmensübergreifende Entscheidung für das „ob und wie" des Prämienstufen-Modells sollte sich in der Praxis als äußerst schwierig erweisen, weil beispielsweise:

– jeder VR einen unterschiedlichen Versicherungsbestand aufweist und sicherlich andere Ansprüche an das Modell stellt (beispielsweise zur Einteilung der Prämienstufen, zur Höhe der einzelnen Multiplikatoren und Beitragssätze usw.).

- die einzelnen VR über unterschiedliche Software-Standards verfügen und daher unterschiedlichen Arbeitsaufwand investieren müssten. Eine Implementierung stellt sich für den einen VR möglicherweise als unüberwindbares Hindernis dar, wohingegen ein anderer VR nur wenige Anstrengungen erbringen muss. Es kann vorkommen, dass einzelne VR sich deshalb gegen eine Einführung entscheiden.
- im Bereich PHV die durchschnittliche Prämie ohnehin recht gering ist und möglicherweise die Kosten für die Implementierung des Modells nicht rentabel erscheinen. Darüber hinaus sind auch die durchschnittlichen Betrugssummen relativ gering, sodass einige VR der Ansicht sein könnten, dass sich hier der Einsatz im Vergleich zu den erwarteten Einsparungen nicht lohnen würde.[525]

Daneben gibt es weitere Schwierigkeiten, die eine Umsetzung verhindern können:

- Die Abwicklung eines Schadenfalls kann oft über Jahre hinweg andauern, sodass die Schadenhöhe bzw. Höherstufung nicht von vorherein bestimmbar ist. Bei Großschäden sollte dies kein Problem sein, da hier eine Limitierung (10.000 Euro) vereinbart wurde. Problematisch sind eher unklare Haftpflichtfragen oder widersprüchliche Schadenangaben, die möglicherweise sogar gerichtlich geklärt werden müssen. Hier muss eine (einvernehmliche) Zwischenlösung gefunden werden, die sowohl für den VN als auch den VR akzeptabel ist.[526]
- Die Vorteilhaftigkeitsberechnung erfolgt zum Zeitpunkt des Schadenfalls mit der dann gültigen Grundprämie. Diese kann jedoch im Laufe der nächsten Jahre variieren. Dies kann dazu führen, dass ein zum Schadenzeitpunkt ermittelter vorteilhafter Regulierungsverzicht sich in den Folgejahren als nachteilig darstellt. Hier sollte zumindest ein entsprechender Hinweis an den VN erfolgen. (Gleichzeitig erhöht dies den Abstimmungsaufwand zwischen Geschädigten und VN und kann so Gefälligkeitsbetrug noch mehr erschweren.)
- Bisher konnten Außendienst-Mitarbeiter mit Regulierungsvollmacht Schäden bis zu begrenzten Höhen schnell und unkompliziert regulieren.[527] Durch das neue Konzept ist nun ein anderes Vorgehen zu vereinbaren, da eine Regulierung immer höhere Prämien nach sich zieht und daher mit der Schadenabteilung abgestimmt werden muss. Ob der Außendienst dieses neue Vorgehen mitträgt, kann nicht abschließend beantwortet werden.

---

525 Vgl. Abschnitt 2.2.3.
526 Beispielsweise könnte in Abstimmung mit dem VN vereinbart werden, bis zur endgültigen Klärung mit „Worst-Case"-Annahmen zu kalkulieren, auf die Gefahr hin, dass der VN zu hohe Prämien zahlt, die er im Falle der endgültigen Schadenabwicklung unter günstigeren als den geschätzten Umständen zurückerstattet bekommt.
527 Vgl. Bildungswerk der Deutschen Versicherungswirtschaft e. V. (Hrsg.) 1997, Seite 26.

Das Prämienstufen-Modell gerät aber auch an seine Grenzen im Kampf gegen den bandenmäßigen Betrug. Dieser tritt überwiegend in den Formen der provozierten bzw. absichtlich herbeigeführten oder aber fingierten Versicherungsfälle auf:

- Das Prämienstufen-Modell kann seine präventive Wirkung nicht entfalten, wenn VN zusammen mit den Geschädigten Schadenfälle fingieren. Diese Täter wissen zumeist um die Hochstufungsmodalitäten und nehmen diese zugunsten eines noch höheren Gewinns in Kauf. Die Tatsache, dass gar kein realer Schaden existiert (anders als beim frisierten Schaden), erhöht zusätzlich die Gewinnaussichten aus einem Betrugsfall. Das Prämienstufen-Modell kann hier nur durch die freigesetzten Mitarbeiter-Kapazitäten eine höhere Entdeckungswahrscheinlichkeit entgegenhalten und so bandenmäßige Betrügereien bekämpfen.
- Auch von Gewohnheitstätern (Geschädigten) provozierte Versicherungsfälle können durch das Modell nicht verhindert werden. Diese Fälle sind in der PHV-Praxis relativ selten anzutreffen (beispielhaft könnte hier ein provozierter Unfall mit einem fahrradfahrenden VN konstruiert werden), jedoch nicht zu vernachlässigen.[528] Da die Bestrafung ja nicht den Geschädigten, sondern den VN trifft, lohnt sich für den Geschädigten ein derartiger Fall immer dann, wenn der Gewinn aus einer Regulierung höher zu bewerten ist als der provozierte Schaden (beispielsweise dann, wenn das Auto des Geschädigten ohnehin wertlos ist und er durch den Unfall mit dem Fahrrad eine Leistung vom VR erhält). Zwar schützt das Modell nicht vor derartigen Betrugsversuchen, jedoch hat der VN ein Schadenminderungsinteresse und kann daher dem VR wichtige Hinweise über Verdachtsmomente oder überzogene Schadenangaben melden, sodass die Entdeckungswahrscheinlichkeit steigen kann.

Ein weiterer Hinderungsgrund sind ausländische VR, die ihren Versicherungsschutz im Bereich der Privathaftpflicht ebenso in Deutschland anbieten können und sich dabei nicht an die Regelungen des Prämienstufen-Modells halten müssen. Hier kann es passieren, dass das Konzept gänzlich seiner Wirkung entmachtet wird, da vor allem schadenträchtige VN zur ausländischen Konkurrenz wechseln, um den Nachteilen der höheren Beitragssätze zu entkommen (ungeachtet der damit verbundenen Nachteile aus der Risikoselektion für den ausländischen VR). Durch gesetzliche Vorgaben könnte man diesem Umstand einen Riegel vorschieben.[529]

Als Rückmeldung zur veröffentlichten Pressemitteilung wurden einige dieser Hinderungsgründe bestätigt. Einige Leser erachten es als sehr schwierig, dass sich wirklich alle Versicherer auf die Einführung eines solchen Modells einigen

---

528 Vgl. Nell/Schiller 2002, Seite 2.
529 Vgl. o. V., www.verbraucherschutz-magazin.de/verbraucher/adressen/bafin.

können. Vor allem die niedrigen Prämien und ebenfalls die geringen Schadensummen stehen einer erfolgreichen Umsetzung entgegen.[530] [531]

Abschließend muss festgehalten werden, dass alle aufgezeigten Hinderungsgründe keine unüberwindbaren Hürden darstellen und sich durchaus eine Auseinandersetzung der VR mit der Thematik lohnen kann. Möglicherweise kann dieses Modell sogar auf andere Sparten, wie die Hausratversicherung oder die Kfz-Haftpflichtversicherung (mit Modifikationen) übertragen werden, da die Problematiken zum Thema Versicherungsbetrug hier ähnlich gestrickt sind.

---

530 Vgl. o. V. 2013; asscompact.de/.../56845.
531 Vgl. Alsbach 2013, www.versicherungsjournal.de/...-fuer-kunden-114934.php.

8 Nutzwertanalyse

In der nun folgenden Nutzwertanalyse soll jeweils ein Instrument der bisher angewandten Methoden zur Verhinderung und Abwehr von Versicherungsbetrug dem erarbeiteten Prämienstufen-Modell gegenübergestellt werden.

Hierfür eignet sich aus der Gruppe der Präventivmaßnahmen der Selbstbehalt als ein Mittel der betrugsfeindlichen Vertragsgestaltung. Als Abwehrmethode wird die betrugsaufdeckungseffiziente Bearbeitung herangezogen, die das ganze Spektrum der Betrugsabwehr abdeckt und grafisch nochmals unter Abbildung 11 auf Seite 75 nachvollzogen werden kann.

Es soll gezeigt werden, welche Maßnahme das moralische Risiko und speziell Versicherungsbetrug mit welchem Erfolg unter Kosten- und Nutzenaspekten wirksam eindämmen kann.

Kriterium	Gewichtung	Selbstbehalt	Prämienstufenmodell	Betrugsaufdeckungseffiziente Bearbeitung
Versicherungsbetrug eindämmen				
Ziel konkret	15 %	Verhinderung von Betrug		Abwehr von Versicherungsbetrug
Erreichung durch		Senkung des möglichen Gewinns und damit des Nutzens aus dem Schadenfall/Versicherungsbetrug:		Nachverfolgung und Ermittlung von verdächtigen Schadenmeldungen zur Erhöhung der Entdeckungswahrscheinlichkeit eines Betrugs und zur Abwehr unberechtigter Ansprüche
		einmalig in vorab vereinbarter Höhe (Festbetrag oder Prozentwert in Abhängigkeit des Schadens) und daher leicht für VN kalkulierbar	über viele Jahre und daher erhöhter Kalkulationsaufwand für den VN	
			Verlust schadenfreier Zeiten und damit Schlechterstellung bei weiterem Schadenfall	
		teilweise Risikoüberwälzung		
Hinderungsgründe		betrügerische Schadenliquidationen zur Kompensation des Selbstbehaltes	durch Schadenhöhenabhängigkeit entfällt diese Möglichkeit der Kompensation	Angepasstes Verhalten des VN bzw. VR kann keine Beweise erbringen
				VR übernimmt komplettes Risiko
Auswirkungen auf das Gleichgewicht/die Nutzenüberlegungen des VN und VR		Verringerung des Gewinns und damit des Nutzens des VN aus einem erfolgreichen Versicherungsbetrug. Gleichzeitig verringern VR ihre Kontrollaktivitäten, die Entdeckungswahrscheinlichkeit sinkt. Fazit: Erfolg ist abhängig von der individuellen Einschätzung des VN bezüglich des Gewinns und der Entdeckungswahrscheinlichkeit.	Verringerung des Gewinns, Erhöhung des (internen) Strafmaßes sowie effizientere Kontrollen und damit höhere Entdeckungswahrscheinlichkeit führen zur Verringerung des Nutzens des VN aus einem Versicherungsbetrug und können so Betrug eindämmen.	Effizientere Kontrollen können die Entdeckungswahrscheinlichkeit erhöhen und so den Nutzen des VN aus einem Betrug reduzieren. Die Umsetzung dieser Maßnahmen muss jedoch den Rentabilitätsüberlegungen des VR standhalten.
Nutzwert		6,0	8,0	4,0
Nutzwert in %		0,9	1,2	0,6

Kriterium	Gewichtung	Selbstbehalt	Prämienstufenmodell	Betrugsaufdeckungseffiziente Bearbeitung
Bekämpfung Moral Hazard (legales moralisches Risiko)	15 %	mittel, je nach Höhe des vereinbarten Selbstbehaltes/der eigenen individuell bewerteten Risikoübernahme kann das Verhalten des VN nach Vertragsschluss entweder risikoreicher oder vorsichtiger sein, so dass entweder ein erhöhtes Interesse an Schadenverhütung und -minderung besteht (hohe Selbstbehalte) oder eben nicht (geringe Selbstbehalte). Sollte sich ein Schadenfall ereignen, kann das moralische Risiko sich ebenso in zwei Richtungen entfalten: Schadenminderungsinteresse bei prozentualer Beteiligung an der Schadenhöhe; Schadenausweitungsinteresse zur Kompensation von Festbeträgen.	hoch, da der VN für jeden Schadenfall bestraft wird (Eigentragung oder höhere Prämien in Verbindung mit Verlust schadenfreier Zeiten), hat er ein Interesse, Schäden bereits vorab zu vermeiden. Die summenabhängige Bestrafung im Schadenfall sowie der einkommensabhängige Selbstbehalt gewährleisten das Schadenminderungsinteresse im Schadenfall.	nicht vorhanden bis gering, die Betrugsabwehr bewirkt keinerlei Verhaltensänderung des VN nach Vertragsschluss. Er hat weder ein Interesse an Schadenverhütungs- noch an Schadenminderungsmaßnahmen, da der VR ja für sämtliche Kosten in Verbindung mit dem Schaden aufkommt und der VN keine finanziellen Nachteile aus einem Schadenfall zu befürchten hat. Die Beobachtung genauer Prüfungen kann den VN möglicherweise in der Folge zu umsichtigerem Verhalten veranlassen.
Nutzwert		**5,0**	**8,0**	**2,0**
Nutzwert in %		**0,75**	**1,2**	**0,3**

Kriterium	Gewichtung	Selbstbehalt	Prämienstufenmodell	Betrugsaufdeckungseffiziente Bearbeitung
Trefferquote der Entdeckung/ Bestrafung bei Gelegenheitsdelikten/Gefälligkeitsbetrügereien	15 %	mittel, da leichte Umgehung des Selbstbehaltes durch Rechnungsfälschungen möglich sind bzw. VN/ Geschädigter dennoch einen Gewinn unter Abzug des Selbstbehaltes erwarten, da dieser leicht in das Nutzenkalkül einbezogen werden kann. Außerdem handelt es sich beim Selbstbehalt um eine freiwillige Vereinbarung, d. h. nicht jeder Vertrag beinhaltet einen solchen Selbstbehalt.	hoch, da jeder Schadenfall zu einer Bestrafung führt. Im Falle einer Regulierung steigen die zu zahlenden Prämien bzw. es fällt darüberhinaus ein zusätzlicher Selbstbehalt an. Außerdem verliert der VN seine schadenfreien Jahre und riskiert damit einen finanziell höheren Nachteil bei einem weiteren Schaden. Beides zusammen reduziert den Nutzen aus einem Versicherungsbetrug und erhöht den Abstimmungsaufwand zwischen VN und Geschädigten. Des Weiteren steigt die Kontrolltätigkeit/die Entdeckungswahrscheinlichkeit bei Schäden, da die Mitarbeiter freie Kapazitäten haben und höhere Schadensummen Kontrollen rentabler machen. Dies sorgt nochmals für einen sinkenden Nutzen aus dem Versicherungsbetrug.	gering-mittel, VR können aus Wirtschaftlichkeitsgründen nicht alle eingereichten Schadenmeldungen prüfen, die Entdeckungswahrscheinlichkeit bleibt damit gering. Außerdem kann der VR nicht immer zweifelsfrei beweisen, ob ein Schaden vom Geschädigten selbst oder vom VN verursacht wurde, so dass Zweifelsfälle oft zulasten des VR gehen. Die manuelle Auswahl verdächtiger Schadensfälle kann keine Garantie geben, dass nicht auch unverdächtige Fälle ungerechtfertigte Leistungen aus Versicherungsbetrug darstellen.
Nutzwert		4,0	9,0	3,0
Nutzwert in %		0,6	1,35	0,45

Nutzwertanalyse

Kriterium	Gewichtung	Selbstbehalt	Prämienstufenmodell	Betrugsaufdeckungseffiziente Bearbeitung
Kosten für die Realisierung der Maßnahme sowie Einsparpotenziale				
Einführung	20 %	gering, es erfolgt eine individuelle Vereinbarung bereits bei Vertragsschluss (wobei der VR in seinen Antragsunterlagen meist standardisierte Werte vorgibt, zwischen denen der VN wählen kann bzw. den Selbstbehalt abwählen kann.) Im System muss ein entsprechendes Datenfeld für die Hinterlegung des Selbstbehaltes geschaffen werden.	hoch, es entstehen hohe Kosten für die Software-Implementierung und die unternehmensübergreifende Abstimmung. Zusätzlich müssen die Mitarbeiter der Antrags- und Schadenbearbeitung und der Außendienst geschult werden. Des Weiteren ist der VN ausführlich über die Neuerung zu informieren und benötigt neue Vertragsunterlagen.	Es fallen hier fallweise unterschiedlich hohe Kosten an, bei unverdächtigen Fällen erfolgt eine schnelle unkomplizierte Bearbeitung, verdächtige Fälle durchlaufen mitunter ein kostspieliges Prozedere, wobei der Erfolg aufgrund der Beweislast des VR nicht von vornherein gewährleistet werden kann. Darüber hinaus fallen Kosten für die Implementierung von Betrugserkennungssoftware und für die Schulung der Mitarbeiter an.
Folgekosten		gering, im Schadenfall wird der vereinbarte Selbstbehalt von der Versicherungsleistung abgezogen.	mittel, Folgekosten entstehen für die laufende Aktualisierung und Pflege des Systems. Außerdem muss im Schadenfall die Vorteilhaftigkeit ermittelt werden, ggf. zusätzlich die neue Prämienstufe hinterlegt werden und eine unternehmensübergreifende Erfassung erfolgen.	

Kriterium	Gewichtung	Selbstbehalt	Prämienstufenmodell	Betrugsaufdeckungseffiziente Bearbeitung
Einsparpotenzial/ Prämiensenkungspotenzial		gering, evtl. Wegfall s. g. Bagatellschäden, die unterhalb des Selbstbehaltes liegen; aber da Selbstbehalte freiwillige Vereinbarungen sind und betrügerische Schadenhöhen diesen auch kompensieren können, besteht nur ein geringes Einsparpotenzial hinsichtlich der Berabeitungs-, Schaden- und Betrugskosten.	hoch, Wegfall von Bagatellschäden, da diese i. d. R. nachteilig für den VN sind. Dies entlastet die Schaden-, Betrugs- und die Kostenquote. Die freien Kapazitäten können zusammen mit den anzahlsmäßig geringeren Schadenmeldungen die Effizienz der Kontrollen steigern und daraus wiederum Einsparungen für entdeckte ungerechtfertigte Leistungen generieren. Außerdem erhöht sich die Entdeckungswahrscheinlichkeit, was wiederum dazu führt, dass Versicherungsbetrug weniger lohnenswert wird.	gering, im Fall eines entdeckten Betrugs kann sich der VR zwar die Leistung ersparen und (bisher in nur sehr geringen Umfang) eventuell Schadenersatz verlangen, diesen Einsparungen steht jedoch der Aufwand aus den Überprüfungskosten und evtl. Prozesskosten gegenüber. Im Falle eines nicht nachweisbaren Betrugs riskiert der VR sogar, die Leistung zusätzlich zu den Überprüfungskosten aufbringen zu müssen.
Nutzwert		5,0	6,0	3,0
Nutzwert in %		1,0	1,2	0,6

Kriterium	Gewichtung	Selbstbehalt	Prämienstufenmodell	Betrugsaufdeckungseffiziente Bearbeitung
Kundenzufriedenheit				
Bearbeitungszeit	20 %	Standard-Bearbeitungszeit, je nach dem, ob eine genauere Prüfung stattfindet oder nicht. Der Selbstbehalt ändert nichts an der Bearbeitungszeit.	aufgrund der freien Kapazitäten in Verbindung mit dem Wegfall s. g. Bagatellschäden kann die Bearbeitungszeit verkürzt werden.	lange Bearbeitungszeit, da manuelle Bearbeitung (Checklisten ...) einer Vielzahl von Schadenmeldungen und Beweissicherung ausgewählter Schadenfälle Zeit in Anspruch nimmt.
Berücksichtigung individueller Kunden- bzw. Vertragsmerkmale		gering, bei Antragstellung entscheidet sich der VN individuell für oder gegen einen Selbstbehalt und legt ggf. die Höhe nach seinen finanziellen Ermessen fest. Der VR verlangt je nach Vereinbarung unterschiedlich hohe Prämien. Nach der Vereinbarung erfolgt eine standardisierte Bearbeitung.	hoch, individuelle Prämienäquivalenz durch Erfahrungstarifierung. Im Prämienstufenmodell werden Kunden für jedes schadenfreie Jahr mit einer Beitragssenkung belohnt und umgekehrt für Schadenfälle bestraft. Außerdem werden Kunden durch den zweiten Prämienstufen-Multiplikator im Schadenfall belohnt, wenn sie viele schadenfreie Jahre aufweisen können. Ein einkommensabhängiger Selbstbehalt berücksichtigt darüberhinaus die individuelle finanzielle Situation des Kunden und gewährleistet, dass jeder VN gleichermaßen spürbar bestraft wird.	nicht vorhanden bis gering, eine genauere Prüfung erfolgt i. d. R. allein aufgrund einer manuellen Auswahl des Mitarbeiters, der die Schadenmeldung auf Verdachtsmomente hin untersucht hat. Ggf. erfolgen kundenindividuelle Sanktionen (beispielsweise, wenn bei einem langjährigen Kunden mit vielen Verträgen bei dem VR trotz eines Beweises für Versicherungsbetrug auf weitere Konsequenzen außer der Ablehnung der Schadenregulierung verzichtet wird.)

Kriterium	Gewichtung	Selbstbehalt	Prämienstufenmodell	Betrugsaufdeckungseffiziente Bearbeitung
Kundenbindungspotenziale/ Wettbewerbsvorteile		mittel, bei Angebot von Alternativ-Tarifen mit oder ohne Selbstbehalt kann VR risikoarme VN durch günstigere Prämien binden und evtl. Wettbewerbsvorteile erzielen.	mittel bis hoch, schadenfreie Kunden werden durch sinkende Prämienstufen belohnt und haben daher ein geringes Interesse am Wechsel des VR. Wenn es dem VR besser als der Konkurrenz gelingt, Einsparpotenziale aus dem Prämienstufen-Konzept zu realisieren und er diese in Form von sinkenden Prämien an die Kunden weiterreichen kann, kann er seine Kunden binden und seinen Kundenstamm erweitern.	gering, Kostensenkungspotenziale würden sich ergeben, wenn der VR entweder weniger prüft, was jedoch die Versicherungsgemeinschaft mit höheren Betrugskosten teuer zu stehen kommen würde. Eine weitere Möglichkeit wären effizientere Kontrollen durch bessere Prüfmechanismen, die wiederum mit höheren Kosten verbunden sind. Des Weiteren können Kunden durch falsche Verdächtigungen und vermehrte Kontrollen verärgert werden bzw. das Image eines „Drückebergers" entstehen. Echte Wettbewerbsvorteile ergeben sich nur, wenn der VR durch seine Prüfmechanismen Versicherungsbetrug in hohem Maße eindämmen kann, die Einsparungen die Aufwendungen aus den Prüfungen übersteigen und dieser Gewinn in Form von sinkenden Prämien an die Kunden weitergegeben wird.
Nutzwert		4,0	7,0	3,0
Nutzwert in %		0,8	1,4	0,6

Nutzwertanalyse

Kriterium	Gewichtung	Selbstbehalt	Prämienstufenmodell	Betrugsaufdeckungseffiziente Bearbeitung
Wirkungsweise – Betrugseindämmung				
Wirkungszeitpunkt	15 %	Wirkung der Maßnahme entfaltet sich erst im Schadenfall, da dann erst der Abzug erfolgt. Vorab kann durch das Wissen um die Eigenbeteiligung das moralische Risiko reduziert werden und dadurch Versicherungsbetrug eingedämmt werden.	Das Prämienstufen-Modell beeinflusst das künftige Verhalten des VN unmittelbar bei der Einführung, da er finanzielle Vorteile aus Schadenfreiheit im Folgejahr bzw. sofortige Nachteile im Schadenfall erwarten kann.	Nur im Falle eines entdeckten und nachweisbaren Versicherungsbetrugs, also fallweise, kann die effiziente Betrugsabwehr die gewünschte Wirkung erzielen.
Präventivwirkung nach erlittenem Schadenfall/Schutz vor Folgebetrügereien		Kein expliziter Schutz durch Vereinbarung eines Selbstbehaltes. Durch teilweise Risikotragung des VN kann das moralische Risiko eingedämmt und so das Schadenrisiko reduziert werden. Dieser Effekt kann jedoch durch die Möglichkeit von betrügerischen Schadensummen aufgewogen werden.	Unabhängig von der Entdeckung eines Versicherungsbetrugs erzeugt das Modell nach dem Schadenfall eine präventive Wirkung, da sich aus dem Wegfall der schadenfreien Zeiten höhere finanzielle Nachteile bei einem weiteren Schadenfall/Versicherungsbetrug ergeben. Darüberhinaus bewirkt auch hier die indirekte Risikoüberwälzung auf den VN die Reduktion des Moral Hazard.	Maßnahmen der Betrugsabwehr können auch nach dem Schadenfall nur fallweise vor künftigen Versicherungsbetrug schützen, sie können aber auch Versicherungsbetrug provozieren: Wurde ein Betrug nicht entdeckt, kann er schnell zu Wiederholungstaten anregen oder Nachahmer anlocken. Entdeckte Betrugstaten hingegen halten oft vor neuen Taten ab und schrecken auch potenzielle Betrüger (im Bekanntenkreis des entlarvten Betrügers) ab.
Nutzwert		5,0	8,0	3,0
Nutzwert in %		0,75	1,2	0,45
Nutzwert	100 %	4,8	7,55	3,0
		Quelle: Kapitel 4 und 6	Quelle: Kapitel 7	Quelle: Kapitel 4 und 5

Abbildung 28: Nutzwertanalyse: Gegenüberstellung Selbstbehalte – Prämienstufen-Modell – betrugsaufdeckungseffiziente Bearbeitung[532]

---

532 Eigene Darstellung aus Informationen der vorherigen Kapitel.

In den folgenden Ausführungen sollen die Ergebnisse der Gegenüberstellung nochmals zusammengefasst werden:

Sowohl der Selbstbehalt als auch das Prämienstufen-Modell senken den zu erwartenden Gewinn aus einem Versicherungsbetrug und reduzieren damit die Betrugsbereitschaft. Selbstbehalte können jedoch durch betrügerische Schadensummen umgangen werden – diesen Nachteil kann das Prämienstufen-Modell durch den schadensummenabhängigen ersten Prämienstufen-Multiplikator überwinden. Auch der Abstimmungs- und Kalkulationsaufwand eines Betruges ist durch die Wirkungsdauer der Bestrafung im Prämienstufen-Modell weitaus höher als bei einem Selbstbehalt. Die betrugsaufdeckungseffiziente Bearbeitung hingegen setzt an der effizienten Kontrolle als eine weitere Determinante des nutzenmaximierenden Verhaltens des Versicherungsbetrügers an. Wenn es gelingt, die Kontrollen effizienter zu gestalten und so die Entdeckungswahrscheinlichkeit zu erhöhen, kann Versicherungsbetrug eingedämmt werden. Allerdings adaptieren Betrüger die Kontrollstrategien der VR und können ihr Verhalten flexibel anpassen, sodass die Prüfungsmodalitäten des VR einem permanenten Wandel unterliegen müssen und hohe Kosten verursachen. Eine Garantie für den Erfolg von Abwehrmaßnahmen kann daher nicht in jedem Fall sichergestellt werden.[533] Zusammenfassend kann festgehalten werden, dass es dem Prämienstufen-Modell am besten und zuverlässigsten gelingt, Versicherungsbetrug einzudämmen, da es an allen drei Determinanten (Senkung des Gewinns, Erhöhung der Effizienz der Kontrollen und Erhöhung des (internen) Strafmaßes) ansetzt.

Zwischen VN und VR herrscht nach Vertragsschluss eine Informationsasymmetrie vor, die der VN zu seinem Vorteil ausnutzt. Mit dem Wissen um den gewährten Versicherungsschutz und damit dem Ausgleich evtl. finanzieller Nachteile aus einem möglichen Schaden ist er geneigt, sich riskanter zu verhalten – sein Schadenverhütungs- und Schadenminderungsinteresse ist gering. Sowohl Selbstbehalte als auch das Prämienstufen-Modell wälzen zumindest einen Teil des Risikos auf den VN ab und können so dazu beitragen, das moralische Risiko nach Vertragsschluss zugunsten eines risikoarmen, schadenverhütenden Verhaltens zu senken. Sollte dennoch ein Schadenfall eintreten, kann ein prozentualer Selbstbehalt genauso wie das Prämienstufen-Modell ein Schadenminderungsinteresse wecken, ein Festbetrags-Selbstbehalt hingegen kann sogar eine Schadenausweitung bewirken, um diesen Betrag zu kompensieren. Betrugsabwehrmethoden können nur einen geringen Beitrag zur Bekämpfung des legalen moralischen Risikos leisten. Da der VR in jedem Fall das volle finanzielle Risiko aus einem Schadenfall trägt, hat der VN weder ein Schadenverhütungsnoch ein Schadenminderungsinteresse. Lediglich das Wissen um genaue Nach-

---

533 Vgl. Abschnitt 4.4.3.

prüfungen geschilderter Schadensachverhalte kann den VN dazu veranlassen, sich umsichtiger zu verhalten, um (unangenehmen) ausführlichen Fragen und Aufklärungsarbeiten zu entgehen. Auch im Kampf gegen das (legale) moralische Risiko weist das Prämienstufen-Modell Vorteile gegenüber den Selbstbehalten auf, die betrugsaufdeckungseffiziente Bearbeitung kann aber beiden Methoden nicht annähernd die Stirn bieten.

All die vorgestellten Maßnahmen haben eines gemeinsam: Sie zielen darauf ab, Versicherungsbetrug wirksam zu bekämpfen, um die Aufwendungen aus ungerechtfertigten Leistungen zu reduzieren. Da unentdeckte Betrügereien für den VR in Nachhinein nicht mehr nachvollziehbar sind, ist es wichtig, die Trefferquote der Entdeckung/Bestrafung zu erhöhen. Betrugsabwehrmethoden können aus Wirtschaftlichkeitsgründen nicht alle Schadenmeldungen detailliert erfassen bzw. alle Verdachtsmomente aufspüren und ihnen nachgehen. Unabhängig davon bleiben immer Zweifelsfälle offen, bei denen der VR aufgrund der unsicheren Beweislage möglicherweise ungerechtfertigte Leistungen erbringen muss. Die Trefferquote ist daher eher gering einzuschätzen. Auch Selbstbehalte stellen keinen Garant dafür dar, dass sich hinter der eingereichten Schadenmeldung kein Betrugsfall verbirgt (nur weil der VN eigene finanzielle Mittel aufbringen muss). Im Gegenteil, der Selbstbehalt kann dafür verantwortlich sein, in einem tatsächlichen Leistungsfall betrügerisch tätig zu werden – nämlich die Forderung zur Kompensation des Selbstbehaltes zu erhöhen. Außerdem ist nicht der Selbstbehalt, sondern der Gewinn (unter Abzug des Selbstbehaltes) und der daraus resultierende Nutzen das ausschlaggebende Argument für oder gegen die Tatbegehung. Auch beim vereinbarten Selbstbehalt ist daher keine hohe Trefferquote zu erwarten. Anders beim Prämienstufen-Modell: Hier führt jeder einzelne (gerechtfertigte oder ungerechtfertigte) Versicherungsfall zur Bestrafung und reduziert damit den Nutzen aus einem möglichen Versicherungsbetrug. Darüber hinaus verursacht ein Versicherungsbetrug in einem Folgeschaden weitere finanzielle Nachteile, die in das Nutzenkalkül des Betrügers einbezogen werden (sollten). Da das Konzept außerdem die Mitarbeiter von einer Vielzahl s. g. Bagatellschäden entlastet, entstehen freie Kapazitäten, die eine bessere Kontrolle ermöglichen und demnach die Entdeckungswahrscheinlichkeit eines Betrugs erhöhen. Auch dieser Umstand kann die Trefferquote erhöhen und damit die Betrugsbereitschaft reduzieren. (Dieser letztgenannte Effekt der vermehrten Kontrolle kann auch bei Festbetrags-Selbstbehalten auftreten, da auch hier Bagatellschäden bis zu diesem Betrag nicht eingereicht werden (aber Möglichkeit betrügerische Schadenliquidation).) Wie gezeigt werden konnte, bewirkt das Prämienstufen-Modell, dass jeder Schadenfall bestraft wird. Dies bezweckt zum einen den Wegfall von Klein(st)schäden, in denen sich auch die Masse der bisherigen Betrügereien abspielt. Gleichzeitig schafft es Kapazitätsfreiräume, die wiederum die Entdeckungswahrscheinlichkeit von Betrugsversuchen und damit die Trefferquote erhöhen. Sowohl Selbstbehalte als auch Abwehrmethoden bleiben hier hinter dem Prämienstufen-Modell zurück.

Abwehrmaßnahmen zur Betrugsbekämpfung verursachen hohe Kosten, der Erfolg dieser Maßnahmen kann jedoch im Vorfeld nie gewährleistet werden. Durch das angepasste Verhalten der VN aber auch die Beweislast des VR kann es passieren, dass viele Anstrengungen des VR ins Leere laufen und die Ausgabenseite des VR und damit die Versichertengemeinschaft belasten. Ungeachtet dessen sind die Einsparungen bei einer erfolgreichen Umsetzung dieser Maßnahmen eher als moderat zu beurteilen. Der VR erspart sich zwar die unberechtigten Leistungen, Schadenersatzforderungen werden aber bislang nur in sehr geringen Umfang vom VR geltend gemacht. Sollte es dem VR nicht gelingen, einen Betrugsfall nachzuweisen, stehen den Aufwendungen für die Überprüfung gar keine Erträge (in Form von Einsparungen aus der Versicherungsleistung) gegenüber. Selbstbehalte verursachen weder bei der Einführung noch in der Folge (also bei der Abwicklung im Schadenfall) hohe Kosten – sie werden im Antragsverfahren vereinbart, im Versicherungsvertrag hinterlegt und im Schadenfall abgezogen. Einsparpotenziale ergeben sich nur bei Festbetrags-Selbstbehalten, die vor der Geltendmachung von Kleinstschäden bis zu diesem Betrag abschirmen (oder Versicherungsbetrug in Form von betrügerischen Schadensummen provozieren). Da aber für die (freiwillige) Vereinbarung des Selbstbehaltes eine geringere Prämie (gegenüber einem Vertrag ohne Selbstbehalt) zu zahlen ist, sind die Einsparungen eher gering zu bewerten. Auch dies sowie die Tatsache, dass in der PHV der Abschluss dieser Selbstbehalte eher eine untergeordnete Rolle spielt, lassen die Einsparpotenziale aus der Vereinbarung von Selbstbehalten eher mittelmäßig erscheinen. Für die Einführung des Prämienmodells sind zunächst hohe Aufwendungen erforderlich: Neben den Kosten für die Software-Implementierung und Mitarbeiter-Schulung sowie den unternehmensübergreifenden Abstimmungsaufwand entstehen auch Kosten für die Information des VN und die umfangreiche Umstellung aller Verträge. Auch in den Folgejahren entstehen Aufwendungen für die laufende Aktualisierung und Pflege des Systems. Diesen hohen Ausgaben stehen jedoch auch hoch zu bewertende Einsparpotenziale entgegen. Aufgrund der Wirkungsweise des Prämienstufen-Modells ist mit dem Wegfall nahezu aller Bagatellschäden zu rechnen, welche bisher die Masse aller Schaden- und Betrugsmeldungen ausmachen. Hierdurch kann nicht nur die Schaden-, Kosten- und Betrugsquote gesenkt werden, sondern darüber hinaus noch eine effizientere Kontrolle (durch Kapazitätsfreisetzung) gewährleistet werden, was wiederum die Betrugsbereitschaft senkt und die Ausgabenseite entlastet. Insgesamt ist festzuhalten, dass das Prämienstufen-Modell bei der Einführung die Ausgabenseite des VR relativ stark und in der Folge mäßig belastet. Diese Kosten können jedoch in jedem Fall durch hohe Einsparungen aufgewogen werden. Im Gegensatz dazu stehen die Betrugsabwehrmethoden, die ebenfalls (fallweise) hohe Kosten verursachen, die daraus resultierenden Einsparungen können jedoch nicht gewährleistet werden. Zur Implementierung von Selbstbehalten sind keine besonderen Aufwendungen notwendig, aber auch die Einsparungen sind nicht allzu hoch zu bewerten.

Ob die Maßnahmen der Betrugsbekämpfung im Einklang mit der Kundenzufriedenheit stehen oder evtl. sogar zu mehr Zufriedenheit beitragen können, wird nun kurz erörtert. Das Prämienstufen-Modell kann die Bearbeitungszeit verkürzen, indem es personelle Kapazitäten durch den Wegfall der Kleinschäden freisetzt und die Mitarbeiter mehr Zeit für die geltend gemachten Schadenfälle zur Verfügung haben. Kürzere Bearbeitungszeiten können zusammen mit der Berücksichtigung individueller Faktoren, wie schadenfreien Jahren oder dem Haushaltseinkommen, bewirken, dass die Kundenzufriedenheit steigt, da sich der einzelne Kunde besser verstanden fühlt. Darüber hinaus gelingt es dem Modell, Einsparpotenziale bezüglich der Schaden-, Kosten- und Betrugsquote zu generieren, die der einzelne VR in Form von sinkenden (Grund-)Prämien an seine VN weitergeben kann. Dies kann ebenfalls die Zufriedenheit erhöhen. Die Abwehr von Betrugsversuchen kostet den VR immer Zeit, was zulasten einer schnellen Bearbeitung geht und die Kundenzufriedenheit negativ beeinflussen kann. In der Regel erfolgt bei der Bearbeitung eine systematische Prüfung auf Verdachtsmomente, individuelle Besonderheiten des Kunden spielen dabei normalerweise keine Rolle. Ob es dem VR gelingt, aus einer effizienten Kontrollstrategie Wettbewerbsvorteile zu ziehen, hängt von einer erfolgreichen Umsetzung ab. Sollte er durch hohe Einsparungen Prämiensenkungen anbieten können, kann er Kunden gewinnen bzw. Kunden binden. Es kann aber auch vorkommen, dass Kunden die vermehrten Kontrollen als lästig empfinden und sie den VR als zahlungsunwillig einschätzen, was die Kundenbindung nachteilig beeinflusst. Selbstbehalte wirken weder positiv noch negativ auf die Kundenzufriedenheit. Die Bearbeitungszeit lässt sich durch Selbstbehalte nur unwesentlich verkürzen (Kapazitätsfreisetzung bei Wegfall kleinerer Schäden unter dem Selbstbehalt, wenn eine Vielzahl der Kunden einen Selbstbehalt vereinbart hätte). Auch die Berücksichtigung kundenindividueller Vertragsmerkmale ist beim Selbstbehalt eher gering ausgeprägt. Zumeist handelt es sich um Standard-Summen, die der VN in Abhängigkeit seines finanziellen Spielraums festlegt, die in der Folge aber standardisiert von der Schadensumme abgezogen werden. Wettbewerbsvorteile lassen sich vor allem mit redlichen VN (Selbstselektion siehe Abschnitt 6.5) erzielen, wenn der VR ihnen günstigere Prämien als die Konkurrenz für Tarife mit Selbstbeteiligung anbieten kann. Es kann festgehalten werden, dass das Prämienstufen-Modell den Selbstbehalten und der betrugsaufdeckungseffizienten Bearbeitung sowohl bezüglich der Bearbeitungsdauer als auch der Berücksichtigung individueller Kundenmerkmale und hinsichtlich Wettbewerbsvorteilen überlegen ist. Dem Konzept kann es gelingen, ganzheitlich den Bedürfnissen und der individuellen Situation eines VN gerecht zu werden.

Abschreckungswirkung entfalten Abwehrmaßnahmen nur bei überführten Versicherungsbetrügern. Unentdeckte Betrügereien können im Gegenteil sogar zu Wiederholungstaten animieren und Nachahmer anlocken. Präventivmaßnahmen sind den Abwehrmethoden daher vorzuziehen, da sie Versicherungsbetrug bereits im Vorfeld eindämmen und Nachahmer bzw. Wiederholungstäter von Betrugsversuchen abhalten. Die Prävention bewirkt zudem, dass aufwendige und umfangreiche Abwehrmaßnahmen reduziert werden können, da sie die Betrugsbereitschaft senken. Dies kann die Schaden- und Kostenquote senken und zu Wettbewerbsvorteilen führen. Der Selbstbehalt wirkt erst zum Zeitpunkt des Schadenfalls, da er hier von der Ersatzleistung des VR abgezogen wird. Allerdings kann durch die vereinbarte Risikoteilung das moralische Risiko gesenkt werden und so bereits das Schadenrisiko reduziert werden. Dieser Abschreckungseffekt kann jedoch durch die Möglichkeit der betrügerischen Schadenliquidation aufgezehrt werden. Vollumfänglich präventiv wirkt das Prämienstufen-Modell, es beeinflusst bereits direkt nach der Einführung die Erwartungen des VN, da er optional mit sinkenden Beiträgen im Folgejahr oder steigenden Prämien nach einem Schadenfall kalkulieren kann und muss. Auch im Schadenfall bewirkt die Schadenhöhenabhängigkeit ein Schadenminderungsinteresse. Darüber hinaus wird der VN umsichtiger agieren, um höhere finanzielle Nachteile bei einem zweiten Schadenfall, die aus dem Wegfall seiner schadenfreien Zeiten resultieren, zu vermeiden. Vom Prämienstufen-Modell geht die höchste Präventionswirkung aus, die die Wahrscheinlichkeit von Schadenfällen und vor allem Versicherungsbetrug bereits im Vorfeld verringert und das Interesse für Schadenminderungsmaßnahmen weckt, sollte sich dennoch ein Schaden ereignen.

Fazit: Wie aus der Nutzwertanalyse ersichtlich ist, sind insgesamt die Präventiv-Maßnahmen den Abwehrmaßnahmen vorzuziehen, da sie Versicherungsbetrug eindämmen können und so kostspielige Aufdeckungsmethoden reduzieren können. Selbstbehalte und das Prämienstufen-Modell als betrugsfeindliche Vertragsgestaltungen sind der betrugsaufdeckungseffizienten Bearbeitung überlegen. Außerdem wird deutlich, dass das Prämienstufen-Modell als eine Möglichkeit der (obligatorischen) Erfahrungstarifierung der primären Prämiendifferenzierung (in Form von Selbstbehalten) vorzuziehen ist, um die Möglichkeiten der betrügerischen Schadenliquidation im Keim zu ersticken und das moralische Risiko vor und nach dem Schadenfall zu reduzieren. Hohen Einführungsaufwendungen stehen dabei hohe und nachhaltige Einsparmöglichkeiten gegenüber – die Branche sollte unter Kosten-Nutzen-Aspekten die Möglichkeit einer Einführung abwägen.[534]

---

534 Vgl. Ausführungen in der Nutzwertanalyse bzw. den Abschnitten 4, 5, 6 und 7.

9 Zusammenfassung

Diese Arbeit hatte zum Ziel, eine Vertragsgestaltung zu erarbeiten, mit der Versicherungsbetrug im Bereich der PHV wirksam verhindert werden kann. Zur Erarbeitung des Modells wurden zunächst die theoretischen Grundlagen über das Wesen der Versicherung, der PHV sowie zum Auftreten von Versicherungsbetrug vorgestellt. Ein Versicherungsvertrag bietet Schutz vor den finanziellen Nachteilen, die eine versicherte Person aufgrund eines Schadenfalls erleiden kann. Speziell die PHV schützt das Vermögen des Versicherten vor finanziellen Nachteilen aus seiner Haftpflicht gegenüber Dritten. Aufgrund der Besonderheiten des Versicherungskonstrukts, insbesondere der Immaterialität und der asymmetrischen Informationsverteilung zwischen VN und VR, ist das Produkt Versicherung betrugsanfällig. Deshalb ist es dem VN möglich, ungerechtfertigte Forderungen gegenüber dem VR aus dem Vertragsverhältnis zu stellen.

Das dritte Kapitel beschäftigte sich mit dem Auftreten des Versicherungsbetrugs in Form von herbeigeführten, fingierten (vorwiegend von Gewohnheitstätern begangen) und frisierten Schadenmeldungen (vorwiegend von Gelegenheitstätern begangen und Zielgruppe des hier erarbeiteten Konzepts). Aufgrund der teils nur leichten Abwandlung der „frisierten" Schadenschilderung vom tatsächlichen Hergang besitzen Gelegenheitstäter, die in allen Bevölkerungs- und Altersklassen zu finden sind, oftmals nur ein geringes Unrechtsbewusstsein gegenüber ihrer Tat. Ihre Motive sind vielmals Habsucht und Gier, aber auch finanzielle Engpässe sowie überzogene Erwartungen. Gelegenheitsdelikte bis 500 Euro spielen im Bereich des PHV-Betrugs die unehrenhafte „Hauptrolle", wobei es sich meist um Gefälligkeitsbetrügereien im Bekanntenkreis des VN handelt. Seit Jahren belastet Versicherungsbetrug die Branche mit Milliardenschäden, die PHV nimmt dabei einen Spitzenrang unter den Versicherungssparten ein. So schätzt die Branche vorsichtig, dass sich hinter jeder vierten Schadenmeldung in der PHV ein Betrugsversuch verbirgt.

Beim Entscheidungsprozess für oder gegen die Ausübung eines Versicherungsbetrugs spielen Nutzenabwägungen des Täters eine entscheidende Rolle. Kapitel vier beschäftigte sich mit der Erklärung des Versicherungsbetrugs als nutzenmaximierendes Verhalten des VN. Dieser Erklärungsansatz gründet auf dem Phänomen des Moral Hazard, welches die geänderten Verhaltensweisen des VN nach Vertragsschluss erklärt. Der VN hat mit dem Wissen um den gewährten Versicherungsschutz ein geringeres Schadenverhütungs-/Schadenminderungsinteresse, wodurch seine Schadenwahrscheinlichkeit steigt. Je nachdem, ob sich das angepasste Verhalten des VN im Rahmen der Legalität bewegt oder nicht, bezeichnet man es als legales moralisches Risiko oder den hier thematisierten Versicherungsbetrug.

Moralische Bedenken hinsichtlich der Straftatbegehung wirken als Filter: Nutzenüberlegungen werden herangezogen, wenn es dem potenziellen Täter gelingt, die Tat moralisch zu rechtfertigen. Andernfalls wirkt die moralische Ablehnung als Betrugsprävention. Mithilfe einer aufklärenden Öffentlichkeitsarbeit, mit fairer Vertragsgestaltung in Verbindung mit konsequenter Antrags-Risikoprüfung sowie einer offenen Informationspolitik bezwecken VR, das Unrechtsbewusstsein der VN zu schärfen und ihre moralischen Barrieren zu erhöhen (Kapitel 6.2 und 6.3).

Sollte es dem VN dennoch gelingen, die bevorstehende Straftat als moralisch vertretbar zu beurteilen, wägt er das „Für" und „Wider" der Tat unter Nutzenaspekten ab. Der Nutzen eines Versicherungsbetrugs hängt dabei von drei Determinanten ab:

– Die Höhe des Strafmaßes aus einem entdeckten Betrug kann den Nutzen aus einem Betrug senken. Dies ist jedoch eine exogene Größe. Der VR kann hier nur ansetzen, indem er die Wahrscheinlichkeit eines Strafvollzugs erhöht und das Bewusstsein der potenziellen Betrüger diesbezüglich schärft. Wie Kapitel 6.1 und 6.2 gezeigt haben, kann dies durch ein konsequentes Anzeigeverhalten bzw. durch eine zielgerichtete Öffentlichkeitsarbeit der VR bzw. deren Verbände gelingen.
– Steigende Entdeckungswahrscheinlichkeiten durch effizientere Kontrollen reduzieren den Nutzen und können die Betrugsbereitschaft verringern. Kapitel fünf hat gezeigt, dass dem VR eine Reihe von Möglichkeiten zur effizienten Betrugsabwehr zur Verfügung stehen.
– Sinkende Gewinne aus einem Betrug reduzieren den Nutzen und damit die Betrugsneigung. Gleichzeitig sinken jedoch aus Rentabilitätsgründen die Kontrollaktivitäten des VR, was die Entdeckungswahrscheinlichkeit reduziert und entsprechend die Betrugsneigung erhöht. Welcher Effekt überwiegt, hängt von der subjektiven Beurteilung des potenziellen Betrügers ab. Alterna-

tive Schadenregulierungsformen wie die Naturalrestitution (Kapitel 6.4) sowie Selbstbehalte (Kapitel 6.5) zielen darauf ab, den Gewinn aus einem Schaden- bzw. Betrugsfall unabhängig von der Entdeckungswahrscheinlichkeit zu reduzieren.

Es wurde festgestellt, dass VR den Versicherungsbetrug in der Praxis jedoch zumeist unter Rücksicht auf die Kunden-, Konkurrenz- und Umsatzorientierung sowie unter Rentabilitätsaspekten nur sehr verhalten mit den ihnen zu Verfügung stehenden Mitteln bekämpfen und sich vor einer konsequenten Anti-Betrugs-Strategie scheuen, was eine weitere Ausweitung des Versicherungsbetrugs begünstigt. Dies sowie die Tatsache, dass in der PHV nur wenige Risiko- bzw. Tarifierungsmerkmale existieren und es keinen typischen Versicherungsbetrüger gibt, kann Anlass dazu geben, die Erfahrungstarifierung in Form eines Bonus-Malus-Systems einzuführen. Im Mittelpunkt dieser Ausarbeitung stand deshalb ein Konzept, welches genau diese Überlegungen berücksichtigt. Dabei sollte der Nutzen aus einem Betrug durch unumgängliche Gewinnsenkungen eingeschränkt werden, ohne dabei die Entdeckungswahrscheinlichkeit zu reduzieren. Das Bonus-Malus-System wurde an folgenden vorrangigen Zielen ausgerichtet:

– Den Gewinn aus einem Betrug in Abhängigkeit der schadenfreien Zeit und der Schadensumme schmälern und damit Versicherungsbetrug eindämmen:
  – Lange schadenfreie Zeiten sollten weniger bestraft werden als kurze Zeiten,
  – kleine Schäden sollten proportional (Verhinderung Vielzahl der Gelegenheitsbetrügereien) und große Schäden absolut (Verhinderung betrügerischer Schadenliquidationen) stärker bestraft werden.
– Wegfall von Bagatellschäden, um die Schaden-/Kostenquote des VR zu entlasten,
– Den von VN und Geschädigten zu betreibenden Aufwand für die Ausführung eines Versicherungsbetrugs erhöhen, um Gefälligkeitsbetrug zu verhindern.

Das hier erarbeitete Bonus-Malus-Konzept basiert auf Prämienstufen. Diese stellen Beitragssätze einer Grundprämie zzgl. eines einkommensabhängigen Selbstbehaltes (ab Prämienstufe 32) dar. Die Prämienstufe und der entsprechende Beitragssatz reduzieren sich schrittweise pro schadenfreiem Jahr. Im Schadenfall erfolgt die Höherstufung über Prämienstufen-Multiplikatoren:

– Erster Prämienstufen-Multiplikator: Dieser steigt degressiv in Abhängigkeit der Schadensumme an, damit die Gelegenheitsbetrügereien im Kleinschadensegment hart bestraft werden, aber Schadenübertreibungen ebenfalls verhindert werden.
– Zweiter Prämienstufen-Multiplikator: Dieser wurde in Abhängigkeit der schadenfreien Jahre festgelegt. Dabei wurde sichergestellt, dass mit zunehmenden schadenfreien Jahren die Bestrafung milder als bei kürzeren schadenfreien Zeiträumen ausfällt.

Durch Multiplikation der beiden Faktoren ergibt sich der Wert der Höherstufung, welcher durch Addition mit der bisherigen Prämienstufe die neue Prämienstufe ergibt. Der ermittelte höhere Beitragssatz gilt dann ab dem auf den Schadenfall folgenden Monat und im nächsten Versicherungsjahr. Gleichzeitig fallen mit dem Schadenfall sofort alle schadenfreien Jahre weg.

Reicht nun der VN einen Schadenfall ein, prüft der Sachbearbeiter wie bisher die Deckung des Versicherungsfalls. Darüber hinaus ermittelt er die neue Prämienstufe des VN und prüft, ob eine Regulierung oder ein Regulierungsverzicht für den VN vorteilhafter wäre. Letzteres ergibt sich aus der Gegenüberstellung der Prämien-(Stufen-)Verläufe mit und ohne Schaden, wobei diese auf den Zeitpunkt des Schadens abgezinst werden. Immer dann, wenn die Differenz aus dieser Gegenüberstellung größer ist als der zu regulierende Schaden, ergibt sich für den VN ein Verlust aus der Regulierung und eine Selbsttragung des Schadens wäre vorteilhafter.

Tendenziell sind folgende Konsequenzen aus der Einführung zu erwarten:

– Versicherungsbetrug wird eingedämmt: Der finanzielle Gewinn aus einem Schadenfall wird reduziert, damit sinkt der Nutzen aus einem Betrug
  – in Abhängigkeit der Schadenhöhe: Vor allem bei Durchschnittsschäden/-betrügereien (ca. 500 Euro) ist der Gewinn aus einem Betrug minimal bzw. kehrt sich sogar in einen Verlust um. Durch den degressiven Verlauf der zugrunde liegenden Funktionen werden aber gleichzeitig betrügerische Schadenliquidationen verhindert.
  – in Abhängigkeit der schadenfreien Jahre: Langjährige schadenfreie Kunden werden durch das Modell sehr milde bestraft, wohingegen kurze schadenfreie Zeiten eine stärkere Hochstufung und damit höhere Prämien nach sich ziehen.
  – Ein einkommensabhängiger Selbstbehalt führt darüber hinaus zu einer individuell spürbaren Bestrafung.

– Der Abstimmungsaufwand zwischen VN und Geschädigten nimmt zu und dadurch sinkt die Bereitschaft zum Gefälligkeitsbetrug durch
  – den Wegfall schadenfreier Zeiten: Der VN risikiert höhere finanzielle Nachteile im Falle eines weiteren Schadens.
  – eine langfristige Bestrafung: VN und Geschädigter müssen sich über längeren Zeitraum verbünden bzw. kalkulieren.

– Die Kontrollen können effizienter gestaltet werden. Dadurch steigt die Entdeckungswahrscheinlichkeit, die Betrugsbereitschaft sinkt:
  – Durch Wegfall der Bagatellschäden ergeben sich freie Kapazitäten, die für die verstärkte Kontrolle der geringeren Anzahl geltend gemachter Schadenfälle zur Verfügung stehen.

Zusammenfassung

- Da tendenziell eher große Schadensummen geltend gemacht werden, steigt das Einsparpotenzial aus entdeckten Betrugsfällen. Kontrollen sind daher unter Rentabilitätsgründen gerechtfertigt.
- Das interne Strafmaß steigt, damit sinkt der Nutzen aus dem Versicherungsbetrug:
  - Ein regulierter Versicherungsfall führt zum Wegfall der schadenfreien Jahre und damit zu finanziellen Nachteilen in einem weiteren Schadenfall.

Insgesamt können die mit der Konzeption verbundenen Ziele erreicht werden. Die von der Veränderung betroffenen Parteien haben folgende Änderungen zu erwarten:

Folgen	VR	VN
Vorteile	Einsparungen bei Schaden-, Kontroll- und Betrugskosten und dadurch Gewinnerhöhung durch – Reduktion des moralischen Risikos und damit Reduktion der Schadenwahrscheinlichkeit durch indirekte teilweise Risikoüberwälzung an den VN – Wegfall Bagatellschäden, da die Selbstregulierung für den VN günstiger ist – Prämiensenkungspotenziale	verfügbares Einkommen steigt durch sinkende Prämienausgaben (aus schadenfreiem Verlauf und Reduktion der Grundprämie)
	Reduktion des Nutzens und damit Eindämmung von Versicherungsbetrug durch – Reduktion des Gewinns (steigende Folgeprämien) – höhere Entdeckungswahrscheinlichkeit (freie Kapazitäten, rentablere Summen)	Belohnung schadenfreier Kunden
	Bekämpfung von Gefälligkeitsbetrug durch – erhöhten Abstimmungsaufwand durch Langzeitwirkung – Wegfall schadenfreier Zeiten	sofortige volle Risikoübernahme
	strukturelle Neutralität und Vermeidung von Adverse Selektion/Risikoselektion durch sekundäre Prämiendifferenzierung	Verhinderung von Versicherungsbetrug und damit von ungerechtfertigten Prämienbestandteilen
	kein Imageverlust durch obligatorische Einführung bei allen VR	kürzere Bearbeitungszeiten

Folgen	VR	VN
Nachteile	hohe Einführungs- sowie laufende Wartungskosten	Senkung des verfügbaren Einkommens im Schadenfall durch Eigenregulierung oder nachfolgende höhere Prämien
	zusätzlicher Aufwand für Vorteilhaftigkeitsprüfung	evtl. Verlust des Versicherungsschutzes durch zu hohe Prämien

Abbildung 29: Vor- und Nachteile für VN und VR aus dem PS-Modell

Um eine erfolgreiche Umsetzung des hier vorgestellten Konzepts zu gewährleisten, muss das Prämienstufen-Modell ausnahmslos zwischen allen VR vereinbart und flächendeckend umgesetzt werden (andernfalls käme es zu Adverse bzw. Self Selection, außerdem würde im Schadenfall eine Verhinderung der Hochstufung durch einen VR-Wechsel möglich sein). Ob die VR sich hier einigen können, bleibt offen. Daneben können langwierige Schadenfälle durch unklare Hochstufungsmodalitäten, sich ändernde Grundprämien (bei der Vorteilhaftigkeitsberechnung) sowie die Vereinbarung des Versicherungsschutzes mit ausländischen VR (nicht unüberwindbare) Probleme bei der Umsetzung des Prämienstufen-Modells bereiten.

Das Prämienstufen-Modell kann Gefälligkeitsbetrügereien wirksam bekämpfen, beim bandenmäßigen Betrug und Gewohnheitstätern gerät die Präventionswirkung des Prämienstufen-Modells jedoch an seine Grenzen:

- Bandenmäßige Täter kalkulieren die Nachteile aus dem Modell (wenn diese auch VN sind) bereits in ihren Gewinn ein.
- Vermeintliche Opfer (Betrüger ist also kein VN) haben keinerlei Schadenverhinderungs-/Verhütungsinteresse, da ja nur der VN bestraft wird und sie von der neuen Vertragsgestaltung nicht tangiert werden.

Einzig die erhöhte Entdeckungswahrscheinlichkeit durch die freien Personalressourcen bzw. das erhöhte Schadenminderungsinteresse des VN können diesen Betrügereien entgegengesetzt werden.

Die Gegenüberstellung des erarbeiteten Konzepts mit Selbstbehalten und der betrugsaufdeckungseffizienten Bearbeitung im Kapitel acht ergab, dass das Prämienstufen-Modell den anderen Methoden hinsichtlich der Verhinderung des Moral Hazard inklusive des Versicherungsbetrugs überlegen ist. Dabei gelingt es dem Konzept durch die flächendeckende Ausbreitung am besten, Gelegenheitstätern den Garaus zu machen. Auch im Kosten-Nutzen-Vergleich kann das Modell trotz hoher Einführungskosten das beste Verhältnis aufweisen, da die daraus resultierenden Einsparpotenziale die der bisherigen Maßnahmen bei Weiten überbieten. Das Prämienstufen-Modell kann durch seine Wirkungsweise, speziell die zugrunde gelegten Multiplikatoren und den Selbstbehalt, individuelle Faktoren berücksichtigen und damit die Kundenzufriedenheit erhöhen und vor allem „gute" schadenfreie Kunden langfristig binden. Im Gegensatz zu den anderen Maßnahmen entfaltet das Bonus-Malus-System seine Wirkung sofort bei dessen Einführung (nicht erst im Schadenfall) und verspricht so unmittelbaren und dennoch nachhaltigen Erfolg im Kampf gegen Versicherungsbetrug.

Abschließend kann festgehalten werden, dass das mit dieser Arbeit entwickelte Prämienstufen-Modell Gefälligkeitsbetrug im Kleinsummenbereich erfolgreich die Stirn bieten kann, ohne steigende Kontrollkosten oder Imageverluste zu verursachen. Seine präventive Wirkung verliert es jedoch beim bandenmäßigen Betrug. Insofern macht das Modell Abwehrmaßnahmen nicht unnütz, sondern es dient als Filter und kann diese gleichzeitig effizienter und rentabler gestalten. Auch die vorgestellten Präventiv-Maßnahmen sind nach wie vor von den VR zu verfolgen, um nachhaltig und allumfassend Versicherungsbetrügern den Kampf anzusagen.

Dabei erhebt das vorgestellte Rabattsystem keinen Anspruch auf korrekte statistische Daten. Die VR sind aufgerufen zu prüfen, ob die ermittelten Beitragssätze zur Sicherstellung des Äquivalenzprinzips und zur Risikodeckung ausreichen. Anpassungen können aber ebenso bei der Ermittlung der Multiplikatoren in Erwägung gezogen werden. Die hier herangezogenen Werte basieren nicht auf einer statistischen Datenerhebung und sind deshalb ggf. zu modifizieren. Das vorgestellte Modell sollte eine Anregung für die Branche darstellen, dass es weitere Möglichkeiten im Kampf gegen Versicherungsbetrug gibt, die nicht automatisch mit höheren Personal- bzw. Prüfkosten einhergehen und dennoch hohe Wirkung erzielen. Ob sich ein solches Modell in der Praxis der PHV und/ oder in anderen Sparten durchsetzen kann, kann Thema einer weiteren Arbeit sein.

10 Anlage

Anlage 1: § 823 BGB[535]

§ 823 SCHADENSERSATZPFLICHT

(1) Wer vorsätzlich oder fahrlässig das Leben, den Körper, die Gesundheit, die Freiheit, das Eigentum oder ein sonstiges Recht eines anderen widerrechtlich verletzt, ist dem anderen zum Ersatz des daraus entstehenden Schadens verpflichtet.

(2) Die gleiche Verpflichtung trifft denjenigen, welcher gegen ein den Schutz eines anderen bezweckendes Gesetz verstößt. Ist nach dem Inhalt des Gesetzes ein Verstoß gegen dieses auch ohne Verschulden möglich, so tritt die Ersatzpflicht nur im Falle des Verschuldens ein.

Anlage 2: § 828 BGB[536]

§ 828 MINDERJÄHRIGE

(1) Wer nicht das siebente Lebensjahr vollendet hat, ist für einen Schaden, den er einem anderen zufügt, nicht verantwortlich.

(2) Wer das siebente, aber nicht das zehnte Lebensjahr vollendet hat, ist für den Schaden, den er bei einem Unfall mit einem Kraftfahrzeug, einer Schienenbahn oder einer Schwebebahn einem anderen zufügt, nicht verantwortlich. Dies gilt nicht, wenn er die Verletzung vorsätzlich herbeigeführt hat.

---

535 o.V., BGB, §823.
536 o.V., BGB, §828.

(3) Wer das 18. Lebensjahr noch nicht vollendet hat, ist, sofern seine Verantwortlichkeit nicht nach Absatz 1 oder 2 ausgeschlossen ist, für den Schaden, den er einem anderen zufügt, nicht verantwortlich, wenn er bei der Begehung der schädigenden Handlung nicht die zur Erkenntnis der Verantwortlichkeit erforderliche Einsicht hat.

Anlage 3: § 832 BGB[537]

§ 832 HAFTUNG DES AUFSICHTSPFLICHTIGEN

(1) Wer kraft Gesetzes zur Führung der Aufsicht über eine Person verpflichtet ist, die wegen Minderjährigkeit oder wegen ihres geistigen oder körperlichen Zustands der Beaufsichtigung bedarf, ist zum Ersatz des Schadens verpflichtet, den diese Person einem Dritten widerrechtlich zufügt. Die Ersatzpflicht tritt nicht ein, wenn er seiner Aufsichtspflicht genügt oder wenn der Schaden auch bei gehöriger Aufsichtsführung entstanden sein würde.

(2) Die gleiche Verantwortlichkeit trifft denjenigen, welcher die Führung der Aufsicht durch Vertrag übernimmt.

Anlage 4: Verbreitung des Versicherungsschutzes in deutschen Haushalten getrennt nach Sparten[538]

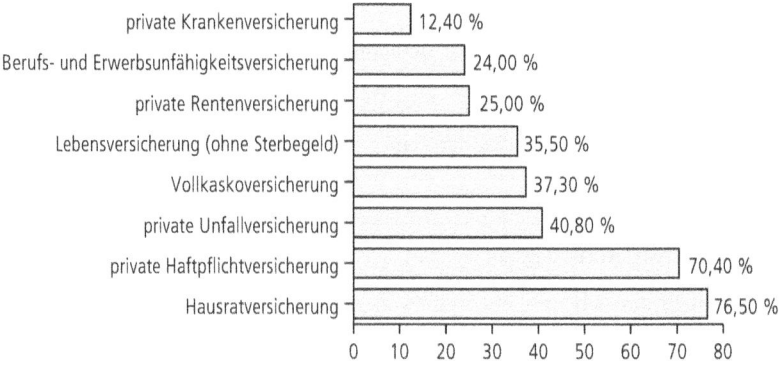

---

537 o. V., BGB, § 832.
538 Abbildung entnommen aus Knoll 2011, Seite 402.

Anlage 5: § 263 StGB[539]

§ 263 BETRUG

(1) Wer in der Absicht, sich oder einem Dritten einen rechtswidrigen Vermögensvorteil zu verschaffen, das Vermögen eines anderen dadurch beschädigt, dass er durch Vorspiegelung falscher oder durch Entstellung oder Unterdrückung wahrer Tatsachen einen Irrtum erregt oder unterhält, wird mit Freiheitsstrafe bis zu fünf Jahren oder mit Geldstrafe bestraft.

(2) Der Versuch ist strafbar.

(3) In besonders schweren Fällen ist die Strafe Freiheitsstrafe von sechs Monaten bis zu zehn Jahren. Ein besonders schwerer Fall liegt in der Regel vor, wenn der Täter

1. gewerbsmäßig oder als Mitglied einer Bande handelt, die sich zur fortgesetzten Begehung von Urkundenfälschung oder Betrug verbunden hat,

2. einen Vermögensverlust großen Ausmaßes herbeiführt oder in der Absicht handelt, durch die fortgesetzte Begehung von Betrug eine große Zahl von Menschen in die Gefahr des Verlustes von Vermögenswerten zu bringen,

3. eine andere Person in wirtschaftliche Not bringt,

4. seine Befugnisse oder seine Stellung als Amtsträger mißbraucht oder

5. einen Versicherungsfall vortäuscht, nachdem er oder ein anderer zu diesem Zweck eine Sache von bedeutendem Wert in Brand gesetzt oder durch eine Brandlegung ganz oder teilweise zerstört oder ein Schiff zum Sinken oder Stranden gebracht hat.

(4) § 243 Abs. 2 sowie die §§ 247 und 248a gelten entsprechend.

(5) Mit Freiheitsstrafe von einem Jahr bis zu zehn Jahren, in minder schweren Fällen mit Freiheitsstrafe von sechs Monaten bis zu fünf Jahren wird bestraft, wer den Betrug als Mitglied einer Bande, die sich zur fortgesetzten Begehung von Straftaten nach den §§ 263 bis 264 oder 267 bis 269 verbunden hat, gewerbsmäßig begeht.

(6) Das Gericht kann Führungsaufsicht anordnen (§ 68 Abs. 1).

(7) Die §§ 43a und 73d sind anzuwenden, wenn der Täter als Mitglied einer Bande handelt, die sich zur fortgesetzten Begehung von Straftaten nach den §§ 263 bis 264 oder 267 bis 269 verbunden hat. § 73d ist auch dann anzuwenden, wenn der Täter gewerbsmäßig handelt.

---

539 o. V., StGB, § 263 2012, www.gesetze-im-internet.de/stgb/__263.html.

Anlage 6: Objektive Tatbestandsmerkmale als Voraussetzung für das Vorliegen eines (Versicherungs-)Betrugs nach § 263 StGB[540]

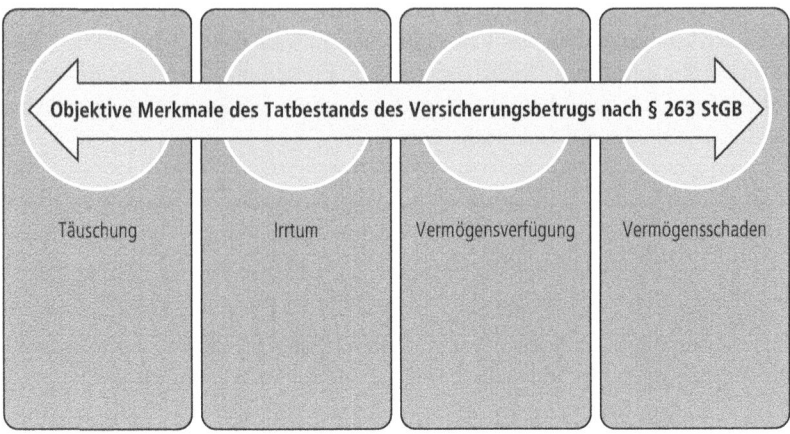

Anlage 7: Subjektive Tatbestandsmerkmale als Voraussetzung für das Vorliegen eines (Versicherungs-)Betrugs nach § 263 StGB[541]

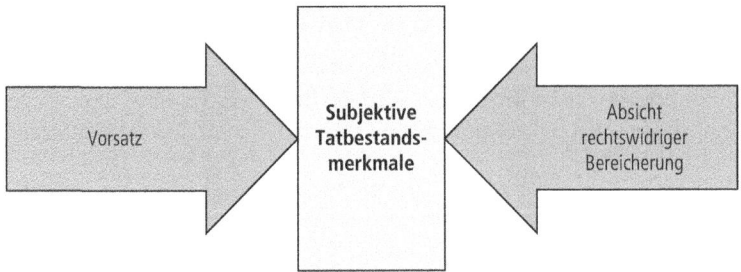

---

540 Eigene Abbildung entnommen aus Schüll 2011, Seite 28–38.
541 Eigene Abbildung entnommen aus Schüll 2011, Seite 38–39.

Anlage 8: Objektive und subjektive Tatbestandsmerkmale als Voraussetzung für das Vorliegen eines Versicherungsmissbrauchs nach § 265 StGB[542]

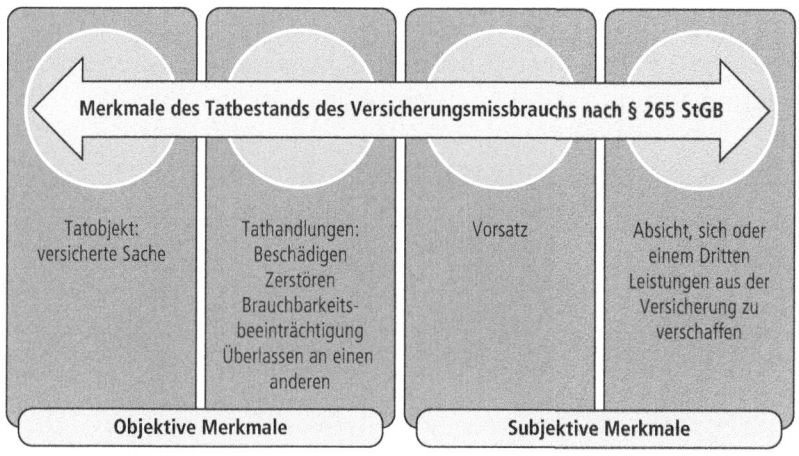

Anlage 9: § 267 StGB[543]

§ 267 URKUNDENFÄLSCHUNG

(1) Wer zur Täuschung im Rechtsverkehr eine unechte Urkunde herstellt, eine echte Urkunde verfälscht oder eine unechte oder verfälschte Urkunde gebraucht, wird mit Freiheitsstrafe bis zu fünf Jahren oder mit Geldstrafe bestraft.

(2) Der Versuch ist strafbar.

(3) In besonders schweren Fällen ist die Strafe Freiheitsstrafe von sechs Monaten bis zu zehn Jahren. Ein besonders schwerer Fall liegt in der Regel vor, wenn der Täter

1. gewerbsmäßig oder als Mitglied einer Bande handelt, die sich zur fortgesetzten Begehung von Betrug oder Urkundenfälschung verbunden hat,

2. einen Vermögensverlust großen Ausmaßes herbeiführt,

3. durch eine große Zahl von unechten oder verfälschten Urkunden die Sicherheit des Rechtsverkehrs erheblich gefährdet oder

4. seine Befugnisse oder seine Stellung als Amtsträger missbraucht.

---

542 Eigene Abbildung (vgl. o. V., Versicherungsmissbrauch § 265 StGB, juraschema. de/index.php?thema=stgb265 und Schüll 2011, Seite 92–97).
543 Vgl. o. V., StGB, § 267.

(4) Mit Freiheitsstrafe von einem Jahr bis zu zehn Jahren, in minder schweren Fällen mit Freiheitsstrafe von sechs Monaten bis zu fünf Jahren wird bestraft, wer die Urkundenfälschung als Mitglied einer Bande, die sich zur fortgesetzten Begehung von Straftaten nach den §§ 263 bis 264 oder 267 bis 269 verbunden hat, gewerbsmäßig begeht.

Anlage 10: Versicherungsbetrüger – Tätertypologie[544]

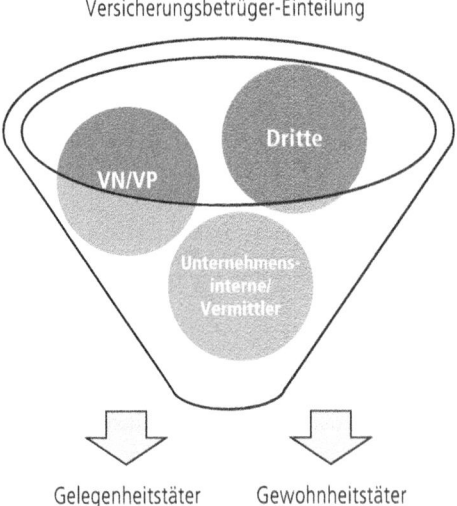

Anlage 11: Versicherungsbetrug – ein Kavaliersdelikt[545]

```
Versicherungsbetrug ein Kavaliersdelikt

                              Einwohner
Einstellung                   16 - 69 Jahre

Kavaliersdelikt               26 %


Das macht fast
jeder, die Vers.
einmal übers Ohr
zu hauen.....                 33 %
```

---

544 Eigene Abbildung entnommen aus Knoll 2011, Seite 144.
545 Abbildung entnommen aus Lenhard 1989, Seite 46.

Anlage 12: Wie oft wurde Versicherungsbetrug in den letzten 5 Jahren begangen?[546]

Versicherungsbetrug in den letzten 5 Jahren
Teilgruppe: Schaden in den letzten 5 Jahren

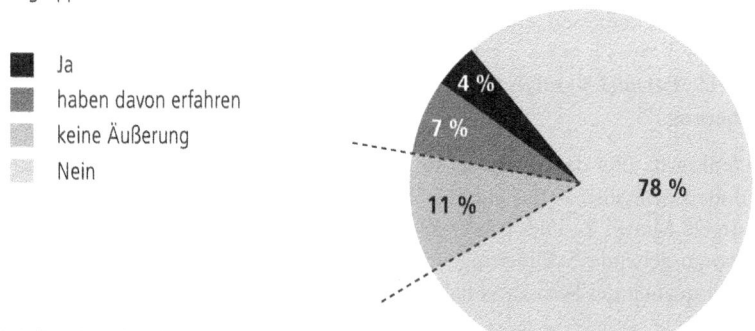

- Ja
- haben davon erfahren
- keine Äußerung
- Nein

4 %
7 %
11 %
78 %

Insgesamt geben 4 Prozent der Haushalte zu, in den letzten 5 Jahren einen Versicherungsbetrug begangen zu haben, weitere 7% wissen von einem konkreten Versicherungsbetrug. Auch die Grauzone ist mit weiteren 11 Prozent erheblich.
Fazit: gut jeder zehnte Schaden ist wahrscheinlich auch ein Betrugsdelikt!

© GfK Finanzmarktforschung 2011; Befragung zum Thema „Versicherungsbetrug in Deutschland"

Anlage 13: Beispiel 1 entlarvter Versicherungsbetrug in der Privathaftpflichtversicherung[547]

Servicesplitter. „Ich bin während des Essens bei Freunden so ungestüm aufgesprungen, dass der Tisch mit dem gesamten Rosenthal-Service umkippte", schrieb ein Beamter seiner Versicherung und legte eine umfangreiche Liste bei. Der Sachbearbeiter wurde mißtrauisch, als er der Schadenmeldung entnahm, welche Mengen von Glas und Porzellan dabei zu Bruch gegangen waren. Er besorgte sich entsprechend viele Teller, Schüsseln, Gläser und Tassen. Dann bat er die geschädigte Hausfrau, ihren Tisch mit dem Geschirr zu decken. Die Tischplatte reichte bei Weitem nicht, um das gesamte Glas und Porzellan zu fassen.

---

546 Abbildung entnommen aus o. V., www.gdv.de/.../PK_Versicherungsbetrug_2011_Grafik3.pdf.
547 Ellermann 1995, Seite 33.

Anlage 14: Beispiel 2 entlarvter Versicherungsbetrug in der Privathaftpflichtversicherung[548]

Mehrwert. Berta O. aus Münster schickte eine Rechnung über 1.598 DM ein. Sie habe ihrer Freundin Farbe auf den Ledermantel geschüttet. Doch sie hatte die erste Ziffer nachträglich in die Rechnung gesetzt. Den Mehrwertsteuerbetrag hatte sie vergessen, entsprechend mitzufälschen.

Anlage 15: Beispiel 3 entlarvter Versicherungsbetrug in der Privathaftpflichtversicherung[549]

Familienkrach. „Bei der Schwiegermutter habe ich den Fernseher vor Wut auf den Boden geknallt!" – das stand beileibe nicht in der Schadenmeldung des Freiburgers Martin Z. Dies gab er allerdings später zu, als der Sachverständige seine vorausgehende Schilderung widerlegte. Angegeben hatte er, daß er die Empfangsqualität des Fernsehers habe verbessern wollen. Dabei sei ihm das Gerät entglitten.

Anlage 16: Prämien-Kosten-Modell (ohne Berücksichtigung von Zinseffekten)[550]

Prämien-Kosten-Modell ohne Berücksichtigung einer Rückdeckungsversicherung	
Kosten	Prämien
Schadenkosten brutto (Erwartungswert)	reine Risikoprämie
mögliche Überschäden/ Sicherheitskapitalkosten	Sicherheitszuschlag
Betriebskosten	Betriebskostenzuschlag Ratenzuschlag
Gewinn	Gewinnzuschlag
Versicherungssteuer	Versicherungssteuer

---

548 Ellermann 1995, Seite 34.
549 Ellermann 1995, Seite 33.
550 Eigene Abbildung entnommen aus Farny 2011, Seite 63.

Anlage 17: Abzinsungszinssätze Juni 2012[551]

Abzinsungszinssätze nach § 253 Absatz II HGB vom Juni 2012			
Restlaufzeit in Jahren	Abzinsungszinssatz	Restlaufzeit in Jahren	Abzinsungszinssatz
0	0	26	5,08
1	3,79	27	5,06
2	3,90	28	5,04
3	4,04	29	5,03
4	4,19	30	5,01
5	4,32	31	4,99
6	4,44	32	4,97
7	4,55	33	4,96
8	4,65	34	4,94
9	4,74	35	4,93
10	4,82	36	4,91
11	4,89	37	4,90
12	4,95	38	4,89
13	5,01	39	4,88
14	5,06	40	4,87
15	5,10	41	4,86
16	5,11	42	4,85
17	5,13	43	4,84
18	5,14	44	4,83
19	5,15	45	4,82
20	5,16	46	4,82
21	5,15	47	4,81
22	5,14	48	4,80
23	5,13	49	4,79
24	5,12	50	4,79
25	5,11		

---

551 Eigene Abbildung (vgl Deutsche Bundesbank (Hrsg.), www.bundesbank.de /.../abzinsungszinssaetze.pdf?__blob=publicationFile.

Quellenverzeichnis

Aebi-Müller Regina E., Eicker, Andreas, Verde, Michel:
Grenzen bei der Verfolgung von Versicherungsmissbrauch mittels Observation, In: Versicherungsmissbrauch Ursachen – Wirkungen – Massnahmen, herausgeben von Riemer-Kafka, Gabriela, In: Luzerner Beiträge zur Rechtswissenschaft, Band 45, Luzern 2010.

Alsbach, Sascha:
Kein Anreiz für Kunden, 27.3.2013, in Versicherungsjournal.de, http://www.versicherungsjournal.de/leserbrief/kein-anreiz-fuer-kunden-114934.php, Abruf: 18.7.2013.

Bach, Christine:
Negativauslese und Tarifdifferenzierung im Versicherungssektor, Eine ökonometrische Analyse der Informationsasymmetrie am Beispiel einer Kreditversicherung, Wiesbaden 1999.

Bannier, Christina E.:
Vertragstheorie, Eine Einführung mit finanzökonomischen Beispielen und Anwendungen, Heidelberg 2005.

Berufsbildungswerk der Deutschen Versicherungswirtschaft (BWV) e.V. (Hrsg.):
Bedingungswerk 3 Südsternversicherungen, 3. überarbeitete Auflage, München 2001.

Berufsbildungswerk der Deutschen Versicherungswirtschaft (BWV) e.V. (Hrsg.):
Handlungskompetente Mitarbeiter, Neue Herausforderungen in der beruflichen Erstausbildung, Karlsruhe 1997.

Burgartz, Detlev:
Der Betrug in der Kraftfahrzeugversicherung aus versicherungswirtschaftlicher Sicht, In: Betrug in der Kraftfahrzeugversicherung, herausgegeben von Norbert Meschkat und Ralf Nauert, Köln 2008.

Colatrella, Philomena:
Versicherungsmissbrauch in der Krankenversicherung, In: Versicherungsmissbrauch Ursachen – Wirkungen – Massnahmen, herausgegeben von Riemer-Kafka, Gabriela, In: Luzerner Beiträge zur Rechtswissenschaft, Band 45, Luzern 2010.

Deutsche Bundesbank (Hrsg.):
Abzinsungszinssätze gemäß §253 Abs. 2 HGB, Stand: o.J., www.bundesbank.de/Redaktion/DE/Downloads/Statistiken/Geld_Und_Kapitalmaerkte/Zinssaetze_Renditen/abzinsungszinssaetze.pdf?__blob=publicationFile, (Abruf: 15.7.2012).

Drengemann, Erhard:
Dumm, dreist und teuer, In: Euro Finanzen, Nr. 1, 15.12.2010.

Ebner, Markus Dirk:
Preispolitik in der Kompositversicherung, Karlsruhe 2010.

Ellermann, Bernd und Uta:
„... und wie läßt du hageln?" Versicherungsbetrug – ein Volkssport?, 2. Auflage, Karlsruhe 1995.

Erdbrügger, Michael, Kuwert, Joachim:
Privathaftpflichtversicherung, Leitfaden durch die Besonderen Bedingungen und Risikobeschreibungen, 2. vollständig überarbeitete und erweiterte Auflage, Wiesbaden 1990.

Erlei, Mathias:
Adverse Selection, In: Gabler Wirtschaftslexikon, Stand: o.J., wirtschaftslexikon.gabler.de/Archiv/922/adverse-selection-v3.html, (Abruf: 1.6.2012).

Erlei, Mathias:
Moral Hazard, In: Gabler Wirtschaftslexikon, Stand: o.J., wirtschaftslexikon.gabler.de/Archiv/8510/moral-hazard-v3.html, (Abruf: 1.6.2012).

Farny, Dieter:
Versicherungsbetriebslehre, 5. überarbeitete Auflage, Köln 2011.

Fetchenhauer, Detlef:
Versicherungsbetrug, Eine theoretische und empirische Analyse betrügerischen Verhaltens gegenüber einem anonymen Geschädigten, 1. Auflage, Baden-Baden 1998.

Fricke, Hans-Joachim:
Der Detektiv als Informant des Versicherers – Zulässigkeit und Grenzen, In: Versicherungsrecht Rubrik Aufsätze, 61. Jg., Nr. 07, 1.3.2010.

Fürstenwerth, Jörg Freiherr Frank von, Weiß, Alfons:
Versicherungs-Alphabet (VA), Begriffserläuterungen der Versicherung aus Theorie und Praxis, 10. völlig neu bearbeitete und erweiterte Auflage, herausgegeben vom VVW, Karlsruhe 2001.

Gas, Bruno:
Referat Versicherungsbetrug als geschäftspolitische Herausforderung, In: Symposien gegen Versicherungsbetrug Schwerpunkte: Kraftfahrt- und Sachversicherung, Schriftenreihe Versicherungsforum, Köln 16./17. November 1989.

GDV (Hrsg.):
Jahrbuch 2003, Die deutsche Versicherungswirtschaft, Berlin November 2003.

GDV (Hrsg.):
Jahrbuch 2009, Die deutsche Versicherungswirtschaft, Berlin November 2009.

GDV (Hrsg.):
Jahrbuch 2011, Die deutsche Versicherungswirtschaft, Berlin November 2011.

GDV (Hrsg.):
Statistisches Taschenbuch der Versicherungswirtschaft 2011, Berlin Juli 2011.

GDV (Hrsg.):
Versicherungsbetrug 2011: Geringes Unrechtsbewusstsein, kaum Angst vor Sanktionen, Versicherer bekämpfen Betrug mehr denn je, Pressemitteilung der Versicherungswirtschaft am 12.7.2011, www.gdv.de/2011/07/versicherungsbetrug-2011-geringes-unrechtsbewusstsein-kaum-angst-vor-sanktionen-versicherer-bekaempfen-betrug-mehr-denn-je-2/, (Abruf: 1.6.2012).

GDV (Hrsg.):
Hinweis- und Informationssystem der deutschen Versicherer – HIS. Was es ist und was es leistet., Stand: 1.4.2011, www.gdv.de/wp-content/uploads/2011/03/Infoblatt_zum_HIS_2011.pdf, (Abruf: 1.6.2012).

Gesellensetter, Catrin, Hutterer, Michaele:
Haftpflichtversicherung, Existenzsicherung zum kleinen Preis, In: Focus Money Online, Stand: o. J., www.focus.de/finanzen/versicherungen/haftpflicht/haftpflichtversicherung_aid_11175.html, (Abruf: 1.6.2012).

Göb, Sabine:
Haftpflichtversicherungen schlagen Alarm, Betrug als Volkssport? Die Tricks

werden immer ausgeklügelter und brutaler, In: Nürnberger Zeitung, Nürnberg 26.6.2003.

Görsdorf-Kegel, Susanne:
Moralische Barrieren erhöhen, In: Versicherungswirtschaft, 67. Jg., Nr. 01, 1.1.2012.

Greiner, Ralph:
Finanzdienstleistungen für Privat-Kunden: Risiko- und Altersvorsorge, Absicherung von Schäden (FPK403), herausgegeben von AKAD Die Privathochschulen GmbH, o.O. 2004.

Günther, Dirk-Carsten:
Betrugsaufklärung versus Datenschutz am Beispiel der Sachversicherung, In: Versicherungsrecht, 54. Jg., Nr. 01, 1.1.2003.

Halm, Michael:
Pressekonferenz des Gesamtverbandes der Deutschen Versicherungswirtschaft e.V., Versicherungsbetrug: aktuelle Entwicklungen, Muster und ihre Abwehr, Stand 2011, www.gdv.de/wp-content/uploads/2011/11/PK_Versicherungsbetrug_ 2011_Praes2_Aktive_Betrugsabwehr_der_VW_DVA_MichaelHalm_n.pdf, (Abruf: 1.6.2012).

Heimbücher, Bruno:
Einführung in die Haftpflichtversicherung, herausgegeben vom VVW, 5. Auflage, Karlsruhe 2003.

Herden, Ingrid:
Brust oder Bein, In: Wirtschaftswoche, Nr. 042, 12.10.2009.

Hinzmann, Jürgen H.:
Maßnahmen gegen Versicherungsbetrug aus der Sicht der Sachversicherer, In: Symposien gegen Versicherungsbetrug Schwerpunkte: Kraftfahrt- und Sachversicherung, Schriftenreihe Versicherungsforum, Köln 16./17. November 1989.

Höddinghaus, Bernd:
Erfahrungstarifierung, Ein risikotheoretischer Beitrag zur Kalkulation der Risikoprämie in Abhängigkeit vom individuellen Schadenverlauf, Mannheim 1979.

Hofmann, Hans-Joachim:
Versicherungskriminalität, Verführung zum Betrug, In: Focus Magazin, Nr. 11, 14.3.1994.

Hürzeler, Marc M.:
Versicherungsmissbrauch in der Zweiten Säule, In: Versicherungsmissbrauch Ursachen – Wirkungen – Massnahmen, herausgegeben von Riemer-Kafka, Gabriela, In: Luzerner Beiträge zur Rechtswissenschaft, Band 45, Luzern 2010.

Imfeld, Peter:
Geldwäsche, Versicherung und Versicherungsbetrug, In: Versicherungsbetrug, Neue Methoden – effizientere Abwehrtechniken, herausgegeben von Münchener Rückversicherungs-Gesellschaft, München 2004.

John, Karsten:
Pressekonferenz des Gesamtverbandes der Deutschen Versicherungswirtschaft e.V., Versicherungsbetrug: aktuelle Entwicklungen, Muster und ihre Abwehr, Stand 2011, www.gdv.de/wp-content/uploads/2011/11/PK_Versicherungsbetrug_2011_Praes1_Versicherungsbetrug_in_Deutschland_GfK_KarstenJohn_n4.pdf, (Abruf: 1.6.2012).

Jutzi, Ernesto (Vorsitzender der Geschäftsleitung der Schweizer Rückversicherungs-Gesellschaft):
Massendelikt Versicherungsbetrug, herausgegeben von Schweizer Rückversicherungs-Gesellschaft, Zürich (Schweiz) 1993.

Kaderli, Werner:
Betrugsabwehr in der Schweiz, In: Versicherungsbetrug, Neue Methoden – effizientere Abwehrtechniken, herausgegeben von Münchener Rückversicherungs-Gesellschaft, München 2004.

Kahlenberg, Jens:
Storno und Profitabilität in der Privathaftpflichtversicherung, Eine Analyse unter Verwendung von univariaten und bivariaten verallgemeinerten linearen Modellen, Aachen 2005.

Kammer, K., Wittkämper, G.W., Wulf-Nienhüser, M.:
Versicherung und Kriminalität, herausgegeben von VVW, Karlsruhe 1990.

Kirchgeßner, Kilian:
Internet-Auktionen, Betrügerischer Mausklick, herausgegeben vom GDV, Stand: 14.2.2007, www.gdv.de/2007/02/betruegerischer-mausklick/, (Abruf: 1.6.2012).

Knaus, Andreas:
Versicherungsbetrug aus vertragstheoretischer Sicht und Aspekte von „Costly State Varification" Modellen, München 2002.

Knoll, Jessica:
Management von Betrugsrisiken in Versicherungsunternehmen, aus der Reihe Wettbewerb und Regulierung von Märkten und Unternehmen, Saarbrücken 2011.

Knoll, Jessica:
Praxis: Den Umgang mit betrügerischen Schäden weiter optimieren, In: Versicherungswirtschaft, 66. Jg., Nr. 23, 1.12.2011.

Knoll, Jessica, Lucas, Peter, Waschbusch Gerd:
Versicherer tolerieren Betrug noch zu oft als Volksport, In: Versicherungswirtschaft, 65. Jg., Nr. 11, 1.6.2010.

Lawrenz, Hannsjörg:
Versicherer sagen dem Betrug den Kampf an, In: Computer-Informationsdienst, Nr. 17, 26.4.1999.

Lenhard, Karl-Heinz:
Betrug zum Nachteil von Versicherungen aus der Sicht der Polizei-Bekämpfungsstrategien und Präventionsansätze, In: Symposien gegen Versicherungsbetrug Schwerpunkte: Kraftfahrt- und Sachversicherung, Schriftenreihe Versicherungsforum, Köln 16./17. November 1989.

Lensing, Burkard:
Schadenfreiheitsrabatt in der Rechtsschutzversicherung bei Verzicht auf die freie Anwaltswahl, In: Zeitschrift für Wirtschafts- und Verbraucherrecht, Titel: Verbraucher und Recht, Münster 2012.

Lücke, Werner:
Aufsatz Versicherungsbetrug in der Sachversicherung, In: Versicherungsrecht – Juristische Rundschau für die Individualversicherung, 47. Jg., Heft 19, 1.7.1996.

Mattke, H.-J.:
Organisation, Methode und internationale Dimension des Versicherungsbetrugs, In: Symposien gegen Versicherungsbetrug Schwerpunkte: Kraftfahrt- und Sachversicherung, Schriftenreihe Versicherungsforum, Köln 16./17. November 1989.

Münchener Rückversicherungs-Gesellschaft (Hrsg.):
Versicherungsbetrug in der Schadenversicherung, München 1987.

Nell, Martin:
Das moralische Risiko und seine Erscheinungsformen, In: Frankfurter Vorträge zum Versicherungswesen, herausgegeben im Auftrag des Förderkreises für die Versicherungslehre an der Johann Wolfgang Goethe-Universität Frankfurt am Main e.V. von Müller, Wolfgang, Stöhr, Jochen, Karlsruhe 1998.

Nell, Martin:
Das Kosten-Nutzen-Prinzip und der Versicherungsbetrug, In: Versicherungsbetrug, Neue Methoden – effizientere Abwehrtechniken, herausgegeben von Münchener Rückversicherungs-Gesellschaft, München 2004.

Nell, Martin, Schiller, Jörg:
Erklärungsansätze für vertragswidriges Verhalten von Versicherungsnehmern aus Sicht der ökonomischen Theorie, Working Papers on Risk and Insurance, Hamburg University No 7, Mai 2002.

o. V.:
Äquivalenzprinzip, Stand: o. J., www.versicherungsnetz.de/Onlinelexikon/ Aequivalenzprinzip.html, (Abruf: 1.6.2012).

o. V.:
Allgemeine Versicherungsbedingungen für die Haftpflichtversicherung (AHB), Musterbedingungen des GDV, Stand: April 2012, www.gdv.de/downloads/versicherungsbedingungen/allgemeine-versicherungsbedingungen-fur-die-haftpflichtversicherung-ahb/, (Abruf: 1.6.2012).

o. V.:
Betriebshaftpflichtversicherung vergleichen, Stand: o. J., www.betriebshaftpflichtversicherungvergleich.com/betriebshaftpflichtvergleich.html, (Abruf: 1.6.2012).

o. V.:
BGB, § 823, Veröffentlichung durch das Bundesministerium der Justiz, Ausfertigungsdatum 18.8.1896, in der Fassung der Bekanntmachung vom 2.1.2002, zuletzt geändert durch Artikel 1 des Gesetzes vom 10.5.2012, www.gesetze-im-internet.de/bgb/__823.html, (Abruf: 1.6.2012).

o. V.:
BGB, § 828, Veröffentlichung durch das Bundesministerium der Justiz, Ausfertigungsdatum 18.8.1896, in der Fassung der Bekanntmachung vom 2.1.2002,

zuletzt geändert durch Artikel 1 des Gesetzes vom 10.5.2012, www.gesetze-im-internet.de/bgb/__828.html, (Abruf: 1.6.2012).

o. V.:
BGB, § 832, Veröffentlichung durch das Bundesministerium der Justiz, Ausfertigungsdatum 18.8.1896, in der Fassung der Bekanntmachung vom 2.1.2002, zuletzt geändert durch Artikel 1 des Gesetzes vom 10.5.2012, www.gesetze-im-internet.de/bgb/__832.html, (Abruf: 1.6.2012).

o. V.:
Bundesanstalt für Finanzdienstleistungsaufsicht, Stand: o. J., www.verbraucherschutz-magazin.de/verbraucher/adressen/bafin, (Abruf: 1.6.2012).

o. V.:
Die richtige Deckungssumme bei der privaten Haftpflichtversicherung, Stand: o. J., www.haftpflichtversicherung.net/private-haftpflichtversicherung/die-richtige-deckungssumme-bei-der-privaten-haftpflichtversicherung.html, (Abruf: 1.6.2012).

o. V.:
Franchise, in: Gabler Wirtschaftslexikon, Stand: o. J., wirtschaftslexikon.gabler.de/Definition/franchise.html#head1, (Abruf: 1.6.2012).

o. V.:
Gegenposition Kein Kavaliersdelikt, veröffentlicht vom GDV am 23.7.2010, www.gdv.de/2010/07/gegenpositionen-kein-kavaliersdelikt/, (Abruf: 1.6.2012).

o. V.:
HGB, § 253 Absatz 2, Veröffentlichung durch das Bundesministerium der Justiz, Ausfertigungsdatum 10.5.1897, in der im Bundesgesetzblatt Teil III, Gliederungsnummer 4100-1, veröffentlichten bereinigten Fassung, das zuletzt durch Artikel 2 Absatz 39 des Gesetzes vom 22. Dezember 2011 geändert worden ist, www.gesetze-im-internet.de/stgb/__265.html, (Abruf: 1.6.2012).

o. V.:
Hauptfälligkeit, Stand: o. J., www.gdv.de/glossar/, (Abruf: 1.6.2012).

o. V.:
Kostenloser Tarifvergleich Private Haftpflichtversicherung, Stand: o. J., dynamisch.vergleich.de/vergleich/shu/phv/vergleich?Ausfalldekung=false&p_variation=variante1&SchluesselSchaeden=false&Geburtsdatum=23.11.1982&Kleinkinder=false&Variante=Landingpage|OnePage|AlleAnbieter|default-Cache:ohneInfo, (Abruf: 1.6.2012).

o. V.:
Kostenloser Tarifvergleich Private Haftpflichtversicherung, Stand: o. J., dynamisch.vergleich.de/vergleich/shu/phv/vergleich?ausfalldekkung=false&p_variation=variante1&SchluesselSchaeden=false&Geburtsdatum=23.11.1982& Kleinkinder=false&Variante=Landingpage|OnePage|AlleAnbieter|default-Cache:ohneInfo, (Abruf: 1.6.2012).

o. V.:
Kriminalität im Internet: Deutsche Versicherer zeigen Gefahren auf, Pressedienst der Versicherungswirtschaft, GDV-Presseforum der Schaden- und Unfallversicherer, Potsdam, 24./25. April 2007.

o. V.:
Muster-Bedingungsstruktur IX Privathaftpflicht, Stand: 13.4.2011, www.gdv.de/wp-content/uploads/2011/11/12_Muster-Bedingungsstruktur_IX_Privathaftpflicht_110413_Homepagefassung1.pdf, (Abruf: 1.6.2012).

o. V.:
Neues Auskunftsportal der Versicherungswirtschaft trägt datenschutzrechtlichen Erfordernissen Rechnung, Pressemitteilung des Innenministeriums Baden-Württemberg, Aufsichtsbehörde für den Datenschutz im nichtöffentlichen Bereich, Stand: 31.3.2011, www.gdv.de/wp-content/uploads/2011/04/PM_2011_HIS_Innenministerium_Baden-Wuerttemberg.pdf, (Abruf: 1.6.2012).

o. V.:
Neue Schadenfreiheitsklassen 2012, Stand: 2012, www.autoversicherungen.info/schadenfreiheitsklassen/, (Abruf: 1.6.2012).

o. V.:
Neue Verträge bringen Vorteile, Stand: o. J., www.test.de/Private-Haftpflichtversicherung-Neue-Vertraege-bringen-Vorteile-1851885-1853541/, (Abruf: 1.6.2012).

o. V.:
Privathaftpflicht Beratungs Checkliste, Stand: o. J., www.versicherungsvergleich-info.net/Ratgeber/privathaftpflicht-beratungs-checkliste.html, (Abruf: 1.6.2012).

o. V.:
Privathaftpflicht vergleichen, Stand: o. J., www.check24.de/versicherungen/privathaftpflicht/privathaftpflicht-vergleichen/?wpset=google_phv_06&gclid=CLLeroaCkLECFYHwzAoda1Ku0g, (Abruf: 1.6.2012).

o. V.:
Schadenfreiheitsklasse, Stand: o. J., www.autoversicherung-online.info/ schadenfreiheitsklassen.htm, (Abruf: 1.6.2012).

o. V.:
Schadenfreiheitsrabatt, in: Wikipedia, Stand: o. J., de.wikipedia.org/wiki/ Schadenfreiheitsrabatt, (Abruf: 1.6.2012).

o. V.:
Schadenrückkauf, Stand: o. J., www.autoversicherungberechnen.org/schadenrueckkauf.html, (Abruf: 1.6.2012).

o. V.:
Selbstbeteiligung, Stand: o. J., www.finanzvergleich.de/private-haftpflicht/ selbstbeteiligung.html, (Abruf: 1.6.2012).

o. V.:
Serie Versicherungsbetrug – Teil 1: Versicherungsbetrug ist kein Kavaliersdelikt!, Stand: o. J., www.versicherungsnetz.de/news/Meldung.asp?Meldung=536, (Abruf: 1.6.2012).

o. V.:
Serie Versicherungsbetrug – Teil 2: Versicherungsbetrug in den Sparten, Stand: o. J., www.versicherungsnetz.de/news/Meldung.asp?Meldung=540, (Abruf: 1.6.2012).

o. V.:
Serie Versicherungsbetrug - Teil 3: Private Haftpflichtversicherung, Stand: o. J., www.versicherungsnetz.de/news/Meldung.asp?Meldung=546, (Abruf: 1.6.2012).

o. V.:
Sie lügen, daß sich die Balken biegen, Ob Hausrat oder Haftpflicht: Bundesbürger betrügen immer mehr die Versicherungen, In: Saarbrücker Zeitung, Saarbrücken 16.12.1993.

o. V.:
Solidarität, Stand: o. J., www.versicherungsnetz.de/02-01/00001256.htm, (Abruf: 1.6.2012).

o. V.:
StGB, § 263, Veröffentlichung durch das Bundesministerium der Justiz, Ausfertigungsdatum 15.5.1871, in der Fassung der Bekanntmachung vom

13.11.1998, zuletzt geändert durch Artikel 1 des Gesetzes vom 25.6.2012, www.gesetze-im-internet.de/stgb/__263.html, (Abruf: 1.6.2012).

o. V.:
StGB, §265, Veröffentlichung durch das Bundesministerium der Justiz, Ausfertigungsdatum 15.5.1871, in der Fassung der Bekanntmachung vom 13.11.1998, zuletzt geändert durch Artikel 1 des Gesetzes vom 25.6.2012, www.gesetze-im-internet.de/stgb/__265.html, (Abruf: 1.6.2012).

o. V.:
StGB, §267, Veröffentlichung durch das Bundesministerium der Justiz, Ausfertigungsdatum 15.5.1871, in der Fassung der Bekanntmachung vom 13.11.1998, zuletzt geändert durch Artikel 1 des Gesetzes vom 25.6.2012, www.gesetze-im-internet.de/stgb/__267.html, (Abruf: 1.6.2012).

o. V.:
Strategie gegen Schwindler in der Haftpflichtversicherung, 13.3.2013, http://asscompact.de/article/strategie-gegen-schwindler-in-der-haftpflichtversicherung/assekuranz/y/contentpool/56845, Abruf 18.7.2013.

o. V.:
Versicherung – Definition und Erklärung Schadenversicherung, Stand: o. J., www.top-versicherungslexikon.de/lexikon/Schadenversicherung/, (Abruf: 1.6.2012).

o. V.:
Versicherungsbetrug in den letzten 5 Jahren, Stand: 2011, www.gdv.de/wp-content/uploads/2011/11/PK_Versicherungsbetrug_2011_Grafik3.pdf, (Abruf: 1.6.2012).

o. V.:
Versicherungsbetrug nach soziologischen Kriterien 1996 (Psychonomics), In: Capital 09/1996.

o. V.:
Versicherungsbetrug 1991–1999 (Psychonomics), In: Versicherungskaufmann 06/1999.

o. V.:
Versicherungsmissbrauch §265 StGB, Stand: o. J., juraschema.de/index.php?thema=stgb265, (Abruf: 1.6.2012).

o. V.:
Was bedeutet Schadenfreiheitsrabatt?, Stand: o. J., www.adac.de/infotestrat/
fahrzeugkauf-und-verkauf/versicherungsrecht/autoversicherung/schadenfrei-
heitsrabatt/default.aspx, (Abruf: 1.6.2012).

o. V.:
Was solide Policen kosten dürfen, Stand: o. J., www.focus.de/finanzen/versiche-
rungen/haftpflicht/haftpflichtversicherung-was-solide-policen-kosten-duerfen_
aid_305211.html, (Abruf: 1.6.2012).

Peter, Bruno:
Versicherungsmissbrauch in der Unfall- und Krankentagegeldversicherung, In:
Versicherungsmissbrauch Ursachen – Wirkungen – Massnahmen, herausgege-
ben von Riemer-Kafka, Gabriela, In: Luzerner Beiträge zur Rechtswissenschaft,
Band 45, Luzern 2010.

Reisinger, Wolfgang:
Betrugsabwehr in Österreich, In: Versicherungsbetrug, Neue Methoden – effi-
zientere Abwehrtechniken, herausgegeben von Münchener Rückversicherungs-
Gesellschaft, München 2004.

Ricard, Alisha:
Verführung zum Betrug, In: Handelsblatt, Nr. 066, Frankfurt 2.4.2012.

Richter, Tobias:
Gleichbehandlungspflichten in der Privatversicherung, Schutz vor personenbe-
zogener statistischer Diskriminierung im Privatrecht, In: Versicherungswissen-
schaftliche Studien, herausgegeben von Brömmelmeyer, Christoph, Heiss,
Helmut, Meyer, Ulrich, Schwintowski, Hans-Peter, Wallrabenstein, Astrid,
Zimmermann, Jochen, Band 41, 1. Auflage, Gießen 2010.

Riedel, Oliver:
Finanzielle Anreize durch Erfahrungstarifierung in der gesetzlichen Unfallversicherung, In: Zeitschrift für die gesamte Versicherungswirtschaft, herausgegeben
vom Deutschen Verein für Versicherungswissenschaft e.V., Berlin 2008.

Rösler, Reinald:
Versicherungsbetrug – eine dauerhafte Herausforderung, In: Versicherungsbetrug, Neue Methoden – effizientere Abwehrtechniken, herausgegeben von Münchener Rückversicherungs-Gesellschaft, München 2004.

Roth, Marcel, Stefanidis, Alex im Interview mit Leicht, Thomas:
„Versicherungsbetrug ist kein Kavaliersdelikt", Stand: 25.8.2011, www.gdv.de/
2011/08/versicherungsbetrug-ist-kein-kavaliersdelikt/, (Abruf: 1.6.2012).

Schiller, Jörg:
Versicherungsbetrug als ökonomisches Problem, In: Zeitschrift für die gesamte Versicherungswirtschaft, Vallender 2004.

Schüll, Christian:
Die Strafbarkeit von Versicherungsnehmer und Versicherungsvermittler nach dem Strafgesetzbuch (StGB), (Versicherungs-)Betrug, Versicherungsmissbrauch und weitere Tatbestände, Berlin 2011.

Schultheiss, Christoph:
Andere Länder – andere Ansätze, In: Versicherungsbetrug, Neue Methoden – effizientere Abwehrtechniken, herausgegeben von Münchener Rückversicherungs-Gesellschaft, München 2004.

Schweizer-Rückversicherungsgesellschaft (Hrsg.):
Massendelikt Versicherungsbetrug, Zürich (Schweiz) 1993.

Siebert, Andreas:
Mehr Schadentransparenz durch Geokodierung, In: Versicherungsbetrug, Neue Methoden – effizientere Abwehrtechniken, herausgegeben von Münchener Rückversicherungs-Gesellschaft, München 2004.

Stamm, Hermann-Jürgen:
Erfahrungen aus der Praxis der Schadenbearbeitung (Typologie des Umfeldes, Zusammenarbeit mit Behörden, Betriebsorganisation), In: Symposien gegen Versicherungsbetrug Schwerpunkte: Kraftfahrt- und Sachversicherung, Schriftenreihe Versicherungsforum, Köln 16./17. November 1989.

Vetterlein, Jürgen:
Arbeitsmodell zur Betrugserkennung durch den Sachbearbeiter (Kraftfahrtversicherung), In: Symposien gegen Versicherungsbetrug Schwerpunkte: Kraftfahrt- und Sachversicherung, Schriftenreihe Versicherungsforum, Köln 16./17. November 1989.

Wagner, Fred:
Schadenfreiheitsklassen, In: Gabler Wirtschaftslexikon, Stand: o. J., wirtschaftslexikon.gabler.de/Definition/schadenfreiheitsklassen.html, (Abruf: 1.6.2012).

Wagner, Fred:
Spartentrennung, In: Gabler Wirtschaftslexikon, Stand: o. J., wirtschaftslexikon.gabler.de/Definition/spartentrennung.html, (Abruf: 1.6.2012).

Wagner, Fred:
Versicherungsbetrug, In: Gabler Wirtschaftslexikon, Stand: o. J., wirtschaftslexikon.gabler.de/Archiv/2704/versicherungsbetrug-v6.html, (Abruf: 1.6.2012).

Waldvogel, Stefan O.:
Versicherungen betrügen ist Männersache, In: Cash Die Wirtschaftszeitung der Schweiz, 15.4.2004.

Warmuth, Walter:
Und sie betrügt uns doch, In: Versicherungswirtschaft, 62. Jg., Nr. 03, 1.2.2007.

Werker, Heinz-Hubert:
Die Bearbeitung von Betrugsverfahren durch Staatsanwaltschaft und Strafgericht, In: Symposien gegen Versicherungsbetrug Schwerpunkte: Kraftfahrt- und Sachversicherung, Schriftenreihe Versicherungsforum, Köln 16./17. November 1989.

Wiese, Thorsten:
Versicherungsbranche schätzt jährlichen Schaden auf rund vier Milliarden Euro, In: Leipziger Volkszeitung-Stadtausgabe, Leipzig 27.9.2006.

Wörner, Roland:
Versicherungsbetrug – eine Herausforderung für Risk- und Claims Management, In: Schadenmanagement, Heft 6, St. Gallen 2003.

Wörner, Roland:
Strategien und Maßnahmen zur Betrugserkennung und -abwehr, In: Versicherungsbetrug, Neue Methoden – effizientere Abwehrtechniken, herausgegeben von Münchener Rückversicherungs-Gesellschaft, München 2004.

Wörner, Roland:
Kooperationsformen von Versicherungen und Polizei als wirksames Mittel gegen Versicherungsbetrug in der Schadenversicherung, In: Der Kriminalist, Heft 6, herausgegeben vom Bund Deutscher Kriminalbeamter, Düsseldorf 2006.

Sonstige Quellen

Gedächtnisprotokoll aus Ausstrahlungen „Die Versicherungsdetektive – Der Wahrheit auf der Spur" vom 4.7.2012, 11.7.2012 und 18.7.2012 jeweils 21.15 bis 22.15 Uhr bei RTL.

o. V.:
HUK24 AG, eigene Kraftfahrzeughaftpflichtversicherungs-Police, Classic-Tarif vom 1.1.2012, Coburg, 7.12.2011.

Personenregister

F
Fetchenhauer, Detlef 24

K
Knoll, Jessica 29, 31, 33
Knospe, Jörg 80

L
Leicht, Thomas 27

R
Rudnik, Thorsten 61

S
Stamm, Hermann Jürgen 26

W
Wörner, Roland 1

Sachregister

A
Abwehr 59
Abzinsungszinssätze 104
Abzugsfranchise 83
Adverse Selection/Selektion 7, 14, 127, 139
Allgemeine Versicherungsbedingungen für die Haftpflichtversicherung (AHB) 10
Anpassungsstrategien 48
Antragsmanagement 82
Anzeigepflicht, vorvertragliche 19
Äquivalenzprinzip 8, 14
– individuelles 82
– kollektives 34
Arbeitskreise 70, 73
Ausschlussklauseln 84

B
Bagatellschaden 102, 117
Bearbeitung, betrugsaufdeckungseffiziente 145
Beleglesegerät 66
Besondere Bedingungen und Risikobeschreibungen (BBR) 12
Betrug 17
Betrugserkennung 59, 61
Betrugserkennungssysteme 66
Betrugsexperten 64, 65
Betrugswahrscheinlichkeit 48, 59
Bonus-Malus-System 84, 89, 123

C
Check- oder Indizienlisten 60

D
Deckung 113, 128
Deckungssummen 14
Detektive 69

E
Eigenbeteiligung 93
Entdeckungswahrscheinlichkeit 42, 45, 47, 49
Erfahrungstarifierung 14, 89, 158
Ermittler 69
Ex-ante-Moral-Hazard 40
Ex-post-Moral-Hazard 40

F
Fragebögen 62

G
Gefälligkeitsbetrug 88, 93, 137
Gefälligkeitsbetrüger 132
Gefälligkeitsbetrügereien 102
Gelegenheitstäter 25, 28, 30, 88
Generalprävention 78
Geokodierung 67
Gewinn 42, 50, 102, 117
Gewohnheitstäter 30
Gleichgewicht 48
Gutachter 68

H
Haftpflicht 11
Haftpflichtversicherung 11
Hauptfälligkeit 113
Hidden-Action 40
Hidden-Information 40
Hinweis- und Informationssystem 71
Höherstufung 111

I
Indizien für einen Betrugsfall 64
Indizien und Beweise 69
Infobroking 63
Informations- und Beweismaterial 63

Informationsasymmetrie 30, 38, 101, 138, 154
Informationsverteilung, asymmetrische 123
Informationsvorsprung 28, 37, 39, 88
Integralfranchise 83

K
Kontrahierungszwang 100, 127
Kooperation 73
Kosten für das ethische Unbehagen 51
Kosten-Nutzen-Analyse 60
Kosten-Nutzen-Aspekte 43, 64, 67
Kriminalitätsbekämpfung und Geldwäsche 73

L
Lügendetektoren 67

M
Mehrfachversicherung 19
Minimax-Prinzip 30
Moral 51
Moral Hazard 7, 38, 91, 127, 139
Multiplikatoren 106

N
Naturalrestitution 82
Negativselektion 123
Neutralität, strukturelle 139
Nutzen des VN 43
Nutzenmaximierung 41
Nutzenmaximierungsüberlegungen 54

O
Obliegenheiten 84
Öffentlichkeitsarbeit 80, 129
Optimum des VN 44, 46
Optimum des VR 44, 46

P
Pflichtversicherung 100, 127
Plausibilität 60
Plausibilitäts- und Kompatibilitätsprüfungen 68
Prämienäquivalenz 101, 139
Prämiendifferenzierung 9, 14, 135, 139
– primäre 14
– sekundäre 14, 89
Prämiengestaltung, primäre 28
Prämienkalkulation 34
Prämiensenkungspotenziale 90, 133
Prämienstufen 105, 106
Prämienstufen-Modell 101, 117, 121
Prämienstufen-Multiplikator
– erster 109
– zweiter 110
Prämienstufentabelle 106
Prävention 77
Preiserhöhungen, versicherungsinduzierte 41
Principal-Agent-Problematik 7
Privathaftpflichtversicherung (PHV) 10

R
Rabattretter 99, 106
Rabattschutz 99
Rabattschutz-Versprechen 106
Recherche 63
Risiko 6
– externes moralisches 40
– internes moralisches 40
Risikoausgleich 6
Risikoauslese, negative 123
Risikoprämie 103
Risikoselektion 139
Risikoübernahme 135
Risikoüberwälzung 138, 139
Rückstufungsmodalitäten 105

Sachregister

S
Sachverständige 68
Schäden
– „frisierte" 22
– fingierte 22
– herbeigeführte 21
Schadenfreiheitsklassen 93, 94
Schadenfreiheitsrabatte 93
Schadenfreiheitsrabatt-Systeme 94
Schadenliquidation, betrügerische 18, 23, 102, 108
Schadenquote 34
Schadenschilderungen, verdächtige 61
Schadenschilderungsprüfung 62
Schadenverhütungs- und Schadenminderungsinteresse 154
Schadenversicherung 10
Selbstbehalt 83, 145
Selbstbeteiligung 91
Selbstselektion 83, 124
Softwaretools 66
Solidargemeinschaft 9
Solidaritätsprinzip 9, 37
Spartentrennung 72
Spezialprävention 78
Spieltheorie 38, 43
Strafe 42
Strafmaß 48, 88, 117
Strafverfolgung 70, 78
Strafverfolgungsbehörden 70

T
Täte, professionelle 25
Tatgelegenheit 54

U
Überversicherung 19
UNIWAGNIS 71
Unrechtsbewusstsein 24, 28, 30, 80

V
Verhalten, nutzenmaximierendes 92, 117
Verhaltensanpassungen 48, 49, 52, 53
Vermögensschäden 13
Verschuldenshaftung 11
Versicherung 5, 6
Versicherungen
– fakultative 127
– obligatorische 127
Versicherungsbetrug 17, 19, 20, 39, 41
– Formen des V. 21
Versicherungsmissbrauch 17, 18
Versicherungssparten 33
Versicherungsvertrag 6
Vertragsgestaltungen, betrügerische 19
VN (der/die Versicherungsnehmer) 7
VR (der/die Versicherer) 7

W
Wirkung, präventive 59

Z
Zeitwert 10, 102
Zeitwertbasis 88

The manufacturer's authorised representative in the EU is Springer Nature Customer Service Centre GmbH, Europaplatz 3, 69115 Heidelberg, Germany. If you have any concerns regarding our products, please contact ProductSafety@springernature.com

Printed and bound by CPI Group (UK) Ltd, Croydon, CR0 4YY

25/03/2026

02078190-0001